KB233819

치열한 사랑

Unwavering Love

이은수 지음

모든 인간은 하나님의 형상을 닮은 존엄한 존재입니다. 전 세계의 모든 사람들은 인종, 민족, 피부색, 문화, 언어에 관계없이 존귀합니다. 예영커뮤니케이션은 이러한 정신에 근거해 모든 인간이 존귀한 삶을 사는 데 필요한 지식과 문화를 예수 그리스도의 사랑으로 보급함으로써 우리가 속한 사회에 기여하고자 합니다.

치열한 사랑

초판 1쇄 찍은 날 · 2007년 10월 5일 | 초판 1쇄 펴낸 날 · 2007년 10월 10일

지은이 · 이은수 | **펴낸이** · 김승태

편집 · 이덕희, 방현주 | **디자인** · 박두희, 이훈혜, 이은희, 정혜정
영업 · 변미영, 장완철 | **물류** · 조용환, 엄인휘

등록번호 · 제2-1349호(1992. 3. 31.) | **펴낸 곳** · 예영커뮤니케이션
주소 · (110-616) 서울 광화문우체국 사서함 1661호 | **홈페이지** www.jeyoung.com
출판사업부 · T. (02)766-8931 F. (02)766-8934 e-mail: jeyoungedit@chol.com
출판유통사업부 · T. (02)766-7912 F. (02)766-8934 e-mail: jeyoung@chol.com
제작 예영 B&P · T. (02)2249-2506~7

ISBN 978-89-8350-721-1 (03800)

값 15,000원

치열한 사랑

Unwavering Love

이은수 지음

추 천 사

이은수 집사님께서 지은 이 책에서 독자인 여러분은 저자가 여러 장르를 창조적으로 결합하면서 독창적인 주제를 전달하는 방식을 보며 영감을 얻게 될 것입니다. 저자에게 주어진 창조적인 은사가 시와 산문을 아름답게 결합하고 있으며 그리스도 안에서 소유하게 된 신앙과 삶에 관한 저자의 간증은 삶을 용솟음치게 하는 영적인 차원을 반영하고 있습니다. 예영 커뮤니케이션이 저자의 저작에 감동을 받고 출판하기로 결정한 것에 대해 축하 드리고 싶습니다.

이은수 집사님의 삶의 이야기는 변화의 주체가 된 하나님의 종으로서 지니게 된 변혁적인 가치들을 많이 보여주고 있습니다. 불우 했던 삶이었지만 끝까지 주님을 따름으로 삶의 전 영역이 회복 된 생생한 이야기가 이 책을 통해 전달됩니다. 이 책을 읽게 되는 우리 모두는 저자의 삶에서 일어난 변화가 똑 같이 우리 주위의 가정들에게도 일어날 수 있다는 희망을 가지게 될 것입니다.

이은수 집사님은 변혁한국커넥션(Transform Korea Connection)의 예술그룹 의장으로 섬기고 있습니다. 저자로서 자신의 이야기를 통해 우리 모두를 섬겨주심을 감사 드립니다.

International Facilitator, Transform World Connections

국제대표 **루이스 부쉬**

희망과 열정을 말합시다!

저자를 처음 본 것은 Transform Korea (변혁한국) 2007 예비의에서였습니다. 그의 진솔하고 열정적인 성품이 변화와 성장 욕구를 가진 문화예술분과 내 다른 멤버들을 독려하고 그들과 조화를 이루며 활발한 모임을 진행하고 있음을 보고 이번 변혁한국 본회의의 과정과 결과를 더 희망적으로 체감할 수 있었습니다.

누구에게나 시련의 기간은 있습니다. 저자는 하나님께 기도드리며 마음을 새롭게 하여 여러 가지 좌절을 극복했고, 그러한 탄탄한 내면적 변화에 기인하여서인지 이웃에 대한 이해와 치유를 위한 보살핌과 따뜻한 배려가 글 가운데 역동적으로 묻어 납니다.

이 책은 희망을 말합니다. 희망은 이 세대를 본받는 데에 있지 아니하고 마음을 새롭게 하여 변화를 받아 하나님의 뜻을 분별하는 데 있습니다(롬12:2). 이 책을 통해 저자가 드러내 놓은 인생을 사는 이유와 열기를 공감하며 더 큰 희망을 찾아 보시기 바랍니다.

할렐루야교회 담임 목사
Transform Korea 2007 의장
김상복

인생을 여행으로 비교한다면 어린 시절은 여행자의 출발과 같다고 봅니다. 그 출발이 힘에 겨움으로 인해 고통과 슬픔으로 점철될 수밖에 없는 삶을 사는 많은 사람들이 있습니다.

작가는 어린 시절의 고통을 통해 흩어진 삶의 파편들을 하나님과의 대면을 통해 마치 퍼즐 맞추기처럼 하나씩 완성시키고 낮추어가며 점차 편안한 자리를 잡아가는 이야기들로 가득합니다.

21세기는 감성과 여성의 시대라고 합니다. 이 책을 읽는 많은 독자들은 여성의 섬세한 감성을 통해 누구나 존재하는 내면의 고뇌와 갈등을 힐링 터치하시는 하나님의 은혜를 느낄 수 있을 것입니다.

이은수님의 대표곡인 '사랑하고 싶어.'를 '2007세계여성선교대회 워가 코리아'의 대회곡으로 헌정해주심에 감사드립니다. 많은 사람들에게 알려지고 불려져서 작가의 음악이 목적하고 나아가는 곳에 잘 쓰임받게 되기를 축복합니다.

사랑합니다.

횃불 선교센터

워가 코리아 위원장

이형자

어두운 세상을 비추는 희망의 빛이 되소서!
강한 불로 제련될수록 철의 순도가 높아 지듯이, 사람 또한 역경과 시련을 통해 세상의 헛된 것들로부터 자유롭게 됩니다. 세상이 필요로 하는 사람은 재능이 많은 사람이지만, 하나님이 쓰시는 사람은 연단을 통해 순결한 영혼을 소유한 사람입니다. 세상의 험난한 파도속에 좌절과 낙심의 시간도 많았지만 마침내 믿음으로 본연의 부르심을 알고 진리 안에 자신을 드린 소중한 고백이 글 속에 가득합니다. 사람의 언어로 담을 수 없었을 깊은 아픔들이 느껴 집니다. 하나님의 따뜻하고 친밀한 사랑의 손길 역시 진하게 묻어 있습니다. 연단을 통해 빚어진 믿음의 열매가 세상을 비추는 소망의 빛이 될 것이라 확신합니다. 부드러움 속에 가득한 강력한 생명력이 책 속에 가득합니다. 읽는 모든 사람들의 마음에 하나님이 주시는 큰 위로와 격려를 전달하리라 믿습니다.

이은수 집사님이 어느 날 저희 공동체에 들어 오셨습니다.
오실 때마다 내면에 가득한 뜨거운 생동감으로 공동체 전체를 새롭게 해 주시곤 했습니다. 그리고 어느 날 팀앤팀 공동체의 문화사역을 자원하여 맡아 주셨습니다. 집사님의 삶 속에 신실하게 동행해 주신 하나님의 따뜻하신 사랑이 책과 음반을 통해어두운 세상을 비추는 진리의 빛이 될 수 있을 것이라 기대해 봅니다.

팀앤팀 가족 모두의 감사와 격려를 가득 담아 드립니다.

사단법인 팀앤팀 국제 대표

이용주

'소명' 자. 하나님의 부르심을 받은 사람의 삶을 음악가나 예술가의 '끼'와 '장인정신'을 통해 이해할 수 있습니다. 자기가 하는 일에 대해 세상적 기준의 평가를 거부하는 것과, 수고와 땀 흘림의 열매보다는 그 진행되는 과정을 즐기는 모습, 그리고 그렇게 얻어진 결과에 대해 내 것이라 하지 아니하고 모두의 것으로 공유하는 것이 그러합니다. 우리가 즐기고 있는 모든 음악과 예술작품들이 이런 소명의식을 가진 자들의 땀 흘림을 즐기는 과정의 산물들입니다. 내가 만난 이은수 집사님은 분명 그런 '끼'로 살아가는 음악가이며 문화 선교사 입니다. 음악의 멀고 험한 과정을 즐기는 기쁨으로 삶의 고비 고비를 넘겨왔습니다. 그리고 그 길에서 그리스도를 만남으로 이렇게 부름 받은 목적이 하나님 나라에 있음을 깨달은 후 지금까지 그가 흘린 모든 수고의 결과가 여호와의 이름을 높이며 찬양하는 것이기를 바라고 있습니다. 적당히 흐려야 미덕인 세상에 맑고 투명한 선율을 원하는 그가 이번에는 그의 삶을 오선지가 아닌 백지 위에 잉크가 아닌 그리스도의 보혈로 그렸습니다. 그래서인지 그의 글속에는 찬양이 흐르고 보혈이 흐릅니다.

진실과는 관계없이 그저 잘 꾸미면 성공이라는 이 세대에 아직 남아있는 소탈한 진실을 이야기 해 줍니다. 그의 땀과 눈물로 잉태되어진 선율과 간증이 이 땅 뿐 아니라 저 메콩강 변의 수많은 소수민족의 가슴까지도 적시어 주기를 바라는 소원을 담아 축하와 격려의 박수를 보냅니다.

국제 사랑의 봉사단 대표
메콩강 공동체 대표
정도연

서 문 책을 열며

'내가 사랑 받기 위해 태어났다고?'

나는 양친 부모가 살아계시고 4대째 신앙을 지켜 오는 크리스천 가정에서 자랐다. 하늘 높이 두 손 들고 감격스러운 얼굴로 찬양하는 크리스천 무리 속에서 나는 항상 울었다. '내가 사랑 받기 위해 태어났다고?' 쟤네들은 도대체 얼마나 큰 사랑을 받았기에 도대체 얼마나 엄청난 사랑을 받고 있기에 노래까지 불러가며 온통 감격과 흥분에 찬 얼굴로 열열이 찬양하는 것일까? 나는 번번이 열광하는 수많은 군중들로부터 빠져나오며 되뇌곤 했었다. '아니야, 저건 아니야 ….'

감격과 흥분에 들떠서 성전에서 우르르 몰려나오며 있던 똑같은 표정들. 자주 교회 모퉁이에서 맞닥뜨려지곤 했던 추웠던 시절, 그 때마다 그 무리들은 축 처진 내 손을 확 낚아채며 번뜩이는 두 눈의 카리스마로 강한 시선을 던지며 이렇게 말했지. "당신은 사랑받기 위해 태어난 사람입니다." 그러나 질 좋고 유창한 그 맨트는 단 한 번도 내 마음에 꽂힌 적이 없이 항상 가슴언저리만 간지럽다가 사라지곤 했다. 그들 쪽에서의 일방통행. 삼삼오오 짝지어 자신들 스스로 사랑받고 있다며 노래까지 불러대는 근원을 알 수 없고 다소 탁하기까지 한 "요상한 풍요의 힘"에 천길 만길 밀려나 막다른 벽에 몰려 질식할 것 같았던 그들의 난데없는 일방통행은 항상 우스웠다.

'재네들의 당신은 과연 누굴까?' 그네들의 당신이 나일 것이라는 생각은 단 한 번도 해 보지 않았으며, 나를 보내 달라면서 나를 사용하시라면서 나를 크게 쓰실 거라면서 나를 사랑하신다면서 나를 걸작품으로 만들었다면서 하늘로 치켜든 손을 흔들며 열광하며 그들의 입에서 절대 떠나보내지 않고 놓치지 않는 나, 나, 나, 나, 나…

나를 질식하게 만들었던 근원을 알 수 없는 그 '요상한 풍요의 힘' 그것은 분명히 청량하고 시원하며 맑은 바람은 아니었다. 그래, 그것이 오히려 나를 힘들게 했다. 그들이 일평생을 통해 그렇게 집요하게 열광하는 나, 나, 나, 나, 나… 의 틈새에 감히 끼어들어 그들 마음의 자리에 둥지를 틀 수 있는 틈은 찾아 볼 수 없었지. 하늘을 향해 두 손 들어 열광하는 그 끝을 알 수 없는 자기 자신에 대한 광적인 관심의 행렬 속에서 나 하나만이라도 빠지고 싶었을까? 다소 외롭지만 그렇게 해서라도 진리라는 이미지에 가까이 가고 싶었을까? 분명 나는 그 행렬 속에 있고 싶지는 않았다. 오히려 창피했었다고 말하고 싶다.

그래서 그랬을까? 나는 아무도 가지 않은 길을 가 보았다. 모두가 나, 나, 나, 나, 나… 할 때에 나는 그저 주저앉아 울기만 했다. 모두가 나를 보내 달라면서 나를 사용하시라면서 나를 크게 쓰실 거라면서 나를 사랑하신다면서 나를 걸작품으로 만들었다면서 아멘!! 할 때에도 나는 '왜 나를 택하셨냐?' 고 하면서 울고 보채고 구르고 도망갔다.

그래도 주님을 만날 수 있을 것이라고 믿었다. 만날 수 있어야 한다고 믿었다. '내가 아픈 게 뭐 어때서… 내가 슬픈 게 뭐 어때서… 내가 고독한 게 뭐 어때서….'

아무도 가지 않은 으슥한 산길도 가 보았고 무인도에도 가 보았다. 사람이 살지 않는 폐허에서 잠도 자 보았고 말을 하지 않고 살아보기도 했다. 내가 바다 끝에 서 있을 지라도 거기에도 주님은 계실 거라고 믿었다. 주님은 살아 계셔서 꼭 나를 찾아내셔야 한다고. 그것이 나의 믿음이었다. 슬픔은 벽인 줄 알았지만 나의 슬픔 구석구석에 찾아와 어루만지시고 다독여 주시며 설득하시고 내 손 붙잡고 어디든지 데리고 가시던 주님. 슬픔은 분리인 줄 알았지만 용기 있게 그 분의 광채를 꼭 바라보게 하시려고 세속에서 나를 분리시키신 주님. 세상과, 세속과의 분리됨이 슬펐던 철부지였을 뿐이었다고··

황폐한 나의 마음의 땅을 개간해 낸 이야기. 땅이 쩍쩍 갈라지고 허허벌판에 풀 한 포기 없는 나의 마음의 땅. 그 황폐한 나의 마음의 땅을 일구어 낸 이야기. 그 이야기책을 들고 찾아 가려고 한다. 텅텅 비어 버린 헛 껍데기 자아상 그것이 힘든 것이다. 어떻게든 살아보려고 그 헛 껍데기 자아상이라도 힘겹게 붙잡고 있는데 그 연약한 자아상이 "사랑받고 있는 사람들"의 환한 미소에 짓눌려 지레 질려 버려서 더 이상 호흡할 수도 없고 더 이상 버틸 수도 없는 그 연약함을 지탱하기가 힘겨운 것이다.

버틸 재간이 라고는 도무지 없지만 얼굴 표정으로라도 버텨 보려고 오히려 독기어려 빳빳하게 핏발 세운 차가운 얼굴이 되어 버린 연약한 그들을 향해 아무렇지도 않은 듯 깔끔하게 배시시 웃어 줄 테다. 함께 통곡해 줄 테다. 그들의 탁한 액션에도 불구하고 절대 이맛살을 찡그리지 않을 테다.

이맛살을 찡그리지 않는 나의 미소가 그들로 하여금 자신들도 사랑받고 있으므로 자신 외의 다른 사람의 진지한 미소를 통해 사랑 받고 있다는 것을 확인 받을 수 있는 마지막 도구가 되어 더 이상 자신을 사랑할 용기마저 팽개쳐 버려야 했던 자신의 추한 모습. 그래서 살 소망까지 놓아야 했던 자신의 황폐한 모습. 남들을 통해서까지 보잘것없다고 평가되어 번번이 좌절하곤 했던 망가진 그들 마음의 땅을 향해 끝까지 배시시 웃어 줄 것이다.

그들을 그렇게 일으킬 것이다.

그리고 나를 향해서도 끝까지 더 멀리 배시시 웃어 줄 것이다.

"그거~ 아무렇지도 않은 거야. 에이~ 아무렇지도 않다니까?"

이 은 수

차 례

제 5 부
영적 전쟁

제 6 부
나는'귀족'이다

제 1 부

나를 믿었다 나를 사랑했다

1.싸 움

나를 믿었다 나를 사랑했다

오색 찬란한 묘한 광택의 거친 날개를
시끄럽게 푸드덕대며 무조건 콕콕콕
찍어대는 싸움닭처럼

싸움꾼

나의 부모님은 싸움꾼이었다.
이젠 아련하게 잊혀질 때도 되었지만
마치 악몽처럼 선명하게 떠오르는 부모님의 싸움
어린 시절의 내 삶의 이야기는
마치 가위에 눌린 것처럼
결코 빠져 나올 수 없는 미로에서
진땀 흘리며 헤매는 것처럼
안타깝도록 아찔한 악몽 같은 기억이다.

아카펠라 이중창의 두 개의 성부처럼
부모님의 싸움과 나의 인생 이야기는
두 개의 슬픈 선율

"이게 다~ 너 때문이야!"
메아리 없는 공허한 외침
10년이 지나고 20년이 지나도
돌아오는 대답은 없건만
그래도 허공을 떠도는 수많은 흐느낌들
"다~ 너 때문이야!"

그 옛날 아담도 그 모든 것을 하와의 잘못으로 돌렸었지
또한 하와는 그 모든 것을 뱀의 잘못으로 돌렸었고
가인은 그 모든 것을 아벨의 잘못으로
에서는 야곱의 잘못으로
사울은 그 모든 것을 다윗의 잘못으로 돌렸었다.

끝없는 평행선의 시작을 선언!
긴 싸움을 시작하고는 30년씩, 40년씩 대를 물려서
70년씩, 150년씩, 2000년씩, 1억년씩 싸운다.
아직도 계속되는 지구인들의 싸움

"이게 다~ 너 때문이야!"

싸움닭처럼

오색찬란한 묘한 광택의 거친 날개를

시끄럽게 푸드덕대며

무조건 콕콕 찍어대는 싸움닭처럼

하루에 세 번씩 365일 동안 하루도 쉬는 날이 없이
서슬 퍼런 사시미 칼을 눈에 달고
시베리아 얼음바람처럼 춥디추운 냉소를 날린다.

"썅~ 이게 다~ 너 때문이야!"

그건 분명 내가 알고 있는
아버지, 엄마의 얼굴이 아니었어
내가 전혀 본 적도 없고 알 수도 없는 얼굴의
아저씨와 아줌마가 싸우고 있었지

부모님의 과격한 싸움이 불붙어
정상을 향해 치달아 올라 산봉우리 정상에서
승자를 정하는 결투의 마지막
그 미칠 것 같은 혼돈의 정상에서
나는 한 번도 본 적 없는 그 아저씨, 아줌마에게서
쌩~ 하고 냉정하게 고개를 돌리곤 했어

'아냐, 저 사람들은
아버지, 엄마가 아니야. 절대 아니야.'

예리하게 휘어져 자신만만한 발톱
땅을 팍팍 파헤친다.
한 번 찍히면 살점이 떨어져 나갈 것 같은
섬뜩하게 휘어진 부리를 흔들며
모든 것을 압도하던 싸움닭의 승전가

"꼬끼요~."

거칠고 불규칙하게 뿜어대는 듣기 싫은 승전가

"꼬끼요~."

무서운 아버지

아버지는 밤을 새워
마른 북어 두들겨 패듯 엄마를 두들겨 팼고
엄마는 전혀 느낌이 없는 듯 보였어
새벽이 훤히 밝아오면
간혹 엄마의 한 맺힌 슬픈 울음소리가 간간히 들리며
그제야 지쳐서 중단되는 부모님의 싸움

낮이 되면 화해를 하기도 하고
그래서 사이가 좋아 보이기도 했지만
해가 저물고 밤이 되면 싸움은 또 시작되었지
오히려 화해한 듯이 보이는 정체를 알 수 없는
정감어린 웃음 뒤에 곧바로 뒤따라 다가올
심상치 않은 기류를 훨씬 빨리 읽어 내어
마음의 대책이라도 세워야 하는 그 긴장감과
항상 발을 동동 굴러야 하는 불안함

지독히도 춥던 어느 추수감사절

교회에 가져갈 것이라곤 아무것도 없던
얼음장처럼 춥던 감사절 아침이었어

울면서 부엌 구석 도마 위에
엄마가 칼로 썰다가 만
말라비틀어진 물기 없는 파뿌리 한 토막을 들고
교회에 갔던 일이 생각나

그날도 음식을 하다 말고
머리채를 잡혀 방으로 끌려들어가
아버지에게 얻어맞으면서 싸우고 있던 엄마.

'나는 이 세상에 돼 태어났을까?'

헛구역질

부모님의 싸움이 시작되면
죽을 것 같은 구역질을 해댔지
오히려 구역질을 할 때면 수챗구멍에 엎드려
고통하며 음식물을 쏟아낼 때 나락으로 떨어지는 듯한
그 아득함 때문에 싸우는 소리로부터 멀어질 수 있었고
그래서 그 **아득함**이 오히려 좋았다.

스스로의 힘으로는 해결할 수 없는
갑갑하고 지루한 죽음처럼 긴 이야기

'어디론가 도망가고 싶어 ….'

더 이상 갈 수 없는 더 이상 살 수 없는
살 이유도 없고 살기도 싫은
그 긴 회색의 담벼락의 막다른 골목 끝에서
내 인생의 **견적**을 내야 했다.
7살 때의 일

뚝방에서

"나는 어떻게 하니.. 나는 어떻게 살아야 하니.." 하며
뚝방 뒤쪽 나무 곁에 쓰러져서 슬프게 울던 엄마
"엄마, 잘못했다고 해~~. 엄마, 다시는 안 그러겠다고 해~.
그러면 아버지가 안 때린다구~."
눈물 젖은 나의 애원에도 불구하고
냉담하게 고개를 절레절레 흔들던 엄마

팥으로 메주를 쑨다 해도 믿으라는
기차 바퀴가 네모나다고 해도 믿으라는

아버지가 세차게 올려치는 한 번의 따귀에
방구석에 사정없이 나가 떨어져
엄마의 머리통이 세차게 벽에 부딪히는 순간
양은냄비처럼 우그러져 망가져 버리던
이미 세상에 존재하지 않는 엄마의 자존심
부모님의 싸움 속에서 신물이 나도록
번번이 구경해야 했던 무가치한 전쟁

지켜 낼 자존심도 없는 싸움을 평생 해 온 엄마
그래서 엄마는 무엇을 지켰을까
무엇을 거부했고 왜? 맞은 걸까

남자는 무서워

'남자는 힘이 세다.'
'때리면 맞을 수밖에 없다.'
'어떻게든 맞지 않아야 한다.'
'여자는 약하다.'
'남자한테 잘 보여야 한다.'
'남자를 쓸데없이 건드리지 말아야 한다.'

엄마를 때리는 아버지를 극도로 미워했고
나에겐 이미 남자라는 사람은 더 이상
사랑의 대상이 아니었다.

엉클어진 머리카락 사이로
언뜻 보이는 엄마의 눈빛
엄마는 무언가 말하고 있었지

얻어맞아 옷은 찢길 대로 찢기고
머리칼은 온통 다 뽑힌 채로
눈물에 콧물에 코피에
이리 저리 멍든 엄마가
방바닥에 나동그라져
큰 딸인 나를 바라보던 그 눈빛

'은수야, 남자를 이길 수 있는 힘이 있어야 해
능력을 키워라 능력을 ….'

나는 힘이 세 보이고 터프하며
남자다운 남성을 병적으로 싫어했지

대문 밖에서

비가 주룩주룩 내려도
캄캄한 깊은 밤이 되어도
우리 6남매는 대문밖에 쪼그리고 앉아
싸움이 그치길 기다려야 했다.
배고파도 참아야 했고
바람이 쌩쌩 불어도 이겨 내야 했어
집안에서는 전쟁이 나더라도
대문 안으로 들어가지 않았지
꾸벅꾸벅 졸음도 왔다.

오늘은 너무 추워서
윗목에서 싸우는 아버지와 엄마를 못 본 척하고
아랫목에 이불 쓰고 드러누웠어
아스라이 들리는 엄마의 울음소리

나의 이불속은 눈물처럼 따뜻했다

그 날 이후 종종 이불을 쓰고 드러눕곤 하던
그때마다 스르르 감기는 눈
'이대로 영원히 잠이 들었으면 ….'
나의 영혼은 돌아와야 할 주소를 찢어버리며
돌아 올 곳도 마련하지 않은 채
매일매일 가방을 싸들고 어디론가 떠나곤 한 거야.

어디라도 좋아
싸움이 없는 곳으로
어디라도 좋아
눈물이 없는 곳으로
어디라도 좋아

그들, 사랑의 실존

부부 싸움이 잦으면 잦을수록
거칠면 거칠수록
부부는 서로를 애절하게 원한다.
상대가 자신이 원하는 것 가지고 있지 않다는 것을
하나씩 알아가면서 더욱 더 원한다.
"왜? 아무것도 없는 거야~
뭔가? 있어야 하는 거잖아?
너에겐 어쩜 이렇게 아무것도 없니?
이래도 되는 거야?"

싸움이 반복될수록
싸움이 치열하게 깊어질수록
번번이 부도 수표이지만
싸움을 하는 사람들은
싸움에서 빠져 나올 새로운 방법을 도무지 모른다.
그냥 똑같은 방법뿐이다.

오직 싸우는 거

'내 앞에서 양심 없이 감히 어딜‥'

텅텅 빈주머니를 차고 있는 상대를 발견하고는

어처구니없다면서 땅을 치고 통곡한다.

그리고 계속 무엇인가 처절하게 원한다.

잔인한 냉소를 날리며

'쯔쯔~~ 이럴 줄은 몰랐어

이렇게 텅텅 비어 있을 줄이야 한심하긴‥'

자신의 무례한 빈주머니는 훌랑 용서하고

상대의 마음에 채찍을 치지

예술가도 아니면서 예술가인척 철저히 이기적인.

'웃기지 마. 어림없어~ 니가 아무것도 안 주는데 내가 뭘 줘?

니가 먼저 줘~ 가진 게 없으면 벌어 와. 벌어 오라구~.

훔쳐서라도 벌어 오라니깐~.'

사랑은 어디에 있는가?

그들의 사랑의 실존은 뭔가?

지 생각만 하는 밀납 인형 같은 핏기 없는 낯빛

이기적인 삶을 사는 사람의 얼굴에는 아름다운 낯빛이 없다.

도저히 기댈 품이 없다.

싸우지 못하는 아이

그래서 나는 한 번도 못 싸웠어
마치 한 맺힌 사람처럼 엉엉 울기만 했지
절대 어느 누구하고도 싸우지 못하고 항상 웅얼웅얼
그래서 매번 당하고 당하면서도 계속 웃어야 했고

싸우지 않을 수 있다는 것이 행복할 뿐

"우리 은수는 동생이든, 친구든, 누구하고 싸우는 걸 못 봤구나.
어이구~ 얼마나 착한지." 정말 그랬다.
나는 바보처럼 아무하고도 싸우질 못했어
남들은 무조건 이기려고 하는 세상에서
나는 무조건 졌다. 싸움이 싫었고 갈등도 싫었기에

싸우기 전에 감도는
마치 명주실처럼 가늘고 긴 살벌한 긴장감
잔인할 정도로 팽팽하게 잡아당긴 고무줄처럼 언제 끊어질지
하나 둘 셋 하며 기다리는 그 짧은 시간
심장이 터져 버릴 것 같은
나의 몸의 세포들이 갈가리 찢겨져서
공중분해 될 것 같은 그것을 나는 참을 수 없었던 것

'제발 그러지 마~ 제발.'

그것이 싸움이라면
그것이 눈 흘기는 일이라면
그것이 갈등이라면

내 재산을 다 줄 수도
내 재능을 다 줄 수도
내 눈물과 내 시간을 다 줄 수도
내게 있는 모든 것을 다 줄 수도 있어.

결국, 나는 어떤 갈등도 견디지 못하는
사람이 되어 버렸지

웃기는 소원

친구가 부러웠어
절대 화를 안 내고 조용조용 낮은 음성의
친구의 아버지가 멋져 보였고
잔잔하게 미소 띄우며
찬찬히 이야기할 줄 아는
친구의 엄마도 부러웠고

'나는 왜 태어났을까.'

나는 마음먹었어
웃기는 나의 소원

아버지와 싸우지 않는 엄마가 되는 것

그건 해냈다.

비정하게 외면함으로써 싸우지 않을 수 있는
또 하나의 처절한 싸움

그러나

적어도 밤을 새우며 노골적으로 면전에 대고
비아냥거리지는 않을 수 있는

나에겐 이것도 승리이다.

2.별 거

칭얼대는 동생들을 겨우겨우 재워 놓고는
뒤곁에 서서 울었어. 나도 무서웠으니까
주님은 들으셨을 거야 서러운 울음소리

엄마가 떠났다

매를 맞다가 잠깐 피신한 엄마가
어느 날 밤 조용히 나를 찾아왔다.
캄캄한 밤 나는 쪽마루에 앉아
두 살 난 동생을 재우고 있었다.

"엄마 없는 동안 동생들 잘 돌보고 있어!
엄마 금방 돌아올게 알았지?"

다섯 살, 두 살 난 동생을
나에게 맡기고 엄마는 어둠 속으로
사라져 버렸다.

친척집에 맡겨졌던
무더웠던 여름

생존의 생명력으로
버둥대기 시작했던

일곱 살에게
다섯 살, 두 살의 동생은
가혹했다.

과연 서른한 살 먹은 엄마가

일곱 살 난 어린 딸보다 더 힘들었을까?

언니의 눈물

동생들은 내가 엄마인 줄 아는지
나에게 뭐든 달라고 해
다섯 살 난 동생은 과자를 달라하고
두 살 난 동생은 젖을 달라하며
일곱 살 난 언니의 가슴을 파고들며 울어댔지
동생들은 내가 용감한 줄 아는지
내 치맛자락을 붙잡고
어디든지 따라 다니곤 했다.

'도망간 엄마' 처럼 나도 몰래 도망가고 싶었다.

칭얼대는 동생들을
겨우겨우 재워 놓고는
컴컴한 뒤꼍에 서서 울었어

나도 무서웠으니까

주님은 들으셨을 거야
어린 언니의 서러운 울음소리를

골목 어귀

밤이 되면 동생들을 재워 놓고
골목 어귀에 쪼그리고 앉아
아버지를 기다렸다.
통행금지 사이렌이 울고
사람이 단 한 명도 나타나지
않을 때까지 두 눈을 부릅뜨고
골목 끝을 노려봤다.

아무리 기다려도
오신다는 아버지는 오시지 않았다.
골목 끝을 노려보며 아버지를 기다리던
셀 수 없는 수많은 밤

좌절로
나는 지쳐버렸어

일곱 살 때

'아버지는 우릴 버린 거야.'

어둠 속을 노려보며
눈물이 흐르던 두 눈

야수처럼 번뜩이며
버둥대기 시작한
살기 위한 발버둥

'난 아버지도 엄마도 없다.
난 고아다.
난 아무도 기다리지 않을 테다.'

울리는 통행금지 사이렌 소리

독립

나는 어른이 되기를 목마르게 기다렸어
어른이 되어서 칼자루가 내 손에 쥐어지면
한 번, 잘 살아 볼 거라고 ….

3.허 무

끝이 보이질 않는 수평선 같은 지루한 느낌
아무리 둘러봐도 주위에는 아무도 없다
저 아래의 깊은 바닥은 끝을 알 수 없는 두려움

누구 없어요?

"거, 거기 누구 없어요?"

아래는 땅바닥,
위에는 끝이 보이지 않는 어떤 공간

나는 우물 안에 갇혔습니다.

아무것도 할 수 없습니다.

사람들은 모두 어디로 갔을까요?

계속 이렇게 쭈그리고

앉아 있어야 하는 걸까요?

우물벽 푸른 물이끼가
말라가고 있습니다.

우물 안

언제부터일까?
아무 생각도 안 나기 시작했다.
혼자 앉아서
더하기 빼기 곱하기 나누기.
열세 살 어린 나이에
서투른 머리로 아무리 계산해 봐도
벼랑 끝에 서 있는 불안한 기분을
떨쳐 낼 수가 없었다.

그저 왠지 억울할 뿐

"엄마, 나도 좀 행복하고 싶어
아버지, 나 좀 행복하면 안 돼?
나~ 억울해
난 정말 억울하다구
왜? 나만 행복하면 안 되는 거죠?"

박탈감

'좋은 것' 들로부터 나는 버림받았어
'좋은 것' 들은 나를 거부했고, 나를 밀어냈어
이제 나는 스스로 살아가야 해

뭔가? 좋은 것들
뭔가? 잘 되는 것들
뭔가? 술술 풀리는 것들
그런 것들로부터 수천 마일 밀려난 느낌

절대, 나에게는
칼자루가 쥐어질 것 같지 않은
소외감과 박탈감
떨쳐낼 수 없는 불길한 기분
'나도, 잘 할 수 있는데
나도, 한 번 잘 살아 보고 싶은데
나도, 정말 행복하고 싶은데 ….'

허무

정말 이게 인생의 끝일까?
이 세상은 내 한 줌 손바닥에도 들어오지 못하는
이런 알량한 허무일까?
손바닥 안에 내 인생이 훤히 다 보이는데

삼일 밤을 걷지 않아도 된다.
하루 종일 걷지 않아도 된다.
한두 시간만 걷다 보면
내 인생의 한계를 만나게 된다.
이게 정말 세상의 전부일까?

미치겠다

미칠 것만 같아

끝이 보이지 않는 수평선 같이 지루한 느낌
아무리 둘러봐도 주위에는 아무도 없다.
깊은 저 아래의 깊은 바닥은
그 끝을 알 수 없는 두려움
머리 위에도 끝이 보이지 않는 막연한 공간의 두려움
정말 나의 곁에는 아무도 없다.
나는 어디엔가 갇혔다.
'그래.. 이게 바로 내 삶의 미스터리의 끝이야
이럴 줄 알았어..'
아무 것도 하기 싫어
아무 것도 할 필요가 없다니깐

"이젠 모든 훌륭해지는 것을 '거부' 하리라."

끝이 보이지 않는
수평선 같은
늘어져 버린 피아노 현 같은
오래 흘러 지쳐 버려
지루한 선율 같은 인생

당신이 신이라면

당신이 신이라면 대답해 보세요
좋으신 하나님의 뜻을
뭐가 좋다는 건지
당신이 신이라면 말 좀 해 보세요
당신의 그 눈부신 **자비**에 대해
그리고 내가 왜 이 세상에 태어났는지

당신이 신이라면 당장 나타나 보세요
그리고 나는 이 모양대로 살다가 한 줌 재로 죽을 건지
당신이 신이라면 말 좀 해 보시라구요

다들 뭐하는 거에요
왜 아무도 말해 주는 사람이 없는 거죠?

4.사 주 팔 자

나 혼자 아무리 공부 잘하고 아무리 피아노 열심히 쳐도
소용없다는 것 나 혼자만 잘나서는 아무 소용이 없다는 것

출발

저주받은 것 같은 어린 시절 당연히 나는 떠나야 했어

'나는 이 세상에 왜 태어났지?'

나는 '절대 행복하면 안 되는 인간의 리스트'에 올랐다는 생각

공평하신 하나님에 대해서 인정하기 싫다는 생각

아무리 노력해도 아마 나는 결단코 행복해지지 않을 것이라는 생각

그래서 너무 억울하다는 생각

두고 보라는 생각

내가 얼마나 잘 할 수 있는지 내가 얼마나 잘 살게 되는지.

두고 보라는 생각

꼭 행복하게 되어서

운명, 너의 코를 납작하게 해 주겠다는 생각

나는 내 방식대로

내가 스스로 연구해서 살아갈 거야

운명, 느그들이 나를 안 밀어 줘도

나는 할 수 있어. 오직 그 생각뿐

미친 영웅심

마지막 희망인 '나 자신'을 사랑스럽게 쓰다듬으며
마치 **잔 다르크**처럼
용맹스런 약속을 나 스스로에게 했었지
'난 꼭 행복해질 거야. 난 꼭 성공하고 말거야
넌, 잘 할 수 있어. 힘을 내자. 은수야. 조금만 참아.'

열심히 공부하고 피아노 쳐서 돈을 많이 벌 거야
큰집을 사고 차도 사고 그랜드 피아노도 한 대 사야지
햇볕이 예쁜 유리창 아래 커다란 그랜드 피아노를 놓고
매일 아침 일찍 일어나 피아노를 치며 하루를 시작할 테야
난 꼭 행복하게 살 거야….
거울에 비친 마지막 희망인 나를 바라보며
약속하고 또 약속했다.

그 뿌리를 알 수 없고
그 끝도 알 수 없는 **미친 영웅심**.
그리로 도망치던 위험

사주팔자

열심히 공부하고 피아노를 쳤지만
새롭게 알게 된 또 하나의 거대한 벽
나 혼자 아무리 공부 잘하고
아무리 피아노 열심히 쳐도 소용없다는 것
나 혼자만 잘나서는 아무 소용이 없다는 것

열쇠는 부모님에게 있었고
역시나 칼자루는 여전히 내게 쥐어져 있지 않았지
무슨 놈의 '사주팔자' 가 이래?

부모님은 그저 365일 하루 3번씩 열심히 싸울 뿐
온 집안의 물건을 부수고 서로 치고 받고 욕을 하고
저주를 퍼부으면서 계속 싸울 뿐

포탄 떨어지는 전쟁의 한 가운데 서서
나는 내가 붙잡고 있는 '희망'에 대해서 수없이 절망했고
어린 마음속의 내 자신을 향한 가녀린 '희망'은
마음 깊은 곳에서 서서히 그 불이 꺼져 가고 있었어

돌부리

우리는 모두 한 끈에 발이 묶여 있었어
옆 사람이 넘어지면 함께 넘어져야 했지

족히 30년간 나를 우뚝우뚝 서게 했던 뾰족한 돌부리
'네까짓 게 뭘 하겠니?'
갑자기 생뚱맞게 뒤통수를 때리며
문득문득 출현하곤 하던 두려운 마음
'나같이 한심한 게 뭘 하겠어?'

겸손인 줄 알았지만 지독한 상처

'나는 이 세상에 왜 태어났어요?'

희망 없는 사주팔자

누렇게 곪아터져 보기 흉한 상처
인생의 곳곳에서 만났던
수도 없이 나를 넘어지게 했던 뾰족한 돌부리
번번이 내 자신의 한심한 한계 앞에서
주저앉아 울어야만 했다.

마치, 어린 시절 부모님의 싸움을 구경하듯
그 처참한 한계를 능력 없이 구경만 해야 했던

그것이 '사주팔자' 였을까?

예수 없이는 망할 것이라는 말을
아주 똑똑하게 짚어 주었던
나의 사주팔자

새롭게 하소서

딸이 어른이 되면
분명히 나에게 물을 것이다.
어린 은수와 같이….
'왜, 왜죠? 왜냐구요?'

그 크고 검은 눈에서
'억울한 울음'을
울게 할 수는 없다.

나는 주님께 매달린다.
새롭게 하소서.

아바 아버지

"너희는 다시
무서워하는 종의 영을
받지 아니하고
양자의 영을 받았으므로
아바 아버지라
부르짖느니라."
(롬 8:15)

5.피 아 노

나를 믿었다 나를 사랑했다

나에겐 더 이상 음악이 아름답지 않았어
쏟아지는 총탄과 대포소리 지뢰 터지는 소리

피아노

고통스러울 때는 피아노를 쳤어
바흐를 만나러 떠나고
베토벤을 만나러 떠나고
뭔가 비통한 음악을 만나고 싶어서
어디론가 자꾸 떠났던 것 같아

아버지는 피아노 조율사였고
엄마는 피아노 선생님이었던 덕에
우리 집은 가난해도
내 방엔 항상 피아노가 있었지

피아노 연습

광적인 부모님의 싸움의 틈바구니에서
나는 매일, 피아노 연습을 해야 했어
행복할 때면 기분 좋은 목소리로
'은수야~ 피아노 연습해라~'
나의 24시간은 거의 1/2은 부모님의 싸움
1/2은 피아노 연습이 전부였지

딸을 향한 광적인 관심
부모님에게 '딸을 향한 피아노 교육'은 아주 적절한 목표였고
어쨌든 나는 치고 또 치고·· 슬펐다.
전쟁 같은 피아노 연습이 슬펐지
나에겐 더 이상 음악이 예술로서 아름답지 않았어
빗발처럼 쏟아지는 총탄과 대포 소리
그리고 지뢰 터지는 소리

그렇게 미친 듯이 피아노 연습을 해야 했던 날들.

아버지와 엄마는 다소 똑똑한 편인 나에게
잔뜩 기대를 걸고 광적인 교육을 했어
훌륭한 아이로 키우기 위해서 열심히 책을 읽히며 키웠고
인내심 있는 아이로 키우기 위해서이었겠지만
아기가 아무리 배고파 울어도 젖을 먹일 시간이 안 되었으면
젖 먹을 시간이 될 때까지 젖을 주지 않았어
그래서 그런지 인내심은 많은 편이기도 하지

여자아이니까 다리가 반듯하고 쭉 뻗어야지
휘면 보기 흉하다고 해서 절대 업어 주지 않았고
또 여자아이가 어깨에 우두자국이 있으면 보기 흉하다면서
보통은 어깨에 맞는 우두를 흉이 보이지 않도록
발바닥에 맞혔고

네 살부터 피아노를 치기 시작했으며
다섯 살 때는 한글을 깨우쳤다.
여섯 살 때 기억으로는 엄마가 적어 준 쪽지와
소꿉장난 바구니를 들고 혼자 시장에 가서
장을 봐 오곤 했던 기억이 있어

피아노 치는 아이

어린 시절은 공부를 잘하고 똑똑하며
동네에서는 피아노 잘 치는 아이로 소문이 나 칭찬을 많이 받았는데
교회에서는 초등학교 4학년 때 본 성가대 반주자를 했어
어린이가 **"거룩한 성"** 을 훌륭하게 연주할 줄 안다면서
신통하다고 교회 안에서도 사랑을 듬뿍 받았고
학교에서는 선생님 대신에 음악 시간은 내가 오르간을 치며
아이들을 가르치곤 했지

중학교 때는 교내 합창 대회를 하면 보통은
각 반에서 지휘자 한 명, 반주자 한 명이 정해지는 데
피아노 치는 애가 전교에서 나 혼자뿐이어서
전교생의 반주자가 되어
붙박이로 앉아서 교내 합창 대회를 치렀다.

부모님의 광적인 교육 덕에
피아노 연습도 광적으로 해야 했는데
두세 시간 연습은 당연하고 500번, 700번씩 연습을 해야 했어
두 분 다 음악에 귀가 밝아 낮잠을 자면서도
어디가 틀렸는지 다 알고 잠결에 지적하곤 했지
"스타카토만 500번 쳐라~"스타카토 한 음만 500번씩 연습하고
그래도 안 되면 1,000번을 연습하고
너무도 힘들고 지겨웠던 피아노 연습 시간이었기에
그때부터 체르니 연습곡을 조를 바꿔서 치기도 하고
변주해서 치기도 하며 연습곡에 가사를 붙여서
노래를 부르면서 연습을 했지
슬프게도 쳤다가 행진곡으로 쳤다가 박자를 바꿔서 쳤다가
여러 가지 다양한 방법으로 지겨운 피아노 연습 시간을 나름대로
주관적이고 능동적인 방법으로 연습하며 말 잘 듣던 '착한 아이'

완벽주의인 아버지 덕에
바이엘 상하권을 네 번 정도를 반복해서 다시 쳤고
연습을 다 하고 나서 "아버지 다 쳤어요~" 하면
"불 끄고 쳐봐~" 하시면서 불을 끄고 연습을 하게 했던 아버지
그 어둠 속에서 나는 이를 뿌득뿌득 갈면서
속에서 부글부글 끓어오르는 분노를 참으면서 연습해야 했다.

광적인 연습

피아노 치는 자세가 안 좋을 때는 이렇게 하셨지
손목이 처질 때는 손목에 30cm 자를 묶어 주셨고
겨드랑이에는 야구공을 끼고 연습하게 하시며
손이 눕혀질 때는 눕혀지는 방향의 반대 방향으로
손톱을 길게 깍아서 손이 눕혀지지 않도록 하셨어

밥을 먹을 때도 밥상에 손을 얹고
손가락을 길게 늘이는 스트레칭을 수백 번씩 해야 했고
쇼팽의 손가락을 찍은 사진과 나의 손가락을 비교해 보며
엄지 손가락과 검지 손가락 사이가 너무 비좁다고
수술을 시켜 줘야 하는데 돈이 없다며 한 숨을 쉬시던

나에 대한 아버지의 광적인 피아노 교육은
나날이 심각해져 갔다.

트레이너

한 겨울에도 새벽 5시부터 창문을 몽땅 열어 놓고
두세 시간씩 집이 떠내려갈 정도로 음악(주로 교향곡)을 크게 틀곤 하셨어.
나의 아침은 항상 잠결에 음악을 두세 시간
듣다가 일어나야 했고그렇게 부시시 잠이 깨면
미처 잠이 깨지도 않은 상태에서
"지금 들리는 저 곡에서 악기의 소리가 뭐 뭐 있는지 대답해 봐~"하고
아침마다 물으셨지. 거의 알아맞히기도 했지만
간혹 못 알아맞히면 다른 식구들은 다 아침밥을 먹고 있어도
아침밥도 먹지 못한 채로 혼자서 수도 없이 그 음악을 듣고
악기 소리를 알아내야 했다.
그 덕택에 내 귀는 예민할 대로 예민하게 개발되었고
지금도 가장 잘 하는 것이 악기 소리를 구분하고 연주하는 일이다.
녹음실이나 방송국에서 세션 생활을 할 때도
퍼스트 신디사이저, 즉 솔로 악기 소리를 리얼하게 연주하는
파트를 아주 잘했었다. 그리고 어린 시절에 아버지를 통해
많이 들었던 음악들을 좋아하게 되었어

피아노 조율사

피아노 조율사이신 아버지는 피아노 매매도 하셨어
손님들에게 피아노를 권할 때면
항상 나를 불러내서 피아노를 한 곡 치게 하셨지
손님들에게 들려줄 곡은 아버지가 선곡하곤 했는데
아버지는 쇼팽을 좋아하셨으며

쇼팽의 녹턴 중에서 **“OP.9 NO.2 ”**
그 곡을 죽어라 연습해서 피아노를 살 손님이 오시면
재까닥 나가서 연주를 해야 했던

그 당시 종로2가 낙원상가 주변에서는
피아노 잘 치는 아이로 소문이 자자했다.
손님들은 내가 피아노를 치면
신기해서 머리를 쓰다듬어 주며 칭찬해 주었고
가격을 별로 깎지 않고 피아노를 사곤 했다.
초등학교 2학년 때의 일

또 아버지는 외국 중고 피아노를 매매하시곤 했는데
아버지가 피아노를 저렴한 가격에 사서 수리를 한 후
가격을 높게 책정해서 파는 일이었다.
피아노 공장에서 수리를 끝낸 후 굳이 운반비까지 들여서
피아노를 집에 단 하루라도 갖다 놓고 나를 치게 했어
당시 희귀한 외국산 피아노들을 거의 다 쳐봤지

흰색 호마이카에 화사한 꽃무늬가 그려져 있는 피아노
피아노 양쪽에 럭셔리한 스탠드가 있는데
피아노의 강약에 따라 불의 밝기가 자동으로 조정되는 피아노
피아노를 한 번 치고 나서 버튼을 누르면 피아노가
스스로 기억하여 건반이 자동으로 연주하는 피아노 등등
특별히 구경거리였던 것은 각종 교회 오르간들까지 종류별로
집으로 들여다 놓고 나에게 연습하게 하셨어
어떤 오르간은 너무 커서 방안에 들여놓을 수 없을 때면
마당에다 놓고 전등까지 설치한 후 마당에서 연주했고
오르간은 페달 밟는 것까지 무지하게 연습함으로써
스스로 터득했지. 그러나 피아노나 오르간이 집에 들어오는
날은 밤새도록 연주해야 하는 어린 나에겐 너무나
고통스러운 날이었어. 내가 피아노를 치거나 오르간을
연주하면 아코디언을 연주하며 노래를 부르시곤 했던
아버지의 노래는 수준급 이상이었지

종이 피아노

혹시 돈이 너무 없을 때는
내가 연습하던 피아노를 팔아야 할 때도 있었는데
그럴 때에는 종이에 피아노 건반을 그려서 연습해야 했어
500번씩, 1000번씩
종이 피아노에 대고 손가락이 부러져라
연습해야 했지
너무 지겨운 나머지
종이를 길게 잘라서 지그재그로 접어
종이 스프링을 만든 후
종이 피아노 각 건반 아래 붙여서
탄력 있게 만들어 연습했던

종이 피아노

그러한 이유로
사춘기가 되면서 아버지의 매에 맞아 죽기로 결심하고
'피아노가 치기 싫다…'며 악을 쓰고 대들다가
종종 맞아 죽을 뻔 했던 일
나는 피아노가 정말 싫었지

아버지는 주님의 뜻이라고 했지만
그래서 그러는 거라고 했지만
엄마는 사모가 되어야 되기 때문이라고 했지만
그래서 그러는 거라고 했지만

'저렇게 나쁜 부모에게 하나님이 말씀하셨을 리 없어~'

그러나 내 인생은 피아노와
결코 단 한 번도 떨어질 수 없었던 희귀한 인생

나쁜 부모에게도 말씀하시는 하나님

레슨비

아버지가 음악가들을 많이 알고 계셨기 때문에
항상 피아노 선생님은 최고의 선생님을 소개받았어
엄마가 항상 선생님께 당부하던 말..
"은수는 이다음에 목사 사모가 될 거니까
하루에 꼭 찬송가 1장씩 가르쳐 주세요."
피아노 선생님은 내 머리를 쓰다듬으며
"이 다음에 피아노 잘 치는 사모가 되거라~" 하며
피아노 레슨 때마다 꼭 찬송가 한 장씩을 가르쳐 주었지
엄마는 나에게 목사 사모에 대한 비전을 가지고 있었고
항상 이런 말을 했다. "목사 사모는 피아노를 쳐야 해.
개척 교회는 반주자가 없거든? 사모라도 피아노를 쳐야 한단다."
엄마는 딸을 향한 그러한 비전에 항상 흥분되어 있었으나
가난했던 우리 집은 피아노 레슨비를 대 줄 수 없었지

죽어도 싫어

아버지와 엄마의 열정 덕택으로 피아노 공부를 시작했지만
항상 레슨비는 밀려 있었고
처음엔 나의 재능을 보고 반가워했던 피아노 선생님들은
서서히 내게 관심을 갖지 않게 되었고 레슨을 해 주지 않았어
부모님께 혼날까봐 피아노 치러 다녔지만
피아노 치러 가는 것은 죽을 만큼 힘들었고
사실 선생님들은 낮잠을 자거나 전화를 하거나
텔레비전을 보거나 어떤 선생님은 만화를 보다가
시간이 되면 집에 가라고 했어
그렇게 5~6개월 레슨비를 못 내고 밀리면
선생님은 이젠 오지 말라고 나에게 냉정하게 말했고
다른 선생님을 또 소개받아 똑같은 액션을 반복했던 날 들.

비밀의 도피처

그러한 이유로 피아노는 나에겐 학문도 아니었지만
예술도 또한 아니었다. 피아노는 나에겐 도피처였고
도망갈 수 있는 '비밀리에 열어 놓은' 단 하나의 뒷문이었을 뿐
나는 항상 피아노 연습과 함께라면 내가 만들어 놓은
안전지대로 도피할 수 있었던
내가 만들어 놓은 나 혼자만의 피난처··
부모님의 싸움이 시작될 즈음이면 피아노 연습을 시작했어
그리고 그 흉측한 싸움 소리와 그럴듯하게 조화시켜
나 혼자만의 음악을 만들곤 했었지
뜨거운 눈물을 줄줄줄~ 흘리면서 때론 흐흐흐~ 웃으면서
그리고 소리 내어 엉엉엉~ 울면서
광적으로 나의 피난처를 향해 미친 듯이 뛰었어
주로 고전파 음악을 좋아했던 이유이기도 했고
어쨌든 나는 나의 피난처까지 도달하기 위해 단거리 선수처럼
알 수 없는 에너지를 모아 달려가곤 했던 것
나는 어디엔가 갇히기 시작했고 나 스스로를 편리하게 잠깐씩
가둘 줄 아는 방법을 터득해 가고 있었던

그 곳은 과연 어디였을까?

6.유혹 결정

비로소 살 것 같은 시원함 몸 구석구석까지 피를 돌게 하는
몸을 위한 엔돌핀 미움과 함께 힘차게 뿜어내는 인간적 독소

누구에게

누구에게 의지해야 하나
내가 제일 용감한데
누구에게 의지하지?

없다. 아무도 없다
어디론가 다 숨었다.

유혹 결정

이렇게 살 순 없어
어떻게 할까 어떻게 살까

너희들 이제부터
나를 사랑해라

너희들
나를 사랑하지 않고는
못 배기게 해 줄게

조금만 기다려라

유혹 성공

결국 나는
집요한 노력으로
그들 모두가 나를 사랑하도록
만들어 버렸지

그리고 흰 이를 드러내며
남몰래 통쾌한 웃음을 웃었어

실력이 없으면 애교로
영성이 없으면 광기로
그리고 가식적인 말주변으로

나는 주변을 싹쓸이했다.

그건 아주 쉬웠다.

날마다 나를 개발했지
머리끝부터 발끝까지

써먹을 것 투성이인 나를 발견하곤
매일 밤 안심했던 처절한 시간들

실력이 없으면 애교가 있으니까 되더구나
영성이 없어도 광기가 많으면 되더구나
진실치 않아도 말을 잘하니까 되더구나
나이트클럽에서 밤새 춤추다가
교회 와서 워-십 하면 열광하더구나

나는 그렇게 점점 타락해 가고 있었다.

연민

사람들은 생각보다
어렵지 않게 살고 있더군

서로 속고
서로 속아 주고
그것이 마치 예의인 것처럼 그렇게
세상은 빙빙 돌아가고 있었어

가끔씩 어지럽기도 했지만
고뇌보다는 쉬웠다고
정신이 어지러울수록
사는 게 훨씬 쉬웠고

피아노를 치면 사람들이 좋아하니까
예쁜 옷을 입으면 사람들이 쳐다보니까
날씬하면 사람들이 욕심내니까

그래서 나는 열심히 살았다.

그래‥
나를 욕심내는
그 번뜩임이
좋았던 거야

세상아, 제발 나를 욕심내다오.

나를 욕심내는 시선
그거 하나면 돼

남자?

만나 주지 않으면서 애먹이기
바람맞히기
몸이 닳게 만들기
몇 번 만나다가 차 버리기
이런 까탈 저런 까탈 잡아서 미워하기
고급 선물 요구하기

한 맺힌 여자처럼 남자들을 신나게 괴롭혔지

비로소 살 것 같은 시원함
몸 구석구석까지 피를 돌게 하는 몸을 위한 엔돌핀
그리하여 미움과 함께 힘차게 뿜어내는 인간적 독소

남자..

그들이 나로 인해 쩔쩔매는 그 모습 속에서 나는
통쾌하게 승전의 희열을 즐기고 있었겠지

'그래, 열심히 나를 좋아하라구
너희들이 넘볼 대상이 못 된다는 것을 보여 주겠어
나는 골드급이라니까'

165cm의 훤칠한 키에
반듯하게 뻗은 다리와 날씬한 몸매
명품을 걸쳐 줄까? 향수도 뿌려 주지
술집에 앉아서 이야기를 나누다가
희미한 조명 아래서 '무드 있는 피아노 곡' 을 한 곡 정도 쳐 주지
최상의 상품 가치가 있는 여자로 치장해 주마

피폐함

그러나 어느 날 다가온 피폐함
황폐해져 버린 가슴을 붙들고
밤새 울었던 그 날‥
고통과 외로움과 미칠 것 같은 마음의 통증으로
비쩍비쩍 말라가고 있었던 그 날
드디어 한계 밖 세상을 만난 그 날…
밤새도록 안심하고 울었다.

나를 울게 만든 이가 있다는 안도감
핏발어린 독한 내 눈에서
눈물을 뽑아내는 그분은 과연 누군가!
그 파워 앞에 나는 무릎을 꿇었어

천재지변이 온다 해도 내가 어찌 그 분을 잊겠나

제 2 부

나를 위해 하나님이 필요했다

7.부당한 출발선

재는 왜 나 보다 2m 앞에서 출발해야 하는지
재는 왜 지 맘대로 해도 되는지
왜 나는 재 같이 행동하면 안 되는지

부당한 출발선

불공평한 출발선에 서 본 사람은
얼마나 화가 나는지 알 것이다.
'이건 너무 불공평하지 않습니까?'
불평을 늘어놓아도
그 질문에 대해서는 대답이 없으시다.

그러나 살아 보니
부당함은 비단 약자의 몫만은 아니었다.
강자에게도 더 강한 자가 있으니
항상 세상 속에서
버거운 경쟁을 하면서
나름대로의 부당함 속에서
살아가고 있었다.

예수님의 복음도
가난하고 무식한 사람들이 몰려다니던
광야에서 출발했다지만
'부당한 출발'은 예수님도 마찬가지였다지만

그럼에도 불구하고 아주 오랜 시간
하나님 앞에서 섭섭해 하며 눈물 짰던 '부당한 출발'
똑같이 일정한 '스타트 라인'에 서지 못하고
왜? 나만 유독 10m 뒤에서 출발해야 하는지
하나님의 이름도, 애굽에서는 '종놈들의 하나님'으로 불리셨고
'가난하고 무식한 노예들의 하나님'으로 불리셨다지만
왜? 나는 쟤보다 훨씬 열악한 출발을 해야 하는지
하나님이 그러셨다고 나도 꼭 그래야 하는지?
예수님이 그러셨다고 나도 꼭 그래야 하는지?

그러면 쟤는 왜 나하고 출발이 다른지
쟤는 왜 나 보다 2m 앞에서 출발해야 하는지
그리고 쟤는 왜 지 맘대로 해도 되는지
왜 나는 쟤같이 행동하면 안 되는지

불쌍한 압살롬

압살롬도 그런 마음이었겠지
그래서 스스로 왕이 되려 했던 불쌍한 압살롬
아무도 안 시켜주니까 자기의 머리에 스스로
기름을 줄줄 붓던 불쌍한 압살롬

거듭났다 하면서도
여전히 **내 마음의 왕좌**에
드레스 곱게 입히고 눈부시게 치장해
왕관까지 씌워 걸어 놓은 예쁜 사진 한 장
불쌍한 압살롬과 뭐가 다를까?

압살롬은 왜 그렇게 왕이 되고 싶었을까?
왕자도 괜찮은 자리인데

아마도 내 마음의 왕좌에 걸어 놓은 왕관 쓴 나의 사진을
힘껏 바닥에 내동댕이치는 날
무슨 일은 일어날 거야

사실, 다윗도 처량한 신세였어

엄청, 왕이 되고 싶었던 압살롬

자연스럽게 왕이 된 다윗

두 사람 다
부당하고 불리한 출발선은
마찬가지였지

그러나 유사한 상황에서
두 사람은 전혀 다른 선택을 했던 거야

쉬워 보여도 무지하게 어려운 선택

선택이란

선택이란 순간적으로 상황을 압도한다.
선택은 자신이 누구인가에 대하여
정확하게 보여 주기도 하며
변명할 수 없는 자기의 주소이기도 하다.

비전은 항상 하늘에 있고
땅의 상황은 매일 부당함 투성이이다.
왜? 하나님은 나에게 이러시는지
따지지만 말고 성경을 읽으면 알 텐데
성경을 읽고 내 책임을 알면 될 텐데
왜 하나님은 나에게 이러시는지
무엇을 말하려고 하시는지

선택하는 순간 모든 것은 새로이 세팅된다.
압살롬처럼 스스로 세팅해서는 안 되지

감지덕지

좀 더 높은.. 좀 더 훌륭한 것들을..
은근히 바라고 인생을 살았지만
지금 나는 여전히 요~모양으로 살고 있다.
공부를 해서 학위를 받았어도
여러 번 받았을 세월이다.
죽어라고 돈을 벌었다면 몇 억쯤은..
그리고 자식을 낳았어도
몇 명은 더 낳았을 수 있는 세월이 지나갔다.
하지만 지금 나는 요~모양으로 살고 있다.

중요한 것은 항상 없는 서러움이 아니라
감지덕지일 것이다.

알아낸 착각

섬뜩섬뜩 번뜩번뜩 스치는 천부적인 생각들
나는 그것들을 해낼 수 있을 줄 알았지
나의 눈부신 노력과 인내를 항상 자랑스러워했다.
그러나 착각이었어
그런데 아직도 왜 요~모양으로 살고 있니

예상했던 이상적인 인생은 내 것이 아니었다.
다만 예상했을 뿐

임신하고 싶어서 상상 임신하듯
인간의 상상력은 놀랍다.
번뜩번뜩 스치는 천부적인 삶의 방식
그것이 응답이라고
자신 있게 말할 순 없다.

나를 택하심

"왜 나를 택하셨나요?

왜 하필 나입니까?"

"유대인은 표적을 구하고 헬라인은 지혜를 찾으나
우리는 십자가에 못 박힌 그리스도를 전하니 유대인에게는
거리끼는 것이요 이방인에게는 미련한 것이로되
오직 부르심을 입은 자들에게는 유대인이나 헬라인이나
그리스도는 하나님의 능력이요 하나님의 지혜니라
하나님의 어리석음이 사람보다 지혜롭고
하나님의 약하심이 사람보다 강하니라."
(고전 1:22-25)

사주팔자와 싸우는 법.. 이랄까?

8.서 원

나를 위해 하나님이 필요했다

십자가의 도를 이루기 위해 부르심을 받은
스데반이나 바울처럼 위대한 부르심에 초대 된 줄로 착각하며
큰기침을 해댔어 그러나 사실은 그게 아니었지

서원

어느 날 엄마가 철야 기도회를 가자고 했다.
나는 당연히 고개를 저었고 다음 주에도 또 엄마는 나를 졸랐어
여전히 '도리도리..' 4주째 되던 금요일, 나는 드디어 걸려들었지
당연히 나는 걸려든 걸 몰랐죠. 그날 밤 나는 통곡을 하며
내가 죄인임을 밤새도록 고백했다. 단단히 걸려든 것
주저할 게 무엇이겠으며 또한 도사릴 게 무엇이 있었겠는가?
나는 천국에 있었다. 나는 내가 가진 모든 것을 다 바쳤다.
마치 영화 '미션'에 나오는 한 장면처럼
온몸에 무거운 깡통과 돌덩이를 밧줄로 칭칭 감은 채
깎아지른 절벽을 힘겹게 오르던 우스꽝스러웠던 25년의 시간들
어떤 누구와도 나눌 수 없었고 전가할 수도 없었던
그래서 유독 나만 무겁게 했던 그 무거운 짐을
누구에게인가 벗어던질 수 있다는 것이 기적
부모님도 관심 없던 돌덩이보다 더 무거웠던 외로운 짐
이 세상 누구의 관심도 닿지 않던 슬프고 고독했던 짐
혼자만의 숙제였지만 풀 도리가 없어 엉켜 버렸던 알 수 없는 짐
그 '돌부리'를 만날 때마다 나를 바보로 만들었던
그 알 수 없는 무거운 짐을 누군가가 받아 주겠다니..
그래서 홀가분해질 수 있다는 것이 기적이었다.
'주님, 선교사가 되겠어요. 사모가 되겠어요.'
그날 밤으로서는 당연한 일이었지

그 당시 우리 교회로서는 청년 대학부원들 20명 정도가
전부 선교사, 목사를 서원한 특별한 은혜의 시기였어
그 이후 나를 제외한 거의 전원이 선교사, 목사로 부름 받았고
중국으로, 필리핀으로, 아프리카로, 영국으로,
또는 동남아 일대로 보내졌어
그러나 나는 **딱, 3일만에** 낙오되었어
낙오된 채로 엉뚱한 길을 걸었지. 26년 전 일이야

그 동안 세상은 내 인생을 통치했어
내 어깨에는 또 다시 세상의 짐이 잔뜩 놓이고
나는 그 짐을 어깨에 메고 비틀거렸으니
3일 전에 내려놓았던 그 짐을 도로 어깨에 올려놓은 거야
점점 무거워지는 짐의 무게를 도저히 해석할 수 없었고
마치 십자가의 도를 이루기 위해 특별히 부르심을 받은
스데반이나 바울처럼 위대한 부르심에 초대된 줄로 착각하며
큰기침을 해댔어. 그러나 사실은 그것이 아니었지

나는 떠나려던 갈대아 우르로 다시 돌아간 것
딱, 3일만에….

맨땅에 헤딩

밤새도록 울며불며 '자신의 한계'와 씨름하는 사람들
쌩~ 하니 독한 찬바람만 부는 이 험한 세상에서
마치 하늘에서 떨어진 것 같은 우람한 담벼락
태평양 한 가운데 빠진 생쥐처럼
밤새도록 무능하게 허우적거려 보지만
결국 또 부닥치는 것은 자신의 한계
'맨 땅에 헤딩' 을 할 수밖에 없다.
쌩뚱 맞은 처세지만 누구에게나 다가오는 기회
하늘에서 떨어진 것 같은 우람한 담벼락을
바라보며 구사하는 **'맨 땅에 헤딩'**

세상이 내 손안에 있을 것 같은,
바라는 것이 다 이루어질 것 같은,
이것을 믿음이 주는 기회하고 하지

누구나 할 수 있는 누구나 해도 되는
'맨 땅에 헤딩'

선배랍시고

선배랍시고 해 준다는 말이

"너 같은 게 뭘 할 수 있겠니?"

그 선배는 나를 아주 호되게 꾸짖었다.

자격이 없다는 것이었다.

'주제도 모르고 난데없이 왠, 맨땅에 헤딩이냐?' 고

'아무나 맨 땅에 헤딩하는 줄 아냐?' 고

아주 오랜 세월 내 머릿속을 쥐어뜯으며

내 마음까지 괴롭혔던 독한 한 마디..

"너 같은 게 뭘 할 수 있겠니?"

세상이 내 손안에 있을 것 같은,

바라는 것이 다 이루어 질 것 같은, **'맨 땅에 헤딩'**

누구나 할 수 있는 게 아니라고? 누구나 해도 되는 게 아니라고?

망치로 뒤통수를 얻어맞은 것처럼 정신이 나갔던 그 날

주제넘게 '내 자신에 대해 당치 않는 큰 꿈을 품었다는..'

아득하게 나간 정신이 돌아올 수 없었듯이

나는 혹시나 하고 품은 꿈이 역시나 하며 깨져 버린

파편 조각을 붙들고 오랜 세월 **꿈**의 주변을 맴돌 뿐

낙오자

머리털이 다 솟구쳐 왕창 빠져 버릴 정도로
정신이 아득했어 **맨 땅에 헤딩**하는 것조차도
아무나 할 수 있는 게 아니야? 누구나 해도 되는 게 아니야?
그것조차도 자격이 있어야 하는 거야?

나는 처음부터 항상 맨 땅이었어
헤딩이라도 해 봐야지 그것도 못하면 어쩌라구
나는 뭐야‥ 도대체 뭐냐구
아무나 맨 땅에 헤딩하는 게 아니라고?
니네들은 해도 되나 부지? 그래, 그래라
맨 땅에 헤딩‥ 니네들이나 실컷 해라~
나는 이만 사라져 줄께

예수님 붙잡히시던 날 밤의 베드로처럼
그날 밤의 서원을 '심플하게' 실수로 돌렸다.
3일 만에.

멋지게 휘파람을 불며 포기했지만 12년 후 난데없이
나를 불러 세우시며 '왜 포기했는데?'라고 물으시던 주님.

인간적으로 보면 그럴 수밖에 없었던 것은
서원은 생각은 나는데 추억 이상의 파워가 없으니
실수로라도 돌려야 정신세계가 안정을 취할 수 있었겠지
이 바보는 그때부터 배꼽이 아플 정도로
우스꽝스러운 인생을 걷기 시작했지

주변 사람들에게 약삭빠른 변명을 하기 시작했고
'저는요 돈을 많이 벌어서 00센터를 지을 거구요 선교사를 후원하구요
abcdefghijklmn….'
서원을 실수로 돌리기 위해서라도
내 삶으로 악착같이 증명해야 했지

훨씬 더 세속적으로 더욱 더 세상적으로
무지하게 부르주아로 더욱 더 사치스럽게
훨씬 더 야욕적으로 그렇게 하루하루
세상 속으로 미끄러져 들어갔다.
얼마나 위험한 일이었나

위험

사람들에게 '쟤는 정말 서원을 실수로 한 거야.'
라는 한 마디를 얻어내기 위해서 살았다 해도
과언이 아니다. 그러나 그것은 나 스스로를 향한 변명이었지
그럴수록 주위 사람들은 내가 탕자처럼 돌아올 날을
더욱더 기대하고 있었어

그래서 더욱 더 화가 나고 신경질이 났다.
'에이~ 훨씬 더 세속적으로, 더욱 더 세상적으로 ….'
악착같이 깊이깊이 도망갔다.
나를 찾을 수 없게 만들기 위해서

여기가 어디지?
여긴 과연 어딜까?

맞아..
나 같은 게 뭘 할 수 있겠어 **악착같이 돈이나 벌자~**하며
겸손한 마음으로 툭툭 털고 돌아서는 듯 보였으나
나는 그 길로 세상 속으로 다시 돌아가 버렸다.
아주 빠른 속도로 빛보다도 더 빠르게
서원 후 3일 만에 세상 속으로 숨어 버린 것이다.

불쌍한 영혼
보나마나 갈대아 우르로 다시 돌아간 거지

선배 느그들
후배들에게 아무 말이나 막 하지 마라
느그들 때문에 떠나려다가 도로 주저앉았잖아
도와주기는커녕

서원 후 3일 만에 숨어 버린 세상
아무도 나를 찾을 수 없었던 도피처.

세상의 짐

세상의 짐을 지고 비틀거렸어
왜냐하면 메이저 리그에서 밀려났으니
나를 시시콜콜 시집살이 시킬 사람이 없지
하고 싶은 일, 알고 싶은 것, 실컷 만져 보고 훑어 보고
엄청난 대가를 치렀지. **사랑하는 남편도 이 시기에 만났고**
나에겐 그 사람도 별천지였지
별천지라는 건 '메이저 리그'에서 볼 수 없었던 풍경들
그걸 말하는 거야

그래, 한동안은 '메이저 리그'에서 밀려나서
'마이너 리그'에서 살았어

'마이너 리그'의 동네 풍경? 아주 잘 알지

치러야 하는 그 대가는 엄청났어
그 대가를 치르느라 나의 어깨는 늘 바쁘고 붐볐고
아주 가끔 남는 시간에 난데없이 도전받던 부담감 때문에
그러다보니 파워 없이 시시하기만 한 나의 양심으로 인해
붐비는 어깨 위에 십자가의 도를 슬쩍 올려놓기도 해 보지만
자리가 좁아 바닥에 떨어져 버리는 파워 없이 힘없는 약속들
분명 내가 져야 할 십자가는 무거워 내려놓았을 텐데
내 어께는 항상 무겁더란 말이지
그래서 어리석게도 종종 안심하곤 했어
십자가 군병이라서 어깨가 무거운 줄 알았던 것이야
세상은 나를 멋있게 속이고 26여년의 인생을 송두리째 통치했지.

오늘 나의 24시간을 통치하였던
내 시간의 통치권자는 누구였나?
나는 매일 밤 벌벌 떨며 무릎을 꿇는다.
이제 다시는 이 행복을 빼앗길 수 없어

그것이 아브라함의 빼앗김이건
요셉의 빼앗김이건 욥의 빼앗김이건 아담과 하와의 빼앗김이건
상관없이

미친 결심

어느 날 결심했지
결혼하면 아기를 낳지 않을 테야…
남편과 연애 시절 그의 입에서 나온 파격적인 말
우리는 아기 낳지 말고 이렇게 사랑하며 둘이서만 살자.

내 마음을 어찌 알았을까?
남편의 그 말에 내 마음은 울었지

365일 무책임하게 싸워 대던 부모님
전쟁고아처럼 내버려진 아이들
울어 대던 6남매

아기만 보면 피부 바깥으로
새빨갛게 돋아 오르던 소름
돋아난 소름을 보며 울었어

'결혼하면 아기를 낳지 않을 테야. 절대로 ….'

9.율 법

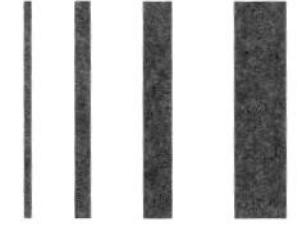

나를 위해 하나님이 필요했다

의미심장하게 비웃으며 코 방귀를 뀌더군
나를 찌르고 나를 후벼 파고 나를 내쫓고
나를 넘어뜨리고 나를 조롱했던 율법

무엇이 나를

무엇이 나를 그리도 아프게 만들었을까
무엇이 나의 심장을 그리도 아프게 찔렀을까
도대체 뭐가 그리도 마음을 아프게 했길래
그 한 마디에 나가 떨어졌을까?

보나마나 '율법' 이었겠지

어느 누구나 다 경험하는 일이지만
위대한 서원 후
독침 같은 율법이 냉소를 날리며
나를 기다리고 있었다.

쏘는 것

"이 썩을 것이 썩지 아니함을 입고
이 죽을 것이 죽지 아니함을 입을 때에는
사망을 삼키고 이기리라고
기록된 말씀이 이루어지리라

사망아 너의 승리가 어디 있느냐
사망아 네가 쏘는 것이 어디 있느냐
사망의 쏘는 것은 죄요,
죄의 권능은 율법이라."
(고전 15:54-56)

율법은

율법은 나에게 말했다.
'아무나 맨땅에 헤딩하는 게 아니야‥'라고
그게 무슨 특권인 줄 알고
어떻게든 꼭 한 번 해 보고 싶었지
'맨 땅에 헤딩' 말이야

율법을 좋아했고 율법을 가까이 했어
율법으로 치장하고 율법으로 장식했지
서기관이나 바리새인이 입던
럭셔리한 옷을 걸치고 싶었고
열심과 노력으로 그렇게 될 수 있을 줄 알았다.
율법은 날마다 의미심장하게 비웃으며 코 방귀를 뀌더군
나를 찌르고 나를 후벼 파고
나를 내쫓고 나를 넘어뜨리고 나를 조롱했던

설명하자면 그 화려한 특권 가진 자
'맨 땅에 헤딩' 의 기적을 이루기 위해서 외식하는 자가 되었다는 말이지
물론 다 꽝~ 이었지만
특이한 것은 외식과 사주팔자는
똑같은 말을 하던데?

마이너리그

'울타리 밖' 의 세상
아주 잠깐이었지만
그 세상은 나를 살아가게 해 주었어

'울타리 안' 의 세상에서의 나는
불공평한 출발선으로 인해
아주 작은 것조차도 누리지 못한 사람이었지만
'울타리 밖' 의 세상에는 나 같은 사람도 상당히 많았어
여러 종류의 사람, 여러 가지 이유의 사람
그들에게 기댈 수도 하소연할 수도
부비 대고 울 수도 있었지
비로소 나를 숨 쉬고 살게 하더군
근원과 뿌리를 알 수 없는 수많은 인파 속이었지만
그들과 섞여서 돌아가는 매일 매일이 나에게는
무지하게 독하디 독하게 시니컬한
메이저 리그 보다 훨씬 살만 했어
당분간이었지만 나는 **마이너 리그**가 좋았다.

메이저 리그

'울타리 밖'의 세상은 서로에게 부비대며
서로를 위로하고 인간이라는 동일한 아픔으로
눈물 흘릴 수 있는 24시간이 존재했어
그렇게 나를 받아 주었던 세상
그래서 당분간 살 수 있었던 세상

왜 메이저 리그에는 24시간이 없을까?
왜 메이저 리그에서는 시계바늘이 25시부터냐는 말이다.
나에게 필요한 것은 0시~24시까지의 실존

메이저·· 느그들은 왜 항상 25시부터 시작하냐고
아무나 맨 땅에 헤딩하는 게 아니라면서
0시~24시까지의 이야기는 입을 꾹 닫고 말하지 않느냐고

사실 DNA가 좋으면 그런 고뇌는 할 필요도 없고
0시~24시는 저절로 질 좋게 살아지니까
아는 것도 없고 할 말도 없겠지

휴머니티

메이지와 마이너를 나누어 놓은 것은 크리스천이야
'휴머니티' 하지 않기 때문이지.
휴머니티 한 것은 크리스천의 금기처럼 멀리하곤 하잖아
그러나 자기들끼리는 무지하게 휴머니티 하다.
무지하게 끈적끈적거린다.
풍선 달고 카드 주고 사탕목걸이에 무용하고 까불고..
자기들 울타리 안에서는 그런 식으로 발랄하게 놀다가
울타리 밖에 나오면 갑자기 시니컬해지며 입주변이 굳는다.
알 수 없고 묘한 '품위 있는 뻣뻣한 미소'를 짓지
그리고 난데없이 세계화를 꿈꾸기도 해
지도도 없으면서 무엇이 세계화로 가는 길이라고 믿고 있는 걸까
메이저는 세상을 안다는 것과 모른다는 것의 '실존에 관한 진실' 을 모른다.
그저 울타리 안에서만 논다. 아주 재밌게·· 하여튼 무지하게 즐긴다.
지구의 끝에서 사람들이 죽어가도
품위 있는 뻣뻣한 미소는 결코 버리지 않는다.
그들의 얼굴이 흉하게 일그러져 통곡하는 모습을 본 적이 없다.
세계화의 지도는 마이너가 가지고 있지
거기서 살았으니까·· 그러니까 가는 길을 알지
메이저는 사람의 마음속 구석구석에 들어가 본 적이 없어
그저 배운 대로 시키는 대로 앵무새처럼 종알거릴 뿐

망명할 수만 있다면

자신이 가지고 있는 고통의 지도를 가슴에 품고
메이저의 땅으로 '망명'할 수만 있다면
온 몸뚱이 전체가 구석구석 슬픔의 잉크로 그려진
평생 아팠던 그 슬픔의 지도를 가슴에 품고
국경을 넘어 희망찬 햇살이 가득한
메이저의 땅으로 망명할 수만 있다면
눈물로 번져 얼룩진 그 지도를 틈틈이 수정하고
스캔을 받아 편집해서 인터넷을 통해
세계 구석구석 알릴 수만 있다면
그것이 '세계화'이지‥

그러나 뺀질한 메이저가
과연 마이너를 받아주느냐는 거지
메이저들은 겁쟁이 거든?

미운털 박힌 마이너들이여‥
메이저의 땅으로 과연 누가 갈 것인가?

그것이 '세계화'의 첫 걸음인 것을

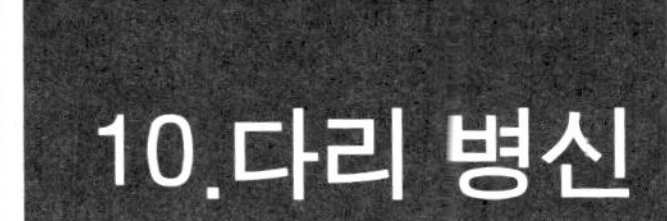

10.다리 병신

찾아내야 할 무언가가 있다는 것을 알아야 했다
하반신 마비가 와서 다리병신이 되는 장면
26세 때의 일

다리 병신

서원 후, 3일 만에

'세상 속' 으로 숨어 버린 후로부터 또, 1년 후

어느 날 갑자기 나는 다리를 못 쓰는 불구가 되었다.

멀쩡하던 내가 다리 병신이 된 것

무릎이 콕콕 쑤시기 시작하던 여름

그로부터 15일 후 하반신에 마비가 왔다.

5개의 대학병원에서 엑스레이가 깨끗했고

마치 이빨이 아프듯이 하반신에 퍼지는

죽을 듯한 통증은 24시간 계속되었다.

진통제도 소용없었고 모르핀도 소용없었고

계속 죽을 것 같았던 통증

의사들도 고개를 절레절레 흔들던 공포

감전된 듯 통증이 온몸을 관통하는 24시간 속에서

나는 **찾아내야 할 무언가**가 있다는 것을 알아야 했다.

하반신 마비가 와서 '다리 병신' 이 되는 장면

26세 때의 일

어디인지도 모르는 채로 우상에게 속으면서
율법에게 조롱당하며 힘겹게 살던 나날들..
하나님은 더 이상 세상 속으로 못 들어가게
나의 다리를 부러뜨리신 거지
당연히 나는 그 자리에 우뚝 섰고
들리는 주님의 음성

'네가 나를 떠났을 때 나도
지금 너처럼 그렇게 아팠다. 은수야 ….'

돌아온 탕자

그제야 비로소 정면으로 대면한 아버지와 엄마
나의 병원 침대 곁을 떠나지 못하고
울며불며 나를 돌보던 아버지와 엄마
그렇게 죽을 듯이 싸우던 아버지와 엄마의 두 눈을
거의 20년 만에 똑바로 쳐다볼 수 있었어
마치 언제인가 TV 동물의 왕국에서 봤던
아기 새를 돌보던 아빠 엄마 새처럼 아픈 나를 돌봤다.
얼굴이 반쪽이 되어 부부가 번갈아 가며 내 곁을 지키던
자식에 대한 그 절실함을 나는 만날 수 있었다.
나를 돌봐 주지 않고 싸우기만 하던 부모님을
그리도 오랜 시간 원망하고 저주했지만
마치 알을 품어 깨어난 채 눈도 뜨지 못한 아기 새에게
먹이를 물어다 주며 돌보던 아빠 새
그 먹이를 부리로 쪼아서 아기 새에게 먹여 주던 엄마 새처럼
그 분들은 나를 낳아 준 부모였고 나는 자녀였던 것

'네가 나를 떠났을 때 나도
지금, 너처럼 그렇게 아팠다. 은수야.'
두 눈가에 맺힌 이슬이 마르지 않던 아버지와 엄마
나에게도 부모님이 있었던 거야? 그랬던 거야?

일곱 살 때 매일 밤마다 아버지를 기다렸어
아버지와 엄마는 별거 중이었기 때문에 다섯 살, 세 살짜리 동생을
나에게 맡겨 두고 두 분은 싸우면서 헤어졌지
그리고 우린 이름 모를 친척집에 맡겨졌다.
나는 밤이 되면 동생들을 재워 놓고
어두컴컴한 골목 어귀에 앉아 아버지를 기다렸어
하루.. 이틀.. 많은 시간이 흘러가며
기다림의 좌절 속에서 일곱 살 난 나는 지쳐가기 시작했겠지?
기다려도 기다려도 오지 않는 아버지
어느 날 나는 결단을 내렸다.
막연히 기다리고만 있을 수 없었기 때문이다.

'나는 아버지가 없다. 나는 엄마도 없어.'

그 이후 나는 그 골목에서 부모님을 기다리지 않았다.
나는 그 친척집에 붙어서 살아 보려고
세 살 난 동생을 등에 업고 다섯 살 난 동생의 손을 잡고
부엌일도 하며 나의 인생을 살기 시작했어
그로부터 얼마 되지 않아 부모님은 다시 합치셨으나
나는 부모님께 의지하지 않았고 그 골목 사건 이후 독립한 것

'아버지가 나를 버렸어 ….'

회복

기다려도 오지 않는 아버지에 대한 좌절
어떻게 해서든지 살아 보겠다고 어린 나이에 내렸던 결단
'나는 아버지가 없다. 나는 엄마도 없어.'
지금 나는 그 옛날 일곱 살 꼬맹이도 아닌데
부모님께 의지하지 않고 살아온 세월이 얼만데

어느 날 하나님은 나를 조용히 부르시더니
'일곱 살 때를 회개해라.'
일곱 살 때? 뭐지? 뭐를 회개하라고요? 혹시..
일곱 살 때 골목어귀에 앉아
'나는 아버지가 없다. 나는 엄마도 없어.'
라고 소리쳤던 일을 회개하라고 하셨다.
정말 어처구니없는

'아니 어른들이 회개를 해야지
어린 내가 얼마나 오랜 세월을 상처로 멍든 가슴을 부둥켜안고
이를 악물고 살아왔는데.. 도대체 어떻게 이런 일이..'
지나가 버린 가슴 아픈 일들이 나의 심장을 찔렀고
다 잊어버린 줄 알았던 부모님에 대한 미움들이
내 몸 구석구석에서 고개를 쳐들고 일어나기 시작했다.

왜? 주님은 엄마 아버지가 죽어라 싸울 그때도
그들에게는 아무 말씀도 안 하셨나요?
그래 놓고 왜 나더러 그 일을 회개하라고 하십니까?
쥐어뜯고 싸운 사람들에게는 왜 아무 말씀도 안 하시고
왜 항상 나에게만 이러십니까?
도대체 왜 나에겐 이렇게 번번이 인색하신 겁니까?
나는 가슴을 쥐어뜯으며 바닥을 굴렀고
정말 그 아픔은 죽을 것만 같은 아픔이었다.

'은수야, 나는 이미 모든 것을 다 감당할 수 있는
폭과 넓이와 깊이를 어린 너에게 주었었어. 왜 포기했니?'

나에게 주님은 물으셨다.
왜 포기했냐고? 누가 포기하라고 했냐고…
이미 '해피엔딩' 으로 각본을 다 짜 놓았는데 왜 포기했냐고
나에게 물으셨다.

포기하지 마라

"그리스도께서 죽은 자 가운데서 다시 살아나셨다 전파되었거늘
너희 중에서 어떤 사람들은 어찌하여 죽은 자 가운데서 부활이 없다 하느냐
만일 죽은 자의 부활이 없으면 그리스도도 다시 살아나지 못하셨으리라
그리스도께서 만일 다시 살아나지 못하셨으면
우리의 전파하는 것도 헛것이요 또 너희 믿음도 헛것이며
또 우리가 하나님의 거짓 증인으로 발견되리니
우리가 하나님이 그리스도를 다시 살리셨다고 증언하였음이라
만일 죽은 자가 다시 살아나는 일이 없으면 하나님이 그리스도를
다시 살리지 아니하셨으리라 만일 죽은 자가 다시 살아나는 일이 없으면
그리스도도 다시 살아나신 일이 없었을 터이요
그리스도께서 다시 살아나신 일이 없으면 너희의 믿음도 헛되고
너희가 여전히 죄 가운데 있을 것이요
또한 그리스도 안에서 잠자는 자도 망하였으리니
만일 그리스도 안에서 우리의 바라는 것이 다만 이 세상의 삶뿐이면
모든 사람 가운데 우리가 더욱 불쌍한 자이리라
그러나 이제 그리스도께서 죽은 자 가운데서 다시 살아나사
잠자는 자들의 첫 열매가 되셨도다."(고전 15:12-20)

'주님은 이미 모든 것을 다 감당할 수 있는
폭과 넓이와 깊이를 너에게 주었어. 절대 포기하지 말아라.

어디서부터 시작할까

"스무 살 때부터? 열세 살 때부터?

일곱 살 때부터?"

모든 것이 다 회복되어야
내가 원하는 것도 회복되어진다.
하나님께 원수 된 여러 가지들
원수 된 피조물들과 이교신이 된 것들
그 어느 것도
살아계신 하나님 앞에서
자신을 변명할 수가 없다.

진정한 자유는
등을 돌리고 보지 않는 것이 아니라
나의 죄 된 부분을 똑바로 쳐다보는 것이다.
마주 보고 읽으며
나의 죄 된 부분을 다스려 버리는 것이다.

회복은 그때부터이다.

출발2

'아버지 이제 알았어요. 이제 알겠습니다.'

서원은 실수가 아니었어
예수님 붙잡히시던 날 밤의 베드로처럼 부인한 거야
그러나 나의 아버지는 다시 제자리에 세우시고
처음부터 차곡차곡 다시 시작하셨어
나는 주님처럼 골고다의 길을 한 걸음 한 걸음
25년을 돌아보니 말 그대로 골고다의 길이었지

바라 볼 약속이 없었어. 붙잡고 갈 약속도 없었던 거야
아픈 일, 힘든 일, 고통스러운 일, 외로움, 가난, 핍박,
다른 **잡다한 거짓말들**을 많이 거쳤지만
25년 동안 나는 '주님의 계시'
그 파워에 이끌려 온 것뿐

아브라함은 아마도 유프라테스 해안을 따라
시리아에서 하란을 거쳐 가나안으로 들어갔을 것이다.
아브라함이 바라본 것은 오직 하나님의 약속
출발2·· **다시 맨 땅에 헤딩**

약속의 말씀

"주 여호와의 영이 내게 내리셨으니 이는 여호와께서 내게 기름을 부으사
가난한 자에게 아름다운 소식을 전하게 하려 하심이라 나를 보내사 마음이 상한 자를
고치며 포로 된 자에게 자유를, 갇힌 자에게 놓임을 선포하며 여호와의 은혜의 해와
우리 하나님의 보복의 날을 선포하여 모든 슬픈 자를 위로하되 무릇 시온에서
슬퍼하는 자에게 화관을 주어 그 재를 대신하며 기쁨의 기름으로 그 슬픔을 대신하며
찬송의 옷으로 그 근심을 대신하시고 그들로 의의 나무 곧 여호와의 심으신 그 영광을
나타낼 자라 일컬음을 받게 하려 하심이니라 그들은 오래 황폐하였던 곳을
다시 쌓을 것이며 옛부터 무너진 곳을 다시 일으킬 것이며 황폐한 성읍 곧 대대로
무너져 있던 것들을 중수할 것이며 외인은 서서 너희 양떼를 칠 것이요 이방 사람은
너희 농부와 포도원지기가 될 것이나 오직 너희는 여호와의 제사장이라 일컬음을
받을 것이라 사람들이 너희를 우리 하나님의 봉사자라 할 것이며 너희가
이방 나라들의 재물을 먹으며 그들의 영광을 얻어 자랑할 것이니라
너희가 수치 대신에 보상을 배나 얻으며 능욕 대신에 몫으로 말미암아 즐거워할 것이라
그리하여 그들의 땅에서 갑절이나 얻고 영원한 기쁨이 있으리라 무릇 나 여호와는
정의를 사랑하며 불의의 강탈을 미워하여 성실히 그들에게 갚아 주고 그들과
영원한 언약을 맺을 것이라 그들의 자손을 뭇 나라 가운데에, 그들의 후손을
만민 가운데에 알리리니 무릇 이를 보는 자가 그들은 여호와께 복 받은 자손이라
인정하리라 내가 여호와로 말미암아 크게 기뻐하며 내 영혼이 나의 하나님으로
말미암아 즐거워하리니 이는 그가 구원의 옷을 내게 입히시며 공의의 겉옷을
내게 더하심이 신랑이 사모를 쓰며 신부가 자기 보석으로 단장함 같게 하셨음이라
땅이 싹을 내며 동산이 거기 뿌린 것을 움돋게 함같이 주 여호와께서 공의와 찬송을
모든 나라 앞에 솟아나게 하시리라."
(사 61장)

나를 위해 하나님이 필요했다

11.결혼과 비전

남편에게 음악을 주세요
하나님을 찬양하는 사람이 되겠어요
나는 또 서원을 했다

또 한 번의 서원

하나님 사실은 저 많이 괴로워요
이 사람‥ 제가 너무 좋아하거든요?
그래서 하나님께 묻지도 않고 결혼해 버렸어요
저, 지금 많이 괴롭답니다.
제가 하나님 앞에서 큰 실수를 했답니다.

하나님께서 화를 내실 거라는 거
이제서야 느껴지네요

어쩌죠?
그냥 지나가실 것 같지 않은데..
하나님께 많이 혼날 것 같은데
어쩌죠?

하나님 그래서요 이제서라도 기도합니다.

'……'

조금은 약삭빠른 것 같지만
주님, 제게 무얼 원하시나요?
지금이라도 깨달아야 하지 않을까요?

'……'

하나님, 제 남편이 참 착한 거 아시죠?
우리 둘이서 하나님을 기쁘시게
해 드리면 안 될까요?

이건 제 생각인데요
우리 둘이 음악을 좋아하잖아요
남편에게 '음악'을 주세요
그러면 우리 둘이 음악으로
하나님을 찬양하는 사람이 되겠어요

나는 또, 서원을 했다.

1986년 4월 21일

나는 매일매일 기도했어

주님, 제 기도를 들어 주세요
막무가내로 주님을 물고 늘어졌지
제발 제 기도를 들어주세요

아무리 생각해 봐도
살 길은 그 길밖에 없었던 것은
영적 부담감을 심하게 느끼고 있었던 것

지금부터 26년 전
1986년 4월 21일의 일

꿈에

그로부터 **173일** 1998년 10월 11일
나의 기도는 응답받았다.
꿈에 어떤 큰 방이 보였다.
바닥에는 붉은 색의 카페트가 쫙-- 깔려 있고
방문을 빼놓은 예쁜 흰색의 벽 사면은 온통
바닥부터 천장까지 방안 전체가 음향 장비로 꽉 찬 방
그 음향 장비들은 전부 ON 상태였고
찬란한 여러 색깔의 신비한 불빛들이
음향 장비 전체에서 예쁘게 빛나고 있었어

방 중앙의 둥그런 흰색의 식탁이 있었는데
식탁 위에는 '콘트라베이스' 가 놓여 있었던
하나님의 응답이었다.

콘트라베이스로 음악을 시작하고 결국은 '음향 엔지니어' 가 된다는
계시의 꿈

믿음으로

주저하지 않았다.
남편은 다니던 회사를 그만두고
퇴직금으로 차를 한 대 사고
콘드라베이스도 샀다
그 날부터 남편은
음악을 시작했다.

남편과 나는 첫눈에 반했다.

남편을 만나던 첫날 오토바이를 타고
그의 등짝에 딱 붙어서 '이대로 어디론가 멀리 떠나고 싶어~'
여느 연인들과 마찬가지고 우린 죽고 못 살았지
헤어지면서 "또 연락해도 돼요?"라고 묻는 말에 흔쾌히
"네 …."
나는 그 당시 피아노 학원을 경영하고 있었는데
상가 2층에 위치도 좋고 제법 잘되는 학원이었다.
그러던 어느 날 안면이 있는 그가 학원에 놀러왔어
나더러 피아노를 한 곡 쳐달라고 하기에
그랜드 피아노 앞에 앉아서 연주해 주었는데
그는 무아지경에 빠진 것처럼 입이 귀에 걸린 채로
실실실-- 웃으면서 어쩔 줄을 몰라 하고 있는 것 아닌가
재미삼아 '나비야' 정도만을 가르쳐 주려고
피아노 앞에 앉혔는데 깜짝 놀라버린 것.
겨우 '나비야~' 정도를 치면서 머리로 흔드는 리듬과
몸으로 흔드는 리듬과 오른손과 왼손 양발의 리듬이
다 다르게 흔드는 거야 나는 멍--하니 그를 쳐다보며
이렇게 말해 주었지 '당신은 음악을 해야 할 사람이에요.'

그는 픽 웃었다. 음악과는 전혀 관련 없는 공대생이었으니까

남편의 음악

'남편은 음악을 해야 할 사람이야..'라고 확신하면서
음악을 전혀 해 본 적 없는 남편을 볼 때마다 부담감을 안게 되었어
마치 아무도 모르는 비밀을 나 혼자만 알고 있으면서
음흉하게 입을 꾹 다물고 '우월한 정신적 사기를 치는 것' 같은 기분이랄까?
영적 우월감이라고도 하는 부담감 때문에 기도했고 꿈을 꾼 것
"당신, 회사 때려 치고 음악 하는 게 좋겠어~"
그는 내 말을 순순히 받아들였고 정말 회사를 그만두고
퇴직금으로 낙원동에 가서 25만 원짜리 콘트라베이스를 샀다.
그의 키만큼 큰 악기를 쳐다보며 오로라와 같은 상상을 했어
그가 베이스 연주를 척척척 해내는 그런 상상
우람한 콘트라베이스의 지퍼를 열고 악기를 꺼내는 순간
어리숙한 몸짓이었지만 내가 조금 전 상상했던 것처럼
그는 도 레 미 파 한 음 한 음 짚어나갔지 **'우와~'**
나의 기도에 응답해 주신 하나님께 감사드렸고
우리 부부는 드디어 **음악이라는 동일한 비전**을 품게 되었지
그가 기뻐한 건 말하나 마나이고
말하자면 마누라 잘 만나서 편한 인생이 열린 것이야

그 순간 따르릉~ 하며 전화가 한 통 왔어. KBS 후배였는데

"뉴월드 호텔 연주팀에 베이스가 펑크 났는데 사람 좀, 구해줘요."

알아보니 갑자기 사람을 구할 수는 없었고

"폼 잡고 서 있기만 할 수 있는 엑스트라는 있는데.."

"언니, 마이크 꺼 놓으면 되니까 그 사람 좀 보내주세요."

나는 급하게 남대문 시장에 가서 검정 양복을 한 벌 사고

집에 있는 검정색 천으로 나비 넥타이를 만들어

그의 목에 걸어주고 악기를 후다닥 차에 싣고 **뉴월드 호텔**

연주팀 대기실로 갔어. 능글맞은 성격인 그는

무대에 오르더니 한 번도 해 보지 않은 '튜닝'을 시작하더니

아무렇지도 않게 담담하게 무대를 즐기고 있었어

그날 밤 우리는 너무나 행복해서 밤을 새며 이야기 꽃을 피웠지

우리의 미래는 훤해 보였으며 당연히 그에게 나는 **보물단지**였어

그날부터 그는 **뉴월드 호텔** 연주팀에 눌러앉게 되었고

회사 다니면서 받던 월급은 이것저것 떼고 나면 8만원(그 당시)인가 남던데

밤에 40분씩 3스테이지 3시간 30분 연주하고 50만원을 벌게 된 거야.

그 이후 그는 음악에 심취해서 하루도 밤을 새지 않는 날이 없었어.

그는 밤마다 불을 켜 놓고 연습했고

그의 연습소리를 들으며 행복하게 잠을 자곤 했지.

그는 내가 잠을 설칠까봐 (한석봉처럼) 불을 끈 채로 컴컴한 데 앉아서

연습할 때도 많았어. 참 행복했어.

우리 부부가 하나님의 사랑을 옴팡지게 받고 있었지만

그러나, 마귀도 우리에게 관심이 많았겠지

마귀의 일

마귀가 어찌 가만히 있겠는가. 지네들도 뭔가 일을 해야겠지
'저것들이 길을 제대로 찾아가는구먼~ 안 되겠다. 작전을 바꾸자~' 그랬겠지

우린 너무 어렸고 좋은 신앙의 선배나 멘토가 없었어
그 당시의 일기장을 보면 **'주님을 찾는 SOS'** 가 구구절절 애절해
전혀 훈련이 되지 않은 상태에서의 은사..
돌아보면 기도 응답을 받아서 음악을 시작하게 되었다는 사실은
얼마나 '큰 치열한 영적 전쟁' 을 전제하고 있었겠는가?
인생 편하게 살게 되었다고 철없이 좋아할 문제가 아니었던 것
다이나마이트가 살벌한 불꽃을 튀기며 타들어오듯이 마귀는
우리 삶의 곳곳에서 빠른 속도로 침범해 들어오기 시작했어
도통 방어할 줄 모르는 철없는 우리 부부는
열린 것만 좋아했을 뿐이지 우리는 날마다 공격당했고
힘없이 픽픽 나가자빠지기 시작했지.

영적으로 민감한 나는 신앙에 매달릴 수밖에

그 와중에도 남편의 음악은 날마다 발전했고
나의 **두 번째 서원**의 의도(찬양으로 영광돌림)와는 다르게
남편은 결국 대중음악 최고의 자리까지 올라가서
'서태지와 아이들' 의 이주노와 함께 '영턱스 클럽' 을 터트려서
한국의 대중음악의 정상에서 음악으로써의 성공을 맛보게 되었다.
나의 음악 생활도 승승장구 나날이 발전해 나갔고
음악 생활을 하면서 사업을 같이 벌였고 나날이 번창해서
돈을 많이 벌었고 우리 부부는 윤택한 생활을 할 수 있었어
그러나 '마귀의 일' 도 번창하고 있었으니 ‥
영적으로 민감하지 못한 우리는
시험(Test)과 유혹(Temptation)을 구분할 줄 몰랐고
혼미한 상황은 계속되었다.
하나님의 뜻을 모르는 것이 악함이라는
단순한 진리에 대해서는 빵점인 때의 이야기

마귀는 빈틈이(영적으로) 있는 상황마다 죽죽죽 밀고 들어오기 시작했어
앞으로 어떤 일이 일어날지 모르면서
계속 돈만 벌어들이던 시절의 이야기이다.

12. 작 곡

작곡에 관심이 있어서 몇 곡정도 쓰곤 하던 때인데
그녀를 보고 강한 자극을 받고 말았다
그녀는 나를 심하게 흔들고 도전을 주었지

작곡을 하고 싶어요

KBS방송국 악단 일과 녹음실 세션도 하고
개인적인 사업까지 하며 돈을 제법 잘 벌고 있을 무렵
방송국 악단에 새로운 멤버가 들어 왔는데 작곡을 전공한 여자였어
나보다 한 살 어린 그녀와 나는 친하게 지냈는데 그녀를 보며
작곡을 전공했다는 사실을 처음으로 신기하게 느꼈지
나의 피아노 실력은 평범했으니 필~에 있어서는 자신이 있었기 때문에
나의 악단 생활은 제법 인기도 있었고 평가도 좋았었어
그 당시에 MBC악단 건반 파트와도 친하게 지내는 터라
여러 명의 건반주자들을 만나 봤지만 연주 잘하는 피아니스트일 뿐
작곡 전공자들이 아니었다. 새로 건반 파트로 들어온 그녀는
리스트, 드뷔시 같은 곡들을 간단하게 편곡해서 연주하는데
듣기에도 전혀 어색하지 않았다. 내가 생각하기에
'와~ 어쩜 저렇게 신기한 학문이 있을까?'
물론 나는 유명한 작곡가들을 여러 명 알고 있기도 했지만
그들은 대중 가요 작곡가들이었고 그들의 음악 실력이라는 것 은
발표한 대중 가요가 떴기 때문에 그들의 명성을 알고 있는 것이지
그들의 음악적 실력에 있어서 가까이 평가해 볼 기회는 없었던 것
나도 작곡에 관심이 있어서 몇 곡정도 곡을 쓰곤 하던 때인데
그녀를 보고 그만 강한 자극을 받고 말았다.

그 자극은 나를 심하게 흔들고 도전을 주었지

어시스트 파트인 건반에 대해서 항상
나에게는 부적합한 파트라고 생각하며 고민해 왔던 터라
나는 당장 주님께 기도했어
'주님 저도 작곡을 하고 싶어요.'

이미 남편이 음악을 시작하고 승승장구하던 시기인 터라
주님께 기도하는 것에 대해 100%의 믿음이 있었고
'항상 그랬듯이 주님은 내 기도를 들어 주실 거야~'

그 날, 나는 집에 돌아와서 저녁식사를 하고
9시 뉴스가 시작할 때쯤 부시시 자리에서 일어나
피아노방으로 가서 '주님은 오늘 내 기도를 들어 주실 거야~'
감정을 잡기 위해 피아노를 이것저것 쳐보다가
오선지를 펴고 연필을 잡고 악보를 그리기 시작하자마자
10분도 안 되어 세 곡을 쓸 수 있었어

신비한 꿈

그날 밤 나는 음악에 관한 두 번째의 신비한 꿈을 꾸었고
하늘의 구름 사이에서 63빌딩 정도 크기의 큰 손이 나타났는데
큰 손에는 바로크 시대쯤의 것으로 보이는 악보 뭉치가 들려 있었고
머리가 허연 백발의 성가대 지휘자 가운을 입은 노인 지휘자가
그 악보 뭉치를 두 손으로 받았다. 그 노인 지휘자는
나의 이름을 부르더니 악보를 나에게 전해 주는 꿈

나는 하늘에서 내게 전해 준 악보 뭉치를 받아 가슴에 품었다.
다음 날, 방송국에 출근해서 어제 밤 작곡한 악보를
이00이라는 가수에게 전했고 그 가수는 자신의 5집 앨범을
나의 작품들로 기획하겠다고 하며 급기야는
내가 작곡한 노래를 부르기 위해 나에게 노래 지도를
받는 일까지 벌어지고
'작곡을 하고 싶어요.' 라고 기도한 지 48시간 만에
작곡가가 된 것이다.

'마치 요술에 걸린 것 같았다.'

은사를 신령하게 표현해야 하지만 그때의 기분은 그랬어
갑자기 생긴 일이라 판단을 할 수가 없었으며
갑자기 일이 잘 풀리니까 조심해야 하긴 하겠는데
잘 모르겠고 남편과 마주 앉아서 돈이 들어오면 쓸 궁리에
흥분할 뿐. 그러나 이 장면이 바로
1998년 10월 11일 **173일 만에 응답받은**
남편에게 '음악' 을 주세요
그러면 우리 둘이 음악으로
하나님을 찬양하는 사람이 되겠어요
라고 서원을 했던··

그 장면의 연결이라는 것에 대해서는 꿈에도 생각을 못하고
돈이 들어오면 차를 바꾸자느니 아파트 평수를 늘이자느니
둘이 마주 앉아서 히히덕대느라 흥분해서 며칠 밤을 새우며··
이미 60평 아파트에 자가용 세 대와 운전기사까지 있었지만
둘이 머리 맞대고 히히덕대며 돈 쓸 궁리만 하던 한심한 부부
그리고 완전히 까맣게 까먹어 버린
'하나님을 찬양하는 사람이 되겠어요~'
그저 잘 먹고 잘살려고 작곡을 하게 되었고
이제 돈을 왕창 벌게 되고 유명한 작곡가가 되어
세상을 한 번 뒤흔들어 보겠다는 생각 뿐

편곡을 하게 되다

어려서부터 아버지의 죽음의 트레이닝 덕택으로
나의 지구력은 하늘을 찔렀고 지독한 연습 벌레가 되었지
어떤 음악이든 하겠다고만 마음먹으면 죽어라고 연습해서
그 음악의 필~을 찾아내고야 말았다
그렇게 자신 있던 터에 작곡을 하게 되었으니
나의 정신세계는 당연히 음악으로 치달리며 무르익어 가던
어느 날, 그 날도 방송국에 늦게까지 남아
연습을 하고 있었는데 잠깐 쉬며 방송국 공개홀 여기저기를
기웃기웃하고 있다가 웬 수상한 허름한 벽장을 발견했다.
열어보니 악보처럼 보이는 종이가 벽장 가득 꽉 차 있는 것이 아닌가?
청소부 아줌마에게 물어보니 다 태워 버릴 건데
귀찮아서 차일 피일 미루고 있다고
나는 그 어마어마한 양의 악보들을 매일 조금씩
쇼핑백에 담아서 전부 집으로 날랐어
집의 부엌 옆에 있는 작은 방이 가득이 찰 정도의 악보였지
훑어보니 역대 KBS 악단장들이 편곡한 편곡 악보였는데
똑같은 곡을 오케스트라 편곡으로
김00 악단장, 최00 악단장, 박00 악단장
이렇게 여러 명의 악단장들이 편곡을 해 놓은 악보인 거야.

거의 한 달만에 여러 악단장이 편곡해 놓은 것을 분류했으며
바이올린(1)(2), 비올라, 첼로, 플루트, 베이스, 드럼, 기타 등등
각 파트별로 또 분류했고 그 분류한 악보들을 8마디씩 오려서 아래로 죽-- 붙인 후
비교 분석해 보았더니 놀라운 일이 벌어졌는데 풀 오케스트라(팝) 편곡이
머릿속에 삭 다 들어오는 게 아닌가?나는 한 달 여 만에 머릿속에
풀 오케스트라 편곡을 다 집어넣었어
그 이후 나는 굳이 건반 앞에 앉지 않아도
종이와 연필만 있으면 작은 편성의 편곡 정도는 슥슥슥--
편곡할 수 있게 되었고 그때부터 나는 방송국 밖에서 활동하는
8~12인조 정도의 적은 편성의 악단의 악단장으로 활동할 수 있었어. .
연주가 필요한 곳이면 지방 연주도 마다않고 다녔고
악단이 필요한 레스토랑이나 호텔과 비즈니스를 해서
8인조나, 12인조 등의 악단을 구성, 보수를 정한 후
일을 시작하는 데 악단장은 상당히 많은 돈을 받을 수 있었지
물론 연주자들이 펑크를 내거나 실력이 없거나 하면
곧바로 빼고 넣고를 민첩하게 해야 했고
편곡을 필수였고 나의 몸값은 하늘을 치솟았고
신나는 나날. 꿈같은 나날

크리스천이 아니었던 남편은 옆에서 깜짝깜짝 놀라며
'나는 사실, 하나님에 대해서는 잘 모르겠지만
이은수의 하나님은 분명히 있어‥' 라고 말하곤 했다.

불길한 마음

그렇게 흥분된 나날을 보내던 어느 날 잠을 자다가
잠이 깨었는데 왠지 스산한 마음이 들면서 마음이 썰렁한 거야
불길한 마음의 갈피를 잡아보려고 기도를 시작하는데
자꾸 마음속에서 웃음이 나왔다.
'준 재벌 정도는 될 수도 있겠는데?'
이00 가수의 음반 작업을 하게 되어 어마어마한 수입과 명예가
생길 일을 생각하니 웃음이 저절로 나오는 것이야
'근데, 이 불길한 마음은 도대체 뭐지?'
그때였다. 청천벽력과 같은 소리
"모두 다 내어 놓아라." "뭘요?" "작곡한 것들‥"
"네? 며칠 전에 작곡하게 하셨을 때는 언제고 내놓으라고 하시는 건 뭔지‥"
"**다 내어 놓아라.**" 예민하게 안테나를 세우고 묵상하면서
생각을 가다듬었어. 문득 아브라함이 독자 이삭을 여호와께
드렸던 성경 내용이 생각나더군 '아, 그거구나. 바치라고 하시면 바쳐야지.'
내심으로는 '아브라함도 이삭을 바쳤더니 숫양을 준비하셨잖아?
이삭을 절대 죽이지 않으셨잖아~ 주님은 분명 숫양을 준비 하실거야~'
"네~ 주님 여기 있습니다. 다 바치겠습니다. 순종해야지요.
주님, 저는 아브라함과 이삭을 알아요.
그리고 아브라함이 순종함으로 이삭을 바쳤을 때
하나님께서 어떻게 하셨는지도 알아요.
주님께 다 바치겠습니다."

나는 불길한 근심을 해결하고 가벼운 마음으로 잠자리에 들었지만
갑자기 벌떡 일어나더니 흥분하며 '안 됩니다. 안 됩니다.
못 가져가십니다. 절대..' 하며 엉엉엉 울기 시작하는 거야
'왜 도대체 이랬다저랬다 하시는데요. 왜 자꾸 나에게 그러시는데요.'
내 속에는 또 다른 내가 있었던 것이다.

'왜 줬다 뺐었다 하시는 거예요?'

하나님은 그러한 혼탁한 나를 그냥 내버려 두실 수는 없었을 것
하나님 앞에서 안 된다고 부르짖으며 엉엉 우는 것이 문제가 아니라
나의 쓰레기 같은 영성이 큰 문제였던 것이지 않겠는가?

번번이 까먹는 하나님과의 약속

하나님은 항상 신실하셨지만 번번이 놓쳤던 하나님과의 약속
예수님의 이름으로 세상을 멋지게 흔들어 볼 수도 있었지만
나의 이름으로 세상을 멋지게 흔들 수 있을 거라고 믿었던

'쓰레기 같은 영성 ….'

쓰레기 같던 나의 영성이 주님의 빛 앞에 훤히 드러나는 장면
주님은 나에게 더 이상 무언가 맡기실 것에 대해 심사숙고하셨을 터

나는 나쁜 청지기였던 것이다.

당연한 일이지만 잘 나가던 나의 삶이 '추락'하기 시작하던 시기
쓰레기 같은 영성의 소유자가 겪어야 할 일들을
겪기 시작했다.

13.남편의 외도

나를 위해 하나님이 필요했

상처로 인해 훼손된 나의 삶 전체가
구도의 길로 인도되는 문일 줄이야
구도의 길 말고는 A/S가 힘든 조짐의 시작

후배, 연경이

예쁜 그녀, KBS 후배 연경이가 나를 찾아왔지

"나, 언니에게 죽을 죄를 지었어. 나 아저씨랑 연애해.."

예쁜 그녀 연경이 그 아이는 기어코 내 마음에 대못을 박았어.

"근데 나, 언니에게 미안해서 아저씨랑 끝내려는데

언니가 좀 도와줘. 아저씨가 나랑 못 헤어지겠대."

기어코 내 마음에 대못을 박고는 뭐가 좋은지

방실방실 웃는 연경이.. 지 나름대로 승리였겠지

'그러나 나도 좀, 아는 게 있지~'

나도 그녀에게 소극적 공격을 했어

그것이 저주이던, 그것이 도피이던, 그것이 탈출이던,
제발 그녀의 예쁜 미소 대신 그녀의 마음에서도
머지않아 강물처럼 흐를 그녀의 대못자국을 미리 볼 수 있기를
그래서 무지하게 아픈 심장을 움켜쥐고 울고 있는 내가
화사하게 방실거리는 그녀의 예쁜 미소를
죽을 만큼 고통스럽고도 슬프게 생각할 수 있게 되길
나는 왜, 그 상황에서 마치 중전마마처럼
그리도 점잖은 척을 했을까? 그 두 男女에게 무엇을 감추고 싶었던 것일까
내가 두 男女 때문에 고통 하는 모습을 감추고 싶었겠지
떡하니 내 앞에 버티고 있는 '나의 고통'을
더 이상 눈 똑바로 뜨고 볼 수 없었겠지
그래서 나는 꼭 중전마마여야 했겠지
나에게 마지막으로 남아 있는 '마누라' 라는 나의 권세를 쥐고
이 사건을 이기적으로 해결해 가겠다는 야심찬 나의 의도~
해결에 있어서는 '연경이 너'보다는
내가 버전이 높다는 걸 보여 주겠다는 의도
그것을 들켜서는 안 되는‥ 그거였겠지

크고 넓은 중전마마의 풍성한 치마 속처럼
비밀히 내 남편을 연경이로부터 감춰야겠다는

중전마마

댓돌 위에 놓여진 두 남녀의 신발 네 짝
다시는 기억하지 않을 테다.
다만 이들에게도 다음 장면이 있기를 바란다.
허물어질 것 같은 초가집을 뒤로 하고
나는 그를 위해 걸쳤던 가식을 몽땅 벗었다.
숨을 곳이 없어 숨을 수가 없어
남의 남편을 가로채는 것을 자신의 해결책이라고
생각할 수밖에 없었던 연경이의 비굴한 탈출이
그녀 삶의 다음 진도에 있어서 악조건이 되길
절대, 해결책이 아니길··
토끼를 피했지만 호랑이를 만나게 되길
제발, 나(토끼) 대신 호랑이가 적시적소에서 나타나 주길
그녀의 훼손된 삶이 또 한 번 내 삶을 흔들었지만
결코 그녀의 인생이 뻔뻔하게 잘 살게 되지 않길
댓돌 위에 놓여진 두 남녀의 신발 네 짝을 바라보며
중전마마의 무겁게 올린 머리처럼
점점 무거워지는 머리를 우는 얼굴로 떠받치고 이를 악물었다
'내가 결코 중전마마 캐릭터이길. 내 아들이 왕위를 계승 받고
내 딸이 이웃나라 왕비가 되어 내 삶이 보상되길 ….'
다른 방법이 없어. **막다른 골목이야.**

에로스

남편이 여행을 가자고 제의했다.
혹시 그에게 남아 있는 2~3%의 에로스라도 내 눈에 발견되면
그거라도 낚아채어 어리숙한 그를 붙잡고 애정 장사(?)를
해 볼 양으로 백화점 속옷가게에 들려 야한 속옷을 잔뜩 샀지
향수도 사고 립스틱도 사고.. 그러나 그는 목표물을 향한
나의 강렬하고 요염한 눈빛 때문에 괴로워했어
여지없이 빗나가기만 하던 '에로스'
뜨거웠지만 능력 없던 소극적 사랑 '에로스'

"당신, 우리가 처음 만났을 때 그 예전처럼
내가 어느 시골 바닷가의 이름 모를 어부로 산다 해도
나를 믿고 따라올 수 있어? 나를 즐거워할 수 있어? 말해 봐
만약 그럴 수 있다면 난 당신에게 돌아갈께
당신을 다시 사랑할 수 있다구 …."
"전하. 지금 뭐라고 하셨습니까?
그게 무슨 귀신 신나라 까먹는 소리십니까?
전하께서는 지금 어린애가 아니십니다. 한 아기 아빠십니다. 저 예쁜 아기를 보세요.
예전의 어린아이가 아니십니다. 제발 정신 좀 차리시옵소서 전하."
그는 혼자 중얼 거렸다.
"아, 그래.. 당신은 마누라지?
맞아. 당신은 마누라야. 애인이 아니야."

애정 전선

그가 바람났다는 것을 알고
그를 몹쓸 죄인으로 사정없이 밀어붙였지만
내 마음은 사실 그가 절실히 요구하는 바 대로
우리가 처음 만났을 때처럼 그가 어떤 사람이건 상관없이
그를 즐거워할 수 있는지? 알 수 없었다.
나에게 과연 어떤 마음이 있는지에 대해서 알고 싶은 생각도 들었어
내가 어떤 여자인지? 그가 요구하는 대로 할 수 있는지? 없는지?
그가 나를 소외시킨 건지? 내가 그를 밀어낸 건지?
과연 그의 말이 맞는지? 그가 바람이 난 건지?
내가 그를 외롭게 만든 건지? 알고 싶기도 했지

그날 밤 남편과 밤새도록 술을 마셨다.
꼭지가 돌도록. 마음으로는 원했어
그곳이 어디인지는 모르겠지만 이렇게 꼭지가 돌아서라도
그가 원하는 곳으로 따라갈 수만 있다면
그래서 그의 사랑이 돌아올 수만 있다면
그러나 우리는 남남북녀
한 사람은 north korea에
또 한 사람은 south korea에

넌, 아니야

술을 마시며 정신이 아득해지며
나는 마음속으로 많이 울었다.
나도 그가 원하는 대로 해 주고 싶어
나도 그의 사랑을 되찾고 싶어. 난 그를 사랑하니까
그런 나에게 그는 술이 취해 말했지

'넌, 아니야. 넌, 아니야.'
몇 년 전인가 처음 서원했을 때 선배랍시고
'네까짓 게 맨 땅에 헤딩이냐고' 비웃고 까실렀던 목소리처럼
내 가슴을 후벼 파던 술 취한 그의 목소리

'넌, 아니야. 넌, 아니야. 넌, 안 돼. 절대 안 돼.'
남편이 술 취해 되뇌이던 그 까실린 목소리에
나는 또, 그로부터 천길만길 밀려나고 있었다.

가망이 없다

아침에 그가 운다.
우는 그를 바라보며 나도 울었다.
이렇게 서럽게 우는 그에게
나는 아무 말도 하기 싫었고
차마, 어떤 말도 내뱉기 싫었다.

연경이. 그녀만이
그의 빈 가슴의 주인

"아, 가망이 없다. 나는 더 이상
그의 여자가 아니야."

그렇게 내 가슴에 축축한 필이 깊숙이 꽂혔지

악조건

남편의 외도라는 전쟁은 며칠 후면 일상이 되겠지
그 무겁고 답답한 검은 천이 내 생활에 덮이고 나는 과연
그 무겁고 답답한 검은 천을 덮어쓴 채로 살아가야 하는 건가?
갑자기 몰아닥친 이젠, 어떻게 살 것인가?
새로운 문제인 이 검은 천은 나에겐 어떤 의미인가?
그렇다고 해서 이 답답한 검은 천을 걷어내고 나면
살 것 같은 세상이 기다리고 있을 것 같지는 않다.
나는 안다. 내가 남편에게 끌린 것처럼
연경이도 남편에게 끌렸다는 것을
남편이 나에게 끌린 것처럼
그도 연경이에게 끌렸다는 것을
인간의 힘으로 이 男女를 떼어낼 수 없다는 것을

이젠 선택의 여지가 없어
이 사건은 우리 모두에게 **악조건**일 뿐이야
어떻게든 살아나야 해
어떻게든

나부터라도 살아나야 해
탈출구는 어디지? 어디야?

덜 흉측한 미래

오늘을 믿고 의지했던 것에
미래의 결과가 달려 있다는데
나의 어제는 과연 무엇을 믿고 의지했길래
오늘 이 장면을 만난 거지?
머리에 쥐가 날 것 같은 상황을 견디며
또박또박 생각했다. **더 이상의 흉측한 미래는 싫어**
그래..
그렇다면 나의 미래를 위해 지금 무언가 또 선택해야 하잖아
뭐지? 뭐지? 뭐야
나는 지금 이 순간 덜 흉측한 미래를 위해서
무엇을 결단해야 하는 거지?
나는 무엇을 하고 싶은 거야?

'**그를 사랑해**. 그래, 그거면 된 거야
더 이상 아무 생각하지 말자. 이제, 됐어.'
나는 또 다시 나의 미래를 결정할
중요한 어떤 것을 선택하고 있었던 것

사랑해

'사랑해'
이 세상에 더 이상의 높은 가치는 없어
나는 이젠, 도망갈 수가 없다.
'그를 사랑해'
사랑이 해결책은 아닐 수 있겠지
그러나 탈출구는 분명해

'그를 용서해야 해? 무조건? 그래야 하는 거야? 하긴, 사랑한다며 … .'

근데 해결책을 찾아야지 무조건 용서하면
문제가 보이질 않잖아? 그러면 문제 해결은 어떻게 하는데?
지금이 어떤 상황인지. 이 사건이 지닌 문제가 무언지
정확하게 파악하지 않고서 어떻게 문제 해결을 하지?
혹시 용서라는 것은 또 하나의 정신적 도피 아니야?
무관심 아니야? 밉고 싫으니까 생각 안 해버리는 거… 말이야
비정하게 외면하고 피해감으로써 싸우지 않을 수 있는
무관심의 높은 퀄리티 말이야. 용서하면 문제가 안 보이잖아
문제를 알아야 막아서든지 대신 싸우든지 할 거 아니야
과연 **사랑해**가 탈출구가 맞아?
다음 차원으로 가는 문 맞냐구?

다음 차원

'주님 내 사랑을 언젠가는 돌려주실 거죠?

주님이 당분간 압수하신 거죠?'

그가 떠난 빈자리에
나는 주님을 모셨어

다른 선택의 여지도 없었지만

봄 여름 가을 겨울

봄이 느껴질 무렵
여름은 봄을 가져간다.

여름이 뜨거울 무렵
가을은 청하지 않았는데

손님처럼 당연히 온다.

그리고 겨울은
바라지도 않았는데
벌써 와 있다.

눈 흘기지 마세요

나에게 눈 흘기지 마세요. 여보

당신도 나도 단지 예전에는
사랑이 뭔지 몰랐던 것뿐인 거에요

당신도 사실은
하나님이 당신을 얼마나
사랑하시는지 몰랐었잖아요

세월이 많이 흘러갑니다.
우리의 빛나던 젊음도 지나갔습니다.
조금 늦은 고백이겠지만

당신을 많이 사랑합니다.

14.그를 기억하며

나를 위해 하나님이 필요했다

그를 향해 정신없이 빠져 들었던 거야 사랑하면 그러는 건 줄 알았지
어찌 보면 아름다운 말 같지만 오류였다 우리가 정말 사랑했을까

희미한 기억

그를 사랑했고 20년간
단 한 번도 잊은 적이 없어
집요한 건가? 집착인가?

그러나 집착은 5년이 지나니까 쓰레기통으로 갔고
집요는 10년을 넘지 못했지
20년의 세월이 흘렀으나 여전히 그를 많이 사랑하고 있다.
그러나 마치 공포처럼
긴 세월에 대한 두려움도
기다림이란 시간 속에
함께 머문다.

실망이라뇨…

다 알고 있었는데요
처음부터
우리는 무능했습니다.

하나님이 함께 하시기만을 기대했습니다.

우리는
여전히 무능합니다.
둘 다

사랑에 빠졌다

"우리, 사랑에 빠져 버릴까?"

"그래 좋아."

그러면 안 되는 것이었어
그를 향해 정신없이 빠져 들었던 거야
사랑하면 정신없이 빠져 들어야 하는 줄 알았지
어찌 보면 아름다운 말 같지만 오류였다.

우리가 정말 사랑했을까?

우리의 사랑은 아름다웠어
그러나 영원할 줄 알았던 그 사랑은
어느 날
사막처럼 변해 버렸고
신기루처럼 사라져 버리더군

그럴 줄은 몰랐지

그에게 빠져 버린 나는
그의 눈으로 세상을 보았고 나를 보았어
그의 눈으로 세상의 모든 사물을 보았지
하나님의 눈으로 세상을 보는 것이 아닌
그의 눈으로 모든 것을 보았다는
어처구니없는

나는 점점 바보가 되어 간 거야
그는 날마다 그러한 나를 즐거워했고

그의 눈으로 세상을 평가했던 날들
그의 눈으로 나를 평가했던 날들
그의 눈으로 세상의 모든 것들을
평가 했던 날들

그를 내 생애 최고의 자리에 놓았던 날들

가치 없는 사랑

그를 숭배했던 거야
하나님이 가르쳐 주신 사랑이 아니었어
가치 없는 사랑

그래서 가치 없는 나를 내동댕이치고
그는 도망가 버린 건가?

그는 몸에 맞지 않는 옷을 벗어 버리듯
나에게서 빠져 나갔다.

하나님이 주신 경계선을 상실하고
사랑을 그에게 배웠으니

시리디 시린 상실

가요

당신 등 뒤에 서면 나는 왜 작아지는가

노래 가사처럼
그의 앞에서는 늘 뭉그러지는 기분

우리는 서로를 위해 철저하게 '붕괴' 되어 주었지
항상 서로에게 뭉그러져 주었지
우린 서로를 위해 열심히 그랬지

인간적으로는 서로를 세워 주고
돌보아 주는 따뜻한 마음이었지만

어쩌면 그렇게 '본능의 힘'에 매달려 사랑했을까
어쩌면 그렇게 명주실처럼 가는 끈을 붙잡고 사랑했을까

도대체 뭘 믿은 걸까?

그늘

그래서 어둡게 가렸던
그늘‥ 그를 사랑했지만
늘 나를 어둡게 했던 그늘

나를 작아지게 했고
나를 쪼그라들게 만들었고
그 사람 때문에 울고 웃고
죽고 싶고 화가 나고
슬펐다가 행복했다가
지쳐 버리게 했다.

나는 자주 아팠다.

지독히도 추웠던 그늘
벗어날 수밖에 없었던 그늘

역시 나를 벗어난 그에게
이렇다 저렇다 할 말은 없다.
그 사람도 추웠을 테지

우리는 부부였지만 서로에게
오리엔탈 스타일의
사랑스런 애인이었을 뿐이었을까?

사랑한다면
하나님의 힘으로
더욱 더 자라고 커지며
넓어져야 할 테지만
그렇지 못했으니까

양지(陽地)

마치 양지바른 햇볕처럼
사랑은 그렇게 따뜻해

그에게 바랄 필요가 없으니
내 마음에 사랑이 있으니
항상 따뜻하지

하나님은 사랑이시다.

그래서 사랑은 영원하다.
나는 그것을 가졌다.

나를 위해 하나님이 필요했다

15. 비하인드 스토리

그것 때문에 하나님이 화가 나셨을 줄은
하나님이 가르쳐 주신 것이 아닌데 그것이 어찌 사랑이냐고
대뜸 물으시기 전까지는

의존

남편에게 철저하게 의존했었어. **왜?**
내가 숨을 수 있는 최적의 장소였기 때문이었지
어릴 적부터 나를 떠나지 않던 수치심 모멸감 증오심과 거절감들 …
남편은 다소 뻔뻔하고 용감한 사람이었기 때문에 편했다.
나를 버리고 싶었다. 까맣게 잊고 싶었어
나약해 빠진 내 자신이 싫어서 스스로를 미워했지
그는 그러한 나를 즐거워할 수밖에 없었다.
자신을 미워하고 거부하면서까지 남자에게 매달려 있는 여자
그는 나와 같은 여자가 필요했고 나는 그와 같은 남자가 필요했고
그러나 사실은 우린 써먹을 수 없도록까지 망가진
재활용품이었을 거야. **왜?**
죽기 살기로 서로를 사랑했던 날들이 그렇다.
세상 속에서 처절하게 망가졌기에 그 상처를 쓰다듬고
사랑할 수 있었던 그래서 서로에게 숨었지 오로라를 본 거야
무엇인가를 사랑하고픈 열망만을 추구하던 눈으로
그리고 서로를 통해 존재를 확인한 거지

그는‥
죽기 직전의 숨만 할딱거리는 한 여자가
자신에게 매달리며 온 영혼을 다해
자기를 바라고, 매달리기를 원하는 욕구가 만족되었고

나는‥
죽기 직전에 숨만 할딱거리는 나를
강한 속박으로 끌어당겨 줄 수 있는 남자를 원했고

그래서 우리는 환상의 커플이었고
그러나 이렇게 **황량한 풍경**일 줄이야

우리가 서로 사랑할 수 있게 해 준 촉매는 망가진 정신
그리고 서로를 통해서 다시 사용할 수 있을지도 모른다는
재활용품의 마인드였지
그게 **'촉매제'** 가 되었지

죄

그것 때문에 하나님이 화가 나셨을 줄은..

하나님이 가르쳐 주신 것이 아닌데
그것이 어찌 사랑이냐고 대뜸 물으시기 전까지는

나의 멍든 얼굴을 그의 하얀 얼굴 뒤에 감추려 했던 죄
흉측한 얼굴이지만 주님이 내 얼굴을 바라보고 싶으신데
그래서 여기저기 고쳐 주고 싶으신데
피하고 또 피하고
그의 뽀얀 얼굴 뒤에 꼼짝 않고 숨어서
나의 시커먼 얼굴을 더
곪아가게 방치하고 병들고 멍들게 한 죄
그 사람 때문에 주님을 잊은 죄
그의 뽀얀 피부 때문에 주님을 잊은 죄
그래서 더 부끄러운 죄

숨을 때마다

나의 멍든 얼굴은
그의 하얀 피부 뒤에 숨으니 편했어
나의 엉클어진 머리카락도
그의 윤기 있고 가지런한 머릿결 뒤에 숨으니
살 것만 같았다.
할퀴고 꼬집힌 몸뚱이도
그의 순하고 해맑은 미소 뒤에 숨으면
꽃이 된 것 같았고

그러나 어느 날 하나님은 그를 내 눈 앞에서
송두리째 치워 버리신 거야
내가 숨을 때마다
그것이 돈이건 사람이건 학문이건 재주이건
그것이 '하나님 일'일지라도
곧장 싹--- 치워 버리시곤 했지

그 분은 나를 기르시는 아버지이시다.

핸디캡

아무 준비도 하지 못한 채 그 날을 맞았지
멍든 얼굴 그대로 엉클어진 머리칼 그대로
할퀴고 꼬집힌 몸뚱이 그대로 다 드러나 버렸어
나는 당분간 핸디캡이 그대로 드러난 채로 살아야 했지
나를 가릴 손바닥만 한 천조각도 없었어

'너, 도대체 왜 그러니?
그거.. 아무렇지도 않은 거야~'

제거하신 거야?

뭐가 잘못된 것인지 온통 혼돈스럽지만
내가 그토록 소중히 여겼던 것들이 하나씩 사라지고 있다는 것
그것은 분명해
아니 내가 두 손에 쥐고 있다 해도
그 가치에 대해서 너무 허무하다.
소장 가치가 없는 명품처럼 말이지

어찌 내가 의존하는 것마다 싹싹 치워 버리실까
싹싹 치워 버린 명단의 리스트가 내가 의존했다는 증거란 말이지
내가 유기적인 것에 목매달고 그것을 믿었다는 말이야?
그래서 주님께서 제거하셨다는 말이야?

그렇다면 그것이 우상이었다는 말이야?
그러면 앞으로도 계속 쭈욱 그렇게 하실 거라는 말이야?
내가 의존하는 것마다 싹싹 치우시고 제거하신다고?
의존 하나마나니까 차라리 일찌감치 포기하라고?

16. 그녀, 연경이

느그들이 머리를 맞대고 아무리 잔 머리 굴리고
이단 옆차기를 해도 나는 중전마마야 나는 다음 장면을 아주 잘 알지
너희들 계산하고는 이미 달라

비굴함

내 앞에 앉아 있는 또 하나의 나
두 男女를 용서해야 했던 이유
나와 똑같은 짓을 하는 그들.. **비굴함..**

어쩜 서로에게 저리도 비굴할까

과연, 원하는 게 무엇이기에

서로에게 저다지도 비굴해야 할까

또 하나의 나.. 비굴하다는 것이

저렇게까지 '바보' 인 것일 줄이야

느그들이 머리를 맞대고 아무리 잔 머리 굴리고
이단 옆차기를 해도 '나는 중전마마야~'
나는 다음 장면을 아주 잘 알지

너희 계산하고는 이미 달라
나는 대의명분을 택하기로 했다.

어차피 내 인생 속에서 나의 캐릭터는 여러 번 변했어
이번에도 느그들 때문에 내 배역이 중전마마가 되었지

중전마마는 어차피 대의명분으로 살아야 해

나는 너의 치졸한 감각 싸움의 상대가 못돼
수라간 무수리나 나인들 중에서 하나 골라라

무기

연경이도 나처럼 그에게
뭉그러질 만반의 준비를 끝냈다
그녀도 나와 같은 무기를 들고 있다.
비굴한 '뭉그러짐'
그러나 연경이의 버전이 더 높군
그에게 뭉그러지기 위해 사정없이 덤비는
힘이 센 연경이 **나는 알지**
비굴함이 그녀의 무기라는 것을..
그가 마다할 리가 없지
그는 손쉽게 사랑할 수 있는
비굴한 여자를 좋아하니까..
왜 비굴한 여자를 좋아하는지 그것도 알지
자신이 없으니까..
내 앞에 앉아 있는 또 하나의 나
더 이상 그의 등 뒤에 있기가 힘들다
그리고 너무 비좁다
쳐다보기조차 권태로운
너무나 빠삭하게 알 것 같은 또, 하나의 나
그래서 그 男女의 러브스토리는
궁금하지도 않았다
그저, 거울을 보듯 바보를 보았다.

막다른 골목

이별을 상상할 때마다
남편과의 추억들이 시퍼런 칼날처럼
내 가슴을 베고 지나갔다.

'나는 대의명분을 택하고
때를 기다리리라.'

그걸로 된 거야 그치?

막다른 골목에서
고개를 들어 하늘을 보았다.
하늘이 활짝 열리고 있다.

이제부터 시작이야 그치.

두근두근

여보, 당신이
마음은 여기 두고 갔어
천만 다행이야
이제 몸만 돌아오면 돼
마음은 두고 갔으니
내 심장이 아는 걸?
이거 봐 아직도 두근두근 대
여보 당신의 마음은
여기 두고 간 거야.

우리 집 말이야
당신 딸이 살고 있는
우리 집.

생각은 용감했지만 두 눈에 흐르던 눈물
꽉 움켜잡기 시작했던 17년간 놓을 수 없었던
중전마마의 대의명분
장희빈이나 경빈처럼 쉽게 사는 방법도 있었겠지
당장 쫓아가서 세간살이 몽땅 다 때려 부수고
머리채를 흔들며 욕을 해댈 수도 있었겠지
내가 그런 저속한 행동을 했다고 해서
동네 사람들이 나 보고 너무했다고
손가락질할 수도 없었던 일이었지
그러나 나는 이미 구도의 삶으로
난이도 높은 삶으로 끌려 들어간 거야

왜 하필이면 중전마마의 '대의명분' 이냐구
하필이면 그 어렵다는
중전마마의 '대의명분'이냐구

하기야 중전마마가 바보는 아닐 테니까
뭔가 생각이 있었겠지
하늘을 쳐다보며 생각했었어
'이런 식으로 살면 끝은 뭔데? 엔딩은 어떻게 되는 건데? '

엔딩

더 이상 고통을 피해 도망 다닐 수는 없었다고
지구 끝까지 나를 졸졸 따라 다닐 고통의 무게를 인정했다고
그러므로 고통을 해결해야 했었다고
그래서 다소 어리석어 보이지만
'이런 인생'을 살 수밖에 없었다고

적어도 나의 엄마처럼 남편이 주는 고통을 외면하기 위해
그 그늘에 묻혀 있던 어린 자식까지
외면하지는 않아야 했었다고
내 딸과 사위에게 꼭, 그렇게 말해 주기 위해서
그래서 많이 어리석어 보이는 '이런 인생'을 살았노라고

고통으로부터 도망쳤던 엄마의 운명을 넘어 서기로 하고
흐르는 강줄기를 역류해서 죽어라 헤엄을 치기 시작했던

제 3 부
하나님을 위해 하나님을 사랑해야지

17.절대 고독

하나님을 위해 하나님을 사랑해야지

공부 잘하고 치아노 잘 치면 부자가 되는 거라고 믿었었지
어른들은 늘상 그렇게 말하잖아 난 정말 그렇게 믿었었어

loneliness

실패하는 사람보다 성공하는 사람이

훨씬 적다지만 나는 꼭 성공할 줄 알았다

아니 나는 꼭 성공해야 했어

성공할 것 같은 상황에 잠깐 머물러 본 적은 있었지만

진리는 항상 냉정하게 말했다.

성공한 사람이든 실패한 사람이든 고독은 찾아온다고
문명과 문화가 발달할수록
행복의 조건들이 많아지며 날마다 행복할 줄 알았는데
반대급부적으로 더 깊은 자기 존재의 상실감에 휩싸여
외로워하며 고독해 한다고

사실 돌아보면
성공할 것 같은 상황에 잠깐 머물러 있었을 때
그때에도 그랬지
60평 아파트와 세 대의 자가용 운전기사까지….
그때도 외롭고 고독했어
역시 고독의 이유는
출세와 성공하지 못했기 때문은 아니었어

그러나 꼭 성공해야 한다고 생각했고
절대 평범하게 살기 싫다고 생각했지
매일매일 혼자라는 생각이 들 때마다
빨리 성공해서 사람들의 환호를 받으며
이 고독을 벗어나리라고

그들이 환호할 수밖에 없는 이유들을 찾아내어
그들의 스타가 되고 그래서 이 지긋지긋한 고독을
벗어던지리라고

나에게 중요했던 건 돈, 명예, 남자였어.
평생 나의 최고의 약점이기도 했던 세 가지

돈, 명예, 남자

한때는 그랬어
돈, 명예, 남자만 있으면 세상을 손에 쥐고
멋지게 흔들어 보리라고
연대나 고대생 운동권 중에 한 명 골라서
시집가고 정치계로 나가겠다고
뭔 자신이 그리 빵빵 했을까?

꼭 성공하고 말리라는
꼭 성공해야 한다는
꼭 성공할 수 있으리라는

외로움이 주는 욕망은 끝도 없이 펼쳐질 비단길을 예상하고

아무도 허락하지 않은 꿈을 꾸며
여왕 병에 걸린 것처럼 드레스를 질질 끌며
서울 거리를 활보하던
철없던 염세주의자일 뿐이었다.

제일 먼저 별로 노력하지 않아도 할 수 있는

내 자신에게 있는 삶의 재료들을 살펴보았지

피아노 실력. 그리고 여성스런 성품 화려한 외모

무엇이든지 설득이 가능한 설득력.

무엇이든지 '먼저 주겠다 고 말 할 수 있는

쩨쩨하지 않은 '쿨~' 한 성격

이것이 나의 재산의 전부였어

인생을 잘 살게 되는 것이 그리 어렵지 않게 보였지

.

.

그때도 문득 문득 그런 생각이 들곤 했었어

초등학교 2학년 때 정말 부잣집 딸인 단짝 친구가 있었지

그 애 집에 놀러갔다가 깜짝 놀랐지. 아~ 부자란 게 이런 거구나

난 그 애 집 대문을 빠져나오면서 가슴이 콩닥콩닥 뛰었지

내 인생의 탈출구를 본 거야. 그때도 그랬어.

인생을 부자로 살게 되는 것이 그리 어렵지 않게 보였다니까

공부 잘하고 피아노 잘 치면 부자가 되는 거라고 믿었었지

어른들은 늘상 그렇게 말하잖아 난 정말 그렇게 믿었었어

돈?

'내 자신' 에게 투자하기 시작했지

피아노 학원을 차리니까 시간이 없어서

수강생을 받을 수 없을 정도로 잘 되었어

학원은 항상 부모들의 교육 수준이 낮은 지역에 오픈했지

그래서 자식들에게 열광적으로 투자하는 지역을 골랐어

학부형들에게는 자녀에 대한 꿈에 대해 조금씩만 푸시 하면

학부형들은 화려한 피아노 교육에 미친듯이 투자하고 뛰어 들었어

다른 학원에 다니던 학생들도 학부형들의 치마 바람에

대거 학원을 옮기는 사건들이 줄을 이었고

학원 사업은 제법 많은 돈이 벌리기 시작했고

학원 사업은 성실하기만 하면 그 결과가 항상 좋았어.

선을 보거나 데이트를 하면 나의 점수는 항상 만점이었고

이미 20대 초반에 나는 길에다 돈을 뿌리며 살았어

옷을 입을 때도 의상 디자이너를 직접 불러서 맞춰 입었고

미장원도 호텔로 가고 구두도 호텔에 가서 닦았으며

돈을 길에다 뿌리며 뭐든지 최고급.

친구들은 철없이 인생에 대해 고뇌하고 방황하며

쓸데없이 남자 친구 만나서 사랑이 어떻고 이별이 어떻고

코방귀를 끼며 어서 빨리 돈을 벌고 출세해야겠다는 생각뿐

손을 뻗어서 잡기만 하면 될 것 같았던 출세와 성공

그때까지는 결혼에 대해서는 전혀 생각하지 않았어

다복한 가정을 경험하지 못했기 때문에
부모처럼 살게 될까봐 두려웠고 결혼하기 싫었겠지?
가정에 대한 긍정적인 상상조차 할 수 없었고
다만 나를 예쁘게 봐주는 학부모들이 좋은 신랑감들을
소개시켜 주는 자리에는 학부모들과의 대인 관계 때문에
어쩔 수 없이 나갈 뿐. 한창 예쁠 나이이기도 했지만
학부모들은 정말 좋은 신랑감들을 많이 소개시켜 주었어
그러나 결혼할 생각이 없다 보니 두세 번 만나면 헤어지곤 했었고
간혹, 정말 나를 좋아서 계속 연락하는 사람들도 있었지만
그런 사람들은 끊어버리기 위해서 당차고 살벌하게 상대했어
'한 달 수입이 얼마나 되죠? 부동산은 있나요?
연립 주택이라고요? 그게 돈이 됩니까?
팔아서 아파트를 산 후에 연락 주세요.'
어떤 어리숙한 남자는 정말 연립 주택을 팔아서
아파트를 산 후에 연락을 했던 적도 있었다.
본의 아니게 도도하게 되어 버린 나를
매력적으로 생각하고 남자들이 많이 따랐어

부동산이 없는 남자는 인간 취급도 안 하고
무시하며 피해 다녔던 시절

남자 2

평생 끌고 왔던 문제지만, 남자를 보면 아버지에 대한 기억 때문에
남자, 그들을 몽땅 괴롭히고 싶은 생각이 더 많았던 것 같아.
마치 남자에게 원수 갚기 위해 한 맺힌 여자처럼
나를 좋아한다고 고백하는 남자들을 신나게 괴롭혔지
그 순간에는 비로소 살 것 같은 시원함··
몸 구석구석까지 피를 돌게 하는 몸을 위한 엔돌핀··
그리하여 미움과 함께 힘차게 뿜어내는 인간적 독소··
남자 그들이 나로 인해 쩔쩔매는 그 모습 속에서
나는 통쾌하게 승전의 희열을 즐기고 있었을 거야
'그래, 그렇게 나를 좋아하라구.
나는, 너희들이 넘볼 대상이 못 된다는 것을 보여 주겠어.'
더욱 더 통쾌한 승전을 위해서 날마다 남자를 연구했어
남자들은 우선 무조건 여성적인 것들을 선호하더군
순진 무구함, 조선 여인상, 청순가련, 보호 본능을 자극하는 여자들..
아버지로 인해 기가 많이 죽은 나로서는 강점인 조건들이었고
거기다가 피아노를 잘 친다는 것은 '골드 급'에 속했으며
또한 165cm의 훤칠한 키에 부모님 덕으로 반듯하게 뻗은 다리와
날씬한 몸매가 더욱 더 나에게는 유리한 조건이었지

학원 사업을 하면서 KBS에서 악단 생활도 하고
녹음실 세션도 하고 서울의 대형 호텔에서 연주하는 연즈생활
(호텔 로비나 뷔페, 불란서 식당 등에서 외국인들과 연주하는 것)
또한 강남 일대의 레스토랑에서 연주하는 소형 악단인 스트링 앙상블 팀을
여러 팀 거느리고 밤낮없이 연주 생활을 하며 '돈' 을 벌겠다고 드레스 차림에
온몸엔 빽빽이 장신구를 걸치고 강남을 휘젓고 다녔어.
돈을 엄청 벌던 시절의 이야기‥ 명품을 걸치고, 향수를 뿌리고,
고급 술집 은은한 조명 아래서 '무드 있는 피아노 곡' 을
한 곡 정도 연주할 줄 아는 최상의 상품 가치가 있는 여자로 치장했지

재벌 2세, 의사, 사업가, 무용수, 연극 배우, 영화 감독,
성악가, 등산가, 피아니스트, 수영 선수, 스케이트 선수‥
그러나 나의 목적은 나를 좋아하게 할 뿐 나를 좋아하게 되면
홀연히 사라지곤 했어. 집을 가르쳐 준 적도
전화번호를 가르쳐 준 적도 없었지
무서운 아버지 때문이기도 했지만
남자‥ 그들을 괴롭히는 것은 나에겐 마치
돈 잘 벌리는 사업처럼 흥미로웠고 나날이 번창(?)했어
그러나 날이 갈수록 고통과 외로움과 미칠 것 같은 마음의 통증으로
나는 비쩍비쩍 말라가고 있었다.

목마름

'인간의 불완전함' 의 의미로 사람은 목말라 한다.
그러나 성질이 급해서
탐닉에 목을 축인다면 당장 헛수고
무책임한 탐닉에 속하는
alcoholic sexuality 그리고 놀이 중독과 일 중독
그래도 계속되는 고독들‥
허무보다 인내심이 약해서 후닥닥 대체품을 만들어 내곤
그게 응답이라고 잔뜩 부여잡고 살았지
그러다 보니 기도를 해도 찾아오고 심지어 예배 후에도
종종 찾아왔던 욕망이 주는 허무
성취해도 찾아오고
한계에 부딪혀 절망해도 찾아오고
허무와 불안감이 주는 목마름
문제는 게으름이다
마음이 두 마음이면 게을러지는 거야
소원은 있으나 소망이 없어
소원이 소망인 줄 알지 소원을 빌면 다 이루어진다고 믿고
그리고 온갖 정성을 들이지

사마리아 여인

그래서 그녀는 남자를 탐닉의 도구로 삼았나?
다섯 번씩이나? 그래서 해결을 못했겠지
그녀는 그랬을 거야
잠깐의 목마름을 해결하곤
항상 황폐한 땅에 들어서곤 했을 것이야
그녀가 항상 만났던 황폐한 땅
그 땅을 벗어나고 싶었겠지

결국은 우리도 다 마찬가지야
사마리아 여인만을 욕할 수는 없어

목마름에 부딪치면 즉각 반사행동을 하잖아
미칠 것 같은 갈증을 당장 해결해 줄 '대체품'
크리스천은 거의 기도실에서 대체품을 찾아내어 들고 나오지
고통의 크기만큼 '대단히 큰 대체품'을 들고 나오잖아
고통을 견딜 수 없으니까 허상을 만드는 거야

조만간 알게 되지. 그건 아니었다고..
그 기도실 깊숙한 곳에서 부르짖었으나
'주님의 주권'이 없었으므로
그건 아닌 거지

공포

며칠에 한 번씩 집에 들어오는 남편은
알 수 없는 따뜻한 미소를 넌지시 던지곤 분주하게
방안 이곳저곳을 돌아다니며 샤워하고 옷 갈아입고
스킨 바르고 향수 뿌리며 콧노래까지 부르며 자기 혼자 신났다.
나에게는 고맙겠지. 누가 강요한 것도 아닌데 이를 뿌드득 악물고
그 공포감을 당연히 여기면서까지 혼자 잘 견뎌내고,
절대 물귀신처럼 물고 늘어지지 않고 자기에게 자유를 주니까..
나는 불행한데 내 옆에 있는 사람들은 행복하다는 사실을
받아들이기 힘들었을 정도로 공포스럽던 시간들

시어머니가 하시는 말씀.. **남자들은 원래 그렇다고?**
시어머니야 아버님이 첩을 두고 두 집 살림을 할 정도였으니까
이력이 나셔서 여유 있으시지. **그래도 마음은 숯 검댕이실 걸?**

도무지 느껴지지 않고 만져지지 않는 나의 존재에 대한 공포감
모든 사람들이 나를 버리고 나를 혼자 있게 만들고
그래서 눈에서 흐르는 눈물이 피가 되도록까지
쓰다듬어 주어야 하는 나를 향한 연민
끝없이 위협 당하는 생명, 끝없이 도망하는 생명
마치 살고 싶다는 욕망과 죽고 싶다는 욕망이 공존하듯
편하게 죽고 싶기도 하다.

어느 날 시어머니는 이름 모를 약병을 앞에 놓고
울고 있었어. 어떤 요사스런 젊은 할머니가 앞에 앉아 있더군
형님·· 하며 요사스런 애교를 부리는 그 할머니 앞에서
시어머니는 약병을 열어서 약을 먹고 죽겠다고 절규했어
그 젊은 할머니는 씩~ 웃으며 총총히 사라졌지
슬프게 울던 시어머니의 울음
그래도 시어머니는 젊은 할머니 집에서 놀다가
술 취해 새벽에 들어온 아버님을 반듯이 눕히시고
따뜻한 물수건으로 전신을 닦아드린 후 깨끗한 이부자리에
정갈하게 재우시곤 했어

내 마음은 왜 이렇게 난이도가 높은 거지
왜 이렇게 힘들게 살아야 하는 거야

용감하게 대의명분을 택한 중전마마지만
비단 이부자리 펴고도 밤새도록 쓸쓸한 잠자리를 지켜내야 하듯
이쯤 되면 혼자 있는 것이 너무 두려워서 우아한 자태의
중전마마의 피도 밤새도록 거꾸로 솟았을 것이라는

다윗의 동굴

다윗에게 높은 지위가 주어지고
많은 신하가 따랐으며
부귀와 명예를 비롯한 많은 것들이 생겨났어
그러나 들에서 양을 치던 때나
물맷돌 하나로 골리앗을 쓰러뜨리던 그때와는 달리
의존꺼리가 많아진 것
느닷없이 하나님은 다윗에게서
주변의 것들을 하나씩 제거해 나가셨다.
갑자기 사울이 미쳐서 날뛰기 시작하면서
시기와 질투에 사로잡혀 사위이자 충신인 다윗을
죽이려고 하게 되었고 왕이 다윗을 죽이려고 하니
도망할 수밖에. 그동안 믿고 의지했던 가족도 다 떠나고
의존할 것이 아무것도 없게 되었으며 **지위와 명예도 다 잃고**
믿었던 사무엘에게 가지만 사울의 협박 때문에
다윗을 지켜 줄 수 없었던 형편
친구 요나단도 다윗을 보호할 수 없었다.
결국 다윗은 모든 것을 다 잃고
광야로 나가 혼자 남게 되었어
그는 비로소 온전히 하나님만을 의존하게 되고
"여호와 하나님은 나의 피난처시요 바위시라." 라고 고백하게 된다.

10년이 넘게
사울 왕에게 쫓기며 갖은 고난을 겪는 다윗
아무 곳에도 숨을 곳이 없어 결국 자기가 죽인
골리앗이 사는 고향 가드로 도망갔어
그러나 얼굴이 너무 많이 알려져서
결국은 발각되어 블레셋 왕에게 끌려가게 되지

다윗은 그곳에서 목숨을 부지하기 위해서 미친 짓을 하그
침을 질질 흘리고, 공연히 무릎을 벅벅 긁고 연기를 하며
목숨을 부지하겠다고 위대한 다윗이 미친 짓을 한 거지
그리고 유대 땅으로 돌아와 아둘람 굴로 들어갔어
시편 중에서 가장 완벽한 57편을 만든 시기이다.

아무 희망도 없이 그저 혼란뿐인 그 동굴 깊은 곳
고독한 동굴 속에서 그는 기도했다.
다윗의 영성이 가장 충만하고 큰 기쁨과 평화를 느꼈던
그 깊은 동굴 속

하시고 싶으신 말

주님은 나에게 이런 말씀을 하시고 싶으셨을 것 같다

은수야, 네가 힘들고 마음이 어려운 건
어린 시절부터 달고 살았던 실존적 두려움과 불안 때문이란다.
그 불안의 늪에서 보통 사람보다 심하게 허우적댄 것은
다행인지 불행인지 아이큐가 좀, 높았던 것이 이유일 뿐이고
보통 사람은 느끼지 않으려고 하고 느껴지지도 않는
꺼져 가는 맥박 같은 그 작은 느낌이나마 붙잡고 살아 보려고
머리 쓰고 궁리하고 별별 짓을 다한 거지

운명에 대한 공포, 그래서 느낄 줄 알게 되는 죽음에 대한 두려움
그러나 용기는 두려움을 느낄 때 생기는 거란다.
네가 도전해야 할 무언가가 있다면 당연히 두렵지
용기는 절대 두려움 없이는 생기지 않는단다.
용기는 두려움의 산물이야
너의 좌절과 실패와 공포의 두려움 뒤에는 분명
하나님을 향한 경건의 두려움이 따라올 거야
그 두려움 속에서 새 용기를 얻게 되는 거야. 알겠니?
훼손된 삶은 '구도의 삶'으로 가게 되어 있단다.
다음 장면은 당연히 구도의 삶'이지.

"천국의 마치 밭에 감추인 보화와 같으니 사람이
이를 발견한 후 숨겨 두고 기뻐하며 돌아가서
자기의 소유를 다 팔아 그 밭을 샀느니라
또 천국은 마치 좋은 진주를 구하는 장사와 같으니
극히 값진 진주 하나를 발견하매 가서 자기의 소유를 다 팔아
그 진주를 샀느니라." (마 13:44-46)

열등한 삶에서 영적인 실체를 만나는 장면이기도 하지

네가 보화를 보았니? 그럼 진주가 묻힌 땅 전체를 사라
네 가진 것을 다 팔아라. 네가 진주를 보았다면 말이지

너는 팔 게 없지? 이미 다 판 거야.
너는 가진 게 없지? **이미 다 판 거야.**
너에겐 이미 아무것도 없잖아

이미 뭔가를 다 팔았고(팔아서)
이미 뭔가를 샀다는 생각은 안 드니?

도착

더 이상 갈 곳이 없다.
갈 곳이 여기인가 봐
여기 더 이상 갈 곳이 없는 곳
이곳이 나의 갈 곳이었나 봐

나는 갈 곳이 없는 곳까지 걷고 싶었지
더 이상 갈 곳이 없어지면
그 곳이 나의 갈 곳이 될 것을 믿었다.
지치고 피곤하고 낯설다.
무슨 일이 일어날 것인가
예감조차 할 수 없는 알 수 없는 막연함
고통스럽다.
이곳은 나의 갈 곳임에 틀림없어
더 이상 갈 곳이 없으니까

내가 자부하며 갈고 닦았던 알량한 보물들
그것들이 내게 준 것 또한 별 것 아니었어
그렇게까지 기를 쓰고 살지 않아도 가능했던 일이었지
손바닥을 펴 봐도 내가 살아온 흔적이 없어
속은 것 같은데 누구에게 속은 걸까

극한 상황이 오면
아득하니 앞이 안 보인다.

하나님의 사랑은
인간이 하나님께 의뢰할 수밖에 없는
상태까지 내버려 둠으로써
오직 한 길만을 택하게 하시는
완벽한 사랑이다.

외길..

그 하나의 길밖에 없기에
완벽하다

어쨌든 길은 하나야
one way ….

남편 형준

그도 지금쯤 막다른 골목을 만났을까?
연경이에게서 좌절하고 제 2의 연경이를 또 만들었을까?
나는 언제까지 기다려야 할까?
적어도 그가 막다른 골목을 만날 때까지겠지?
그러나 그는 융통성이 많은 사람인데
과연 막다른 골목에서 주저앉을 줄 알까?
내가 중전마마의 미소를 버리고 **마치 연경이처럼**
첩의 앙탈을 선택했다면 그는 나를 버리지 않았을까?
그가 원했던 것은 그거였을까?
그가 나를 버려도 계속 그의 바짓가랑이를 붙들고
당신 없으면 나는 죽는다고 절대, 나를 버리지 말아달라고
앙칼스런 목소리로 악을 쓰며 그를 괴롭히기도 하고 연경이를 향해 가재미눈을 뜨고
흘기며 다방에서 만나 그녀의 얼굴에 찬물을 끼얹고
그의 회사 앞에서 그를 집으로 납치하고··
그는 내가 그렇게 해주기를 바랬을까?
나는 그것을 해내지 못한 것일까?
나는 그것을 왜? 못했을까?

나는 그가 필요 없었을까?

그랬다면 그가 나를 미워할만 하지

그렇다면 나는 지금부터

그가 없이도 잘 살아야 하나?

그가 나를 버렸으니 시름시름 앓으며 죽어가야 하나?

18.죽음을 생각하다

하나님을 위해 하나님을 사랑해야지

마치 외투의 첫 단추를 삐뚫어지게 잘못 끼운 사람처럼 온통
모순 투성이로 가득찬 삶을 영위해 가야 할 이유는 어디에도 없어

자살바위

비바람과 우박이 몸서리치게 내리치던 초겨울 어느 날 저녁 무렵
우리나라 땅덩이의 맨 끝 영도의 태종대 자살바위 위에 섰다.
나에게는 아무 의미 없게 머리를 스쳐 가는 신앙의 기억들
그것들은 과거의 추억일 뿐 내게는 아무런 힘이 되지 못함이
너무나 야속하고 그리고 화가 났다.
발밑으로 미친 듯이 달려와서 바위에 부딪혀
갈기갈기 찢겨지고 부서져 버리는 거센 파도의 악독한 힘이
이미 풀려 버린 내 다리의 마지막 힘줄을 끊어 놓을 것 같은
위태로움 앞에 나는 서 있었다.

먼 바다 끝에서도 나를 돕는 손길은 없을 것이야

주님이 저 먼 바다 끝·· 그 멀리서 나타날 리가 없어

악마의 손처럼 느껴지는 거친 파도의 갈기갈기 찢겨지는
물살 사이로 흰 옷 입은 천사가 나타날 리가 없었다.

아련히 떠오르는 한 가닥 남은 마지막 소망인 신앙을 붙잡고 싶지만
신앙이 주는 소망? **소망이 주는 희망?**
이제껏 나에게 유독 인색하던 소망이 내가 죽음의 낭떠러지 위에
서 있다고 해서 순간 미끄러져 버리면 천길만길 아래로
떨어져 내릴 것 같은 순간의 찰나보다 빨리 나를 찾아오겠어?
아마 죽음보다 훨씬 뒤늦게 내 손을 잡아 줄 걸?

내가 천길만길 저 아래 거센 파도에 휩쓸려 그 악독함에 처절히 쓸려 내려간 후에
그제야 느릿느릿 나를 찾아올 구원의 손길을 기대하며
지금 이 위태로운 순간에 신앙이 주는 희망을 품어 보라구?
밑져야 본전일 거라구? **웃기고 있네~**

이제 와서 내가 뭘 믿겠니.
그리고 내가 뭔가를 믿었다 치자. 그게 무슨 의미가 있어
이젠 살기 싫은데. 밑져야 본전? 이미 늦었어.
그렇게 친절한 인생이면 일찍 좀 도와주지
얄밉게 왜? 하필 지금이야…

너 인색한 세상아

살벌한 소외감과 지독한 고독감에 다시 한 번 치를 떨며
뿌드득 이빨을 씹었다. 내 마음 가득히 솟구쳐 오르는 미움과
그 미움이 더 이상 나와 관계없는 세상과의 넘을 수 없는 벽을 만들고
도무지 허물 수 없는 나의 연약함에 스스로 무너지며..
그래서 더더욱 살아 있을 필요가 없음을 뺨으로 흘러내리는
뜨거운 눈물과 함께 목뒤로 꿀꺽 넘겼다.
목이 메도록 무엇인가를 원했으며 그래서 처절하게 매달렸고
부둥켜 잡고 살아 왔던 힘겨웠던 세월들
나를 억지로 끌고 왔던 힘겨운 세월아
이젠 그 지독한 '미스터리의 삶' 에 종지부를 찍어 주마
죽어도 죽어도 풀릴 기세가 없는 운명
이젠 더 이상 너에게 치졸하게 구걸하며 살고 싶지도 않다.
유독, 나에게만 인색한 세상아 . 너희들에게 매달려 살고 싶지 않다.
미치도록 살고 싶었을 때가 있었어. 나를 덮고 있는 검은 천의 휘장을 걷어내고
기쁨을 희구하고 싶던 때가 있었어.그 절망감 속에서 빠져 나와 보려고
발버둥 치던 때가 있었잖아. 내 깐에는 그 악조건도 마다않고
열심히 살았잖아. 그러나 할 수 없었잖아.
이제 와서 나보고 어쩌라구 어떻게 살라는 말이냐구
우아하게 속삭이지만 말고 화끈하게 나타나 보라구
비겁하게 왜 내 눈앞에 드러나지 않는 거야

마치 외투의 첫 단추를 삐뚫어지게 잘못 끼운 사람처럼

온통 모순 투성이로 가득찬 내 삶을 영위해 가야 할 이유는 어디에도 없어.

하루하루의 아침은 나에겐 몇 십 억의 빚을 진 채무자의

무거운 아침과 같고, 맑은 생수 한 컵도 나에겐 구걸하며

하루를 살아야 하는 고역스러움처럼 그 팔자 사나운 인생을 사는 것이

마치 죄인인 양 푸른 죄수복을 입고 멍석 위에 앉아서

마셔야 하는 쓰디쓴 마지막 사약 같다.

푸짐한 식탁도 옷장에 걸려 있는 화사한 꽃무늬 원피스도

나에겐 죽기 전에 마지막으로 입어 보는 치마저고리 같아

삶에 대한 긍정적인 마음이 한 푼어치도 없었기에

내 삶의 시간들은 그 방법과 행위 자체가 모순투성이길 뿐

과연 인생의 첫 단추를 삐뚤어지게 잘못 끼운 게 내 잘못이냐?

어디에, 누구에게 물어야 하지?

설마 이제 막 태어나 뼈도 여물지 않은 핏덩이인 내가

꼬물꼬물한 손가락으로 내 인생의 첫 단추를

스스로 끼웠다는 말은 아니겠지

그렇다면 응애~ 하고 태어나서 아직 빨간 핏덩이인 내 손을 잡고

내 인생의 '첫 단추'를 삐뚫어지게 끼워 준 건 누구였다는 말이냐?

내 인생의 '첫 단추' 를 도대체 누가 그따위로 끼웠냐구

누가 나에게 그런 **잔인하게 못된 짓**을 했냐구

야곱도 그런 거야?

야곱도 나처럼 울었을까?

뱃속에서부터 형을 이기겠다는 마음으로 형의 발꿈치를 움켜잡고 태어났지
그 어두운 마음을 이미 뱃속에서부터 가지고 태어났다고 하더군
야곱도 나처럼 그랬냐구?
야곱도 나처럼 응애~ 하고 태어나자마자 마치 음모처럼
자기 인생의 첫 단추를 삐뚫어지게 끼워 준 게 누구인지도 모르는 채로
자신의 삶의 모순의 늪속에서 풀리지 않는 시간들을 살아내야 하는
그 힘겨움 때문에 그 풀리지 않는 응어리를 안고
가슴이 꽉 막혀 죽을 것 같은 답답함으로
나처럼 이렇게 죽고 싶기도 했을까?
야곱의 인생의 첫 단추는 또 누가 삐뚤어지게 끼운 거냐구?
핏덩이였을 야곱이·· 꼬물꼬물 빠도 여물지 않은 손가락으로
그 인생의 첫 단추를 자기 스스로 꼬물거리며 끼웠다는 말은 아니겠지?
그렇다면 나도 야곱처럼 그런 거야?
뱃속에서부터 모순투성이의 인생을 부여받고 아무것도 모르는 채로
이 세상에 태어난 거냐구? 야곱처럼 '모순투성이의 그 어두운 마음' 을
뱃속에서부터 가지고 태어난 거냐구?
왜? 왜? 왜? 도대체 왜? 냐구? 아~ 이건, 음모다~

"우리가 환난 중에도 즐거워하나니 이는 환난은 인내를,
인내는 연단을, 연단은 소망을 이루는 줄 앎이로다."(롬 5:3-4)

음모에 빠져 버린 도망자처럼 나는 이 세상으로부터 도망치려 한다.
뱃속에서부터 모순투성이의 인생을 부여받고 아무것도 모르는 채로
이 세상에 태어난 '그 음모' 대해 알려 주는 사람도 없고
하소연할 사람도 없다. 경찰을 찾아갈 수도 대통령을 찾아갈 수도
재판을 할 수도 없다. 음모처럼 느껴지는 이 족쇄를 풀 방법은
어디에도 없다. 내가 만약 이 벼랑 위에서 발을 헛디딘다면
무슨 일이 일어날 것인가? 나를 위해 달려올 사람은 있는가?
나를 위해 울어 줄 사람은 있는가?
포슬포슬한 흰 날개를 펼치고 가볍게 하늘을 날아다니는
아름다운 천사가 날아와 그 예쁜 요술 봉으로 나를 받쳐 줄 것인가?
알라딘의 요술램프에 곧잘 등장하던 왠? 요술 담요가
난데없이 날아와 나를 떠받쳐 싣고 공중을 날아갈 것인가?
아니면 주님과 함께 천군 천사가 나타나 나를 번쩍 안아
구름 위에 싣고 천국으로 갈 것인가?
배신감·· 유독 나만을 제외한 그 모든 것들이
나와 상관없이 행복할 거라는 고독에 몸부림을 친다.
이렇게 나 혼자 죽어가는 것이 너무 고독하다.
그리고 억울하다. 그리고 너무한다.
세상아 나도 느그들이 너무 싫다. 치가 떨려

배신이 주는 그 아득함의 나락의 끝에서 나는 이미 죽어가고 있었다.

어느 유대인의 이야기

제 2차 세계 대전 때에
오스트리아의 신경학자이며 정신과 의사인
빅터 플랭클이라는 유대인이 있었다.
지금은 저명한 인물이 되었지만
당시에는 유대인이라는 이유로 아우슈비츠 수용소에 끌려갔다.
함께 간 1,300명 중 90%가 도착 몇 시간 내에 재로 변해 버렸다.
그의 여동생을 제외한 부모, 형제, 가족 모두가 몰살당한 것
그는 당연히 공포에 사로잡혔다.
이전에 가졌던 그 높은 지식 그 높은 수준에 있었던 존재의 가치
그리고 삶의 의미와 방향이 다 허물어져 내렸다. 그는 질문했다.
'인생이란 무엇인가? 하나님은 계신가?
과연 소망이란 말 뜻 그대로 이런 암담한 곳에서도 가질 수 있는 것인가?'
그가 어느 날 죽은 죄수들이 입고 있던 옷을 받게 되는데
그 주머니 안에서 찢어진 종이 하나를 발견하게 된다.
그 종이쪽지에는 이런 글이 쓰여 있었다.
'네 몸과 마음과 뜻을 다하여 주 여호와 하나님을 사랑하라.'
그 전에도 항상 봤던 성경 구절이었지만 그 순간 그는
큰 경련을 일으키며 하나님의 계시를 받은 듯한 느낌을 받았다.
'아 하나님께서 이곳에 나와 함께 계시는구나
하나님만이 절대 가치이시로구나.'

죽음처럼 무서운 아우슈비츠 수용소에서
그는 참 평안을 발견하게 된다.
그리고 극심한 고통에서 벗어나 절망에서 소망으로
공포에서 평안으로 마음이 움직이기 시작하며

그 절대 고독의 공포 속에서 벗어나게 된다.

죽음의 아우슈비츠 수용소의 생활이
하나님이라는 '절대 가치' 로 인해
하루하루의 깊은 의미로 그를 살게 했다.

훗날 그곳에서 살아나온 그가
그 때의 기록을 기초로 해서 쓴 책이
『죽음의 수용소』 이다.

꿈 이야기

꿈속에서 어떤 기차를 탔어
앉아서나 갈 수 있는 키가 낮은 짐칸 같은 곳이다.
그 기차를 타고 여행을 떠난 듯한데··
그 기차는 기적 소리를 낮게 내며 힘차게 달리고 있다.
끊임없이 들리는 철커덕 철커덕 바퀴 굴러가는 소리
그 시끄러운 소음에 나는 이내 안정하며
이 소리를 무척 그리워했던 것 같다.
어디로 가는 걸까? 나는 이미 기차를 탔고
기차를 탈 때의 상황과 타기 전의 상황 등은 기억이 나질 않아
마치 또 하나의 꿈속이었던 양
희미한 생각들이 머리를 스치고 지나가고 있어
수많았던 삶의 이야기들
슬픈 일, 답답했던 일, 기쁨, 눈물, 고통, 굶던 일, 기다림,
외면, 숨음, 피함, 억울했던 일, 미움, 용서, 부둥켜안고 통곡함,
잠을 자지 못함, 비난 받음, 손가락질, 그리고 마귀의 참소,
나의 딸 도연이, 아직도 연인 같은 남편 형준
이런 것들이 나의 가슴속에 담담하게 그려질 뿐
나는 그 자리에 누웠다.
이대로 달려가면 어디엔가 도착할 테지
이 기차는 목적지로 가는 것이 분명하거든

19.왜 하필 나입니까

사람들은 결코 내가 원하는대로 나를 바라봐 주지 않는다
무슨 부활? 어떻게 부활? 주님 저는 실패했습니다

왜 하필 '나'야?

요한복음 9장에는 날 때부터 소경된 자의 이야기가 있다.
하나님께서는 요한복음 9장을 통해 나에게 다가오셨다.
그것은 부당한 출발선이 가져다주는 나의 원통함에 대한 답이셨다.
내가 왜 불구자로 태어났냐는 것
인생을 살면서 어찌 감히 따질 수 있겠으며 누구에게 따지겠는가
왜 나는 태어날 때부터 불구자였냐고
따진다고 대답해 줄 사람이나 있을까
그리고 그 대답을 듣고 과연 이해를 할 수 있을까
'아~ 그래서 나는 불구로 태어났구나. 아, 그랬구나…
아 그래서 나는 남들이 두 다리로 뛰어 다닐 때
엉금엉금 기어서 골인 지점까지 가야 되는구나.
아 이제야 이해가 가네. 내가 왜 불구자로 태어났는지
아 이제 알았으니 열심히 살아야지~' 누가 과연 그럴 수 있을까

제자들은 예수님께 물었다.

"랍비여 이 사람이 소경으로 난 것이 뉘 죄로 인함이오니이까?

자기오니이까? 그 부모오니이까? 예수님께서 대답하시되

이 사람이나 그 부모가 죄를 범한 것이 아니라

그에게서 하나님의 하시는 일을 나타내고자 하심이라" (요 9:2-3)

기가 막혔다. 나는 이 선택을 과연 기뻐하는가?

당신의 영광을 드러내기 위해 나를 불구로 만드셨다는 선택

주님께 고맙다고 해야 하는가? 선택해 주셔서 천만 다행이라고 해야 하는가?

주님의 영광을 드러내기 위해 내가 불구자로 태어난 것이 정말 감사한가?

감사는 정답이었으나 나는 오히려 절규했다.

주님 왜 하필 나입니까? 왜 하필 나를 선택하셨습니까?

왜 하필 내가 날 때부터 소경이어야 합니까

다른 사람은 잘 먹고 잘 살라고 멀쩡히 그냥 두시고

왜 나만 당신의 영광을 위해 불구여야 하고 가난해야 하며

왜 나만 당신의 영광을 위해 택하여져야 합니까?

당신의 영광을 위해 내가 불구자로 태어나야만 했다는 겁니까?

어떻게 그런 일이 있을 수 있습니까?

부활?

당신의 부활을 만날 거라구요? 내가 사람 구실할 수 있겠습니까?
내가 사람 구실한 적이 있습니까? 다 아시잖아요.
넘어지고 쓰러지고 망가지고
아무 짝에도 쓸모없는 사람인 걸 다 아시잖아요.
뭘 어떻게 영광을 드러내시겠다는 겁니까?
여기까지 오기도 너무나 힘들었습니다.
남들은 뛸 때 나는 엉금엉금 기어서 여기까지 왔습니다.
도대체 어떻게 하실 건대요?

나를 바라보는 보통 사람들의 시각은 제자들과 같았을 것이다.
나 자신도 이해가 되지 않았으니까. 분명히 나는 뇌가 불구였다.
저능하지는 않았지만 항상 결과는 저능했다.
그것이 불치병이 아니고 불구가 아니라면 무엇인가?
해도 안 되니까 이젠 포기해 버렸다. 내동댕이 쳐버렸다.
잊어버렸고 흔적조차 지워 버렸다.
그리고 저능아의 삶에 적응해 버렸다.
이제 와서 나를 어떻게 하시겠다고 나를 찾아오신 건지

"이 사람이나 그 부모가 죄를 범한 것이 아니라
그에게서 하나님의 하시는 일을 나타내고자 하심이라."(요9:2)

누구에게나 내동댕이 쳐버리고 싶은 아무도 모르는 **자기**를 품고 산다.
가끔씩은 들여다보기도 하지만 영원히 마주치고 싶지 않은
은밀한 **자기**를 가슴에 품고 산다.
천 겹 만 겹 가꾸고 싶은 자기 사랑도 결국은
버리고 싶은 자기에 대한 덧칠을 하는 것일 테니..
용암처럼 펄펄 끓는 그 뜨거운 불덩어리를 가슴에 품고
버리고 싶은 자기를 그렇게 새로운 것으로 치장하고
그리고 그 치장된 자기를 다시 한 번 용기 있게 사랑혀 보려고
노력하지만 번번이 실망해야 하는 쳇바퀴의 행렬

사람들은 결코 내가 원하는 대로 나를 바라봐 주지 않는다.

무슨? 부활? 어떻게? 부활?

마지막 반항

내 마음의 땅이 그렇게 황폐할 줄은 몰랐다.
쓸 만한 것이라고는 하나 없이 모래 바람만 사납게 불었다.
사람 하나 살지 않는 황폐한 마음의 땅을 개간해 내라 하시니
1993년도의 일이다.

나를 보내 달라고 나를 선택해 달라고 오늘 이 시간 기름 부어 달라고
눈물을 줄줄 흘리며 예배 때마다 간구하는 수많은 사람들 틈에
끼어서 왜 나를 선택하시느냐고 울고 있었다.
제발 나를 선택하시지 말라고‥
그냥 불구된 채로 살다가 죽게 내버려 두시라고
나를 선택하지 말라고‥ 나는 그냥 그렇게 살아도 된다고‥
생긴 대로 그냥 살게 내버려 두시라고‥
이 황폐한 땅에서 내가 뭘 어떻게 하겠느냐고
도대체 나에게 왜 이러시는 거냐고

형제들아 너희를 택하신 택하심을 보라? 육체를 따라 지혜 있는 자가 많지 아니하며
능한 자가 많지 아니하며 문벌 좋은 자가 많지 아니 하도다?
지혜도 없고 능한 자도 아니고 문벌도 좋지 않은데
뭘 어찌하시겠습니까?
당신이 주님이시면 뭘 어찌하실 수 있으신데요

주님 저는 실패자입니다. 주님 알고 계십니까?

데굴데굴 굴렀다.
아무도 살지 않는 내 마음의 황폐한 땅에서 굴러대며 울었다.
풀 한 포기 없고 땅은 쩍쩍 갈라지고 먼지 바람만 사납게 부는
그 허허벌판에서 나는 엉엉 울었다. 목 놓아 울었다.
억울해서 울었고 외로워서 울었으며 힘겨워서 울었다.

이제 뭘 어찌하실 겁니까?

"때가 아직 낮이매 나를 보내신 이의 일을 우리가 하여야 하리라
밤이 오리니 그때는 아무도 일할 수 없느니라
내가 세상에 있을 동안에는 세상의 빛이로라
이 말씀을 하시고 땅에 침을 뱉어 진흙을 이겨 그의 눈에 바르시고 이르시되
실로암 못에 가서 씻으라 하시니 이에 가서 씻고 밝은 눈으로 왔더라."
(요9:5-7)

주님 저는 실패자입니다.
주님 저는 실패했습니다.

어찌하시려고

주님 어찌하시려고 이러시는 겁니까
저같이 쓸모없는 인간을 어찌하시려고
이 멀리까지 끌고 오셨습니까?

도대체 이제부터 어찌하시려고

특허 내려고

감추고 싶은 '자기' 가 진짜 자기 자신이야
너의 삶을 난이도 높게 세팅 한 건 바로 나 하나님이다
니 인생이 유별스레 특이하지? 왜 그럴까
너의 삶을 특허 내려고..
그러니까 유독 난이도가 높은 거지
그러니까 네 자신을 감추지 말아야지
그러니까 네 자신을 수치스러워하지 말아야지
남과 비교해서는 더더욱 안 되지
뭘 감추고 싶은 거지? 어디로 도망가고 싶은 거니?
감추고 싶은 '니'가 진짜 '너'라니까?
유별스레 특이한 너의 삶을 특허 내 보자 **'나, 하나님이야.'**

나의 겉 사람과 속사람은
어쩌면 그리도 조화가 어려울까

나의 겉 사람과 속사람은
어쩌면 갈 길이 그리도 다를까
나의 겉 사람은
아무 능력도 없는 주제에
매일 잘난 척만 한다.

20.삼십 팔년 된 병자

그리고 넌지시 웃으시며 관심을 표하시는 거야
38년간이나 외롭게 살던 처참한 병자에게 말이지

'나' 역시 38살

"그 후에 유대인의 명절이 되어 예수께서 예루살렘에 올라가시니라
예루살렘에 있는 양문 곁에 히브리말로 베데스다라 하는 못이 있는데
거기 행각이 다섯이 있고 그 안에 많은 병자, 맹인, 다리 저는사람, 혈기 마른 사람들이
누워 물의 움직임을 기다리니 이는 천사가 가끔 못에 내려와 물을 움직이게 하는데
움직인 후에 먼저 들어가는 자는 어떤 병에 걸렸든지 낫게 됨이러라.
거기 서른여덟 해 된 병자가 있더라
예수께서 그 누운 것을 보시고 병이 벌써 오랜 줄 아시고
이르시되 네가 낫고자 하느냐 병자가 대답하되
주여 물이 움직일 때에 나를 못에 넣어 주는 사람이 없어
내가 가는 동안에 다른 사람이 먼저 내려가나이다
예수께서 이르시되 일어나 네 자리를 들고 걸어가라 하시니
그 사람이 곧 나아서 자리를 들고 걸어가니라
이 날은 안식일이니"(요 5:1-9)

38년간이나 누워 있던 병자
아무 것도 할 수가 없어
원래 이 사람은 어떤 사람이었을까?
하나님이 처음 만드셨을 때 말이야.
맨 처음 하나님이 이 사람을 만들 때
세상을 향하여 한숨짓고 비난만 하며 살 수밖에 없도륵
처음부터 무기력하게 무능력하게 만들었나?
가족도 다 떠났겠지. 그러니까 구걸을 하지.
3개월도 아니고, 3년도 아니고 38년의 세월 ….

베데스다에는 전설이 있었어
물이 움직일 때 처음 들어가는 사람의 병이 낫는다는
그러나 이 병자는 그 기회조차 누릴 수가 없어
모든 것에 대해서 처절하게 버림받아 온통 불가능밖에는
존재치 않아 죽지 못해 살아가는 외로움.
겪지 않은 사람은 절대 모르거니와
알지도 못하면서 어쩌구 저쩌구 말을 하는 것도 잔인하지
그러한 사람에게 예수님이 찾아오셨어
그리고 넌지시 웃으시며 관심을 표하시는 거야
38년간이나 외롭게 살던 처참한 병자에게 말이지

네가 낫고자 하느냐

당연히 낫고자 하지
그러나 그 병자는 38년간 모든 것을 포기하고 살았어
"네가 낫고자 하느냐." 라는 질문에 슬펐겠지
마땅히 "낫기를 원합니다."라고 답해야 하지만
소망이라는 것을 팽개쳐 벼려 희망을 잃은지 벌써
오래 되어 버려 이 병자의 삶은 빳빳하게 굳어 버렸어.
"물이 동할 때에 나를 못에 넣어 줄 사람이 없습니다."
'낫게 해 주세요'라는 말 조차 할 수 없는 극심한 고통과 절규
'I have no one‥ ' 나는 도무지 어찌할 수가 없습니다.
수만 명의 사람이 있지만 자신을 그 못에 넣어 줄 사람이 없다는 거야
관계의 단절 속에서 깊은 상처로 인해 울부짖고 있겠지
이 사람이 38년간 아픈 건 누구 때문이야?
자기가 아픈 게 이 사람 자신의 잘못인가?
어쩜 단 한 명도 이 사람을 못에 넣어 준 사람이 없었냐구?
38년 동안이나? 너무 하는 거 아냐?
사람들은 그를 피했겠지.

그러나 예수님은 찾아오신 거야
사람들이 아무도 찾지 않는 그에게 찾아오셨다구

38세의 은수도 이렇게 울부짖었어

물이 동할 때에 나를 들어서 못에 넣어 줄 사람이 없다구요
나는 바보 멍청이라서 다른 사람보다 빠르지 못하니까
다른 놈들은 부모가 번쩍 들어 안고 가거나
남편이 번쩍 들어 안고 물에 넣어 주잖아요.
나보다 더 빠르고, 더 나은 인간들이 수만 명이잖아요
어떻게 그들을 제치고 물이 동할 때 제일 처음 들어가느냐구요

"네가 낫고자 하느냐?"

낫고자 한다면서 핑계를 대는 것이라구요?
낫고자 한다면서 행동하지 않는다구요?
어떻게요? 어떻게 걸어요? 누가 나를 번쩍 들어요?

""네가 낫고자 하느냐?"

제가 걷기를 거부하고 있다고요? 제가 진정 원하는 게 없다고요?
주님, 제가 어떻게 걷냐구요? 제가 어떻게 걸어서 물속으로 들어가냐구요?

"일어나 네 자리를 들고 걸어가라."

"은수야, 너는 네 자신을 다른 사람과 비교해서 규정하지만
나는 너를 그렇게 보지 않는다. 내가 너를 찾아온 것은 네가 다른 누구보다
낫기 때문에 쓸모 있어서가 아니다.
나는 너를 사랑하고 너를 귀하게 여기기 때문에 너를 찾아온 거야…"

치유의 권세

"일어나 네 자리를 들고 걸어가라."

비교하기 때문에 오는 좌절이 치유되었지. 뇌가 치유된 거야
수많은 상대방과 비교해서 나를 증명해야 했던 시간들
그 시간들 속에서 나는 헛짓을 한 거지
끝없이 비교하고 빠져 나갔지
'이게 다 ooo 때문이야' 하고 빠져 나가서 어디로 갔겠어?
골방에 혼자 있었지. '아~~ ooo 만 없었더라면~~'

"일어나 네 자리를 들고 걸어가라."
그냥 일어서서 자리를 들고 걸어가면 될 것을
자기의 실체와 대면하지 못하고
허구의 사실을 만들어 골방에서 혼자 헤엄치고 별별 짓
자기가 어떤 사람인지 찾아내지 못해서
진정 부끄러워해야 할 것을 부끄러워하지 못하고
부끄럽지 않은 것을 부끄러워하며
그 심하게 왜곡되어 구부러진 삶을 증명해 보이겠다면서
더욱 더 심하게 구부러뜨리고 휘게 만드는 별별 짓
그냥 심플 하게 벌떡 일어나서 걸어가면 될 것을
'이게 다 ooo 때문이야.' 하면서 별별 짓을 다한다.

네가 낫고자 하느냐?

네가 진정 머물고 싶은 삶의 자리는 어디냐?
네가 정말 원하는 건 도대체 뭐냐?
낫기를 원하지만 핑계를 대며 '걷기를 거부' 하는 너에게 묻는다.
혹시 네가 요구하는 건 **체면용 가면**을 달라는 거 아니냐?

누군가가 왜 체면용 가면이 필요하냐고 물을 때면
시니컬하게 피식 웃으며 바로 너 때문에 필요하거든? 하며
번번이 실패하는 자신의 좌절에 대해 연민하며
아무도 모르는 범죄 심리를 동원해 즐기고 있겠지

그게 바로 너를 바보로 만든 거야~
어느 누구도 너의 핑계가 될 수 없어
네가 만든 각본일 뿐이지

사실 지가 외로우니까
아무나 붙잡고 아무 말이나 막-- 하는 거지
외로우니까 아무나 막 붙잡고 물고 늘어지는 거야
그러나 결국은 혼자 남게 되지. 결국은 혼자야

이제 다시는

"이제 다시는 그러지 마라."

하나님의 부르심과 뜻 앞에서 거부하고 핑계 대고
자기가 만든 껍질을 뒤집어쓰고 '이게 다 ○○○때문이야…' 이러면서
낫고자 하는 마음은 전혀 없으면서 '○○○ 너 때문에 나 껍질 쓴 거다~'
'○○○ 너 때문에 나 골방에서 못 나오는 거잖아~'
이 따위 말이나 하면서 **다시는 그러지 마라.**

"일어나 네 자리를 들고 걸어가라." 명령 하시는데

나를 들어서 못에 넣어 줄 사람이 없다는 둥
나는 바보 멍청이라서 다른 사람보다 빠르지 못하다는 둥
다른 놈들은 부모가 번쩍 들어 안고 가거나
남편이 번쩍 들어 안고 물에 넣어 주지 않느냐는 둥
나보다 더 빠르고 더 나은 인간들이 수만 명이라는 둥
어떻게 그들을 제치고 물이 동할 때 제일 처음 들어가느냐는 둥
이러면서 즐기지 마라

네가 살아가야 할 자리는 '이곳'이 아니다.
"일어나 네 자리를 들고 걸어가라."

21.파 산

하나님을 위해 하나님을 사랑해야지

언제부터인가 마치 영화의 한 장면처럼
어디선가 누군가가 뚜벅뚜벅 걸어오는 소리
내 잠든 영혼 깨우러 주님 다가 오시는 소리

'파산' 이야기

사업이 무너지기 시작했어
계속 겹쳐서 덮치는 알 수 없는 어려움들
나는 주님께 아등바등 매달렸지만 길은 열리지 않았고
경제적 마이너스도 서서히 오지 않았지
준비할 수도 대비할 수도 없이 빠른 속도로 달려왔어
쑥쑥쑥 표가 나며 나를 위협해 오며
누구나 그렇듯이 나는 살 길을 찾아 발버둥쳤지만
그러나 가망 없는 길만 열리고
"하나님은 마지막 순간까지 엎어 버리는 분이 아니다.'
그런 말을 어디서 주어 들었을까 누가 나에게 가르쳐 준 말일까
설마 이것까지 가져가실까 이것까지 가져가시지는 않을 거야.
그것은 바램일 뿐 완전히 엎어 버리셨다
아주 깨끗하게, 쌀 한 톨 남기지 않고
남편의 외도에 뒤이어 곧바로 찾아온 파산
'하나님은 마지막 순간, 다 엎어 버릴 수도 있다.'

부채로 인해 코너에 몰릴 대로 몰린 나는
잠도 자지 못하고 악몽에 시달렸고 헛것까지 보는 상황이 이어지며
하루에 3~4명씩 찾아와 돈을 받기 위해 괴롭히곤 했어
'미안합니다. 죄송해요.' 등등 여러 말을 했지만
계획이 있어서 약속하는 것도 아니고 코너에 몰려
계속 거짓약속을 하는 것뿐이었으니 정말 고통스러웠고
이대로 죽어버렸으면.. 이대로 숨이 꼴까닥 넘어가 버렸으면
나를 다그치는 목소리는 점점 멀어지며 살짝 의식불명 상태가 되더니
드디어 몸에는 서서히 마비가 오기 시작하는 것이 아닌가
나는 직감했다. 아~ 나를 부르시고 계시는구나..
26세 때의 다리 병신으로 인해 나를 부르시던 주님.
아~ 나를 부르시는구나..
어디론가 숨고 싶은 '수치심'의 늪 한 가운데에서
나를 부르시는 주님을 느꼈다. 37세 때의 일이야

26세 때 다리 병신으로 나를 부르셨는데
그럼 나는 부르심 앞으로 아직도 안 간 거야?

아니면 무지하게 느리게 가고 있는 거야?

아플 까봐

그분의 거룩함은
그 분께 가까이 갈 때에만 볼 수 있어
그래서 무릎을 꿇은 채로
보좌 앞에 가까이
좀 더 가까이 나아간다.
무릎을 꿇은 채로 생각해 보니
보좌가 그리 쉽게 보일 것 같지 않은데
라는 생각이 들었다 식은땀이 죽 흐른다.

그 분의 보좌 앞에서 나는 분명 아파할 거야
그 아픔은 단 한 번도 경험해 보지 못한 아픔일 것이고
빛으로 인해 나의 추함과
더러움이 순식간에 드러나 버릴 테니까

나는 아주 조금씩 아주 느리게 쉬어가며
그 분께 다가가고 있다.

아플 까봐

뚜벅뚜벅

한 때는 말 그대로 잘 먹고 잘 살았습니다.
과천의 산자락 아래 예쁜 집을 짓고 살았지요
영혼의 상태와 상관없이 참 행복했습니다.

그러나 언제부터인가
영화의 한 장면처럼
어디선가 누군가가 걸어오는 소리

문을 열어 보면 아무도 없는 데도
계속 들리는 뚜벅뚜벅 발자국 소리

머리를 흔들고 다시 잠을 청해도
꿈속에서까지 이어지는 소리

뚜벅뚜벅

주님 다가오는 소리
내 잠든 영혼 깨우러··

망신

파산 막바지의 일
사촌형부가 차를 구입할 때 보증을 서 주었어
6개월 정도 할부금 불입이 안 되니까
사촌언니가 화가 나서 미친 듯이 달려와
집기들을 다 부수고 인연을 끊겠다며 가버리더군
물론 나는 빚진 죄인이라 할 말이 없었고
며칠 후 그 형부가 친구와 함께 술을 한 잔씩 하고 찾아온 거야
그런데 형부의 친구는 교회전도사였지
형부는 나를 다그치며 돈을 달라고 협박 아닌 협박을 해대며
더 이상 변명할 말도 없고 정신이 없는 상황에서
너무 화가 난 형부를 보며 이런 생각을 한 거야
'같이 온 형부친구가 교회 전도사니까 예수님 이야기를 해 보자
그러면 아마 마음이 좀 안정이 될 거야.' 하며 입을 열었어

'전도사님, 나는 죽일 X.. 맞아요. 근데 나 같은 죽일 X땜에 주님이 죽으셨어요
그러니깐 화를 푸세요. 주님께서 잘못도 없는 형부에게 왜? 피해가 가게 하시겠어요?
조금만 기다려 보세요. 우리에겐 주님이 계시잖아요~~'
통하는 선수끼리 말하듯 정감 있고 차분하게 말을 던진 거지

다른 사람들은 그 말을 듣고 미쳤다고 비웃는다 해도
교회 전도사인 형부 친구는 이해할 줄 알았어

그러나 어안이 없다는 듯 비웃으며 그 전도사는 더욱더 핏대를 올리는 거야.
전도사인 형부 친구가 날카로운 눈빛으로 또박또박 말을 이어나가는데
"처제, 예수 이야기 그만하고 돈을 달라고. 지금이 예수 이야기 할 때야?
예수 이야기는 아무나 하는 게 아니야. 처제는 지금 이 시점에서
예수 이야기 하면 안 되지‥" 나는 순간 깜짝 놀랐다.
"전도사님 그럼 언제 예수 이야기를 하는 건데요?"
"예수고 뭐고 필요 없다니깐 돈을 달라니깐‥"
형부는 핏발을 세우며 나를 미쳤다고 하며 깡패처럼 달려들었지만
나는 등에 식은땀이 흐르며 형부 친구를 바라보며
'저 전도사가 미쳤구나‥ ' 그 다음을 잇는 무서운 발언들
"돈을 달라니까 뭔 예수~ 예수 이야기 집어 치우고 돈을 달라고."
정신이 까마득해지며 '형부가 미쳤구나 예수님이 다 듣고 계실 텐데'

마치 자기네끼리 약속하고 시나리오를 짠 것처럼
똑같은 눈빛으로 나를 떠나더군

또, 부르심

마비는 몸의 왼쪽부터 서서히 엄습했다.
점점 의식도 멍하니 불분명해지고 사람들의 말소리도
잘 들리지 않았고 아마도 정신이 나가고 있는 듯
어느 날, 두 살 터울의 여동생이 찾아와서 보더니 깜짝 놀래며
'사람을 살려야지 이래가지고는 안 되겠다' 면서
늦은 밤 간단한 짐을 꾸려 무작정 집을 떠나게 된 것
정연이가 6살 때의 일이다.

내가 떠나지 못할 이유는 없었다.
남편은 이 시기에 엉클어진 사업을 피해 도망가듯
혀를 차며 일본으로 유학을 떠났다
남편 역시 돈 없고 희망 없는 여자는 필요 없다는 것
부귀영화, 명예, 돈이 없어지니까 모두 나를 떠난 후

마치 폐허처럼 내 곁에 남아 있는 것은 아무것도 없었다.

부,모 형제, 남편, 돈, 명예

그들은 나에게 희망이 보이지 않으니까 떠나야 했겠지
그들은 나의 삶에 개입하면 골치 아프니까 떠났어
하나님이 내 눈앞에서 번번이 치워 버리셨던
내가 죽도록 원하고, 의존했던 '가족'
왜? 나라는 사람은 그 흔한 가족 관계조차도 누릴 수 없는 걸까
가족이 나에겐 우상이었을까? 그래서 치워 버리셨을까?

이것은 나에게는 매우 귀중한 메시지였다.
말하자면 다른 차원의 삶으로 이동하지 않으면
말도 안 되는 '괴기스런 삶'이 펼쳐질 것이라는
부귀영화, 명예, 돈이 없다고 '가족' 이 떠날 수 있는가?
이것이 '괴기스런 삶' 이 아니고 뭔가?
다른 차원의 세상이 어떤 것인지 전혀 알 수 없었지만
나의 삶은 이미 '다른 차원' 으로 서서히 이동하고 있었던 것이다.
이동하지 않을 수 없었던 순간
답답하게 길이 막혀 버린 순간‥ 그 순간을 또 만난 것
폐허가 되어 버린 잿더미를 털고 일어섰지만
광활하고 썰렁한 광야가 기다리고 있었어

예감

불길한 예감

24시간 365일·· 싸워서 이겨 내야 했던
뭔가 불길한 예감

내 인생 전체가 다 무너져 버려
가루가 되어 바람에 날아가 버릴 것 같았던
암담한 예감과의 싸움

들은풍월

4대째의 믿음이라 들은풍월은 많아서 그럴듯한 것들은 많이 알고 있었지만
마귀와의 전쟁터에서 들은풍월은 무기력했다.
수없이 깨달았던 지혜 번번이 자주 받았던 응답
그것이 마귀와의 전쟁에서 이길 수 있는 무기는 아니었다.

들은풍월을 잔뜩 손에 들고 열심히 칼싸움하듯
무조건 무지막지하게 휘둘러대는 나에게 마귀는 번번이 코방귀를 꼈지.
"이은수, 너 지금 장난하냐?"

장님 문고리 잡기 식으로 공중을 한두 번 휘휘 저으면
깨달음이 손 안에 잡히고 응답도 팍팍 손 안에 거머쥔다.
이젠 들은풍월도 없다. 다 써먹어 버렸다.
아무 일도 안 일어난다. 아무 생각도 안 난다.
머릿속이 하얗게 하얗게 마치 온 천하에 눈이 덮인 듯이
머릿속에는 아무 생각도 없다.

계속되는 마귀의 코 방귀 소리 뿐
"이은수, 너 지금 장난하냐?"

파산의 끝에서

내가 그랬어

파산의 끝에서 마지막 잡고 있던 그 어떤 것
그것을 놓으면 죽을 것 같았던 그 어떤 것
그것을 놓으라고 하셨다.

한 가지 이상의 귀한 것들이 있을 때에는
가치가 적은 것들은 포기하고 희생시킬 수 있다.
그러나 마지막 한 가지가 남았을 때에는
포기하기가 어렵다.

내가 그랬다.

울부짖으며 움켜잡는 두 손 안에는
육신의 열매만 한 줌일 뿐인데
난 영원하신 그 분 앞에서 부끄럽게도
뼈가 으스러지도록
한 줌 육신의 열매를 움켜쥐고 놓지 못했다.

‘주님 이것만큼은 안 됩니다.

한 번만 기회를 더 주시면 잘 해 볼게요. 정말 잘 해 보겠습니다.

그리고 주님께 다 바칠 겁니다. 몽땅 다 주님께 다 드릴 거라구요.’

.

.

.

돈 많이 벌어서 바치지 말고

지금 다~ 바쳤다고 생각하고 그냥 살아라.

다-- 바친다며? 몽땅 다~~

다 바치면 이렇게 사는 거야

다른 거?

뭐?

열망들

우리들의 눈이 멀었을 때 우리는 다급해지지
무엇이 나를 그리도 바쁘게 만들었나
두 손 열 손가락을 한껏 벌리고 힘을 주어 움켜쥐지만
내 손안에는 텅 빈 세상의 바람

나의 사랑과 나의 노래들은 손가락 사이로
다 빠져 나가고 뼈가 으스러지도록
잔뜩 움켜쥔 내 손가락의 작은 마디마디들은
울음을 운다. 나의 사랑을 돌려주세요. 나의 노래를 돌려주세요.

나의 모든 노래들은
메아리도 없이 돌아오지 않고
난 이 도시를 떠나고 싶어

손에 든 욕망의 백지 수표
기록하는 대로 가능한 나의 자유
나의 이상, 나의 자아, 나의 세상, 움켜쥔 억지
꺼지지 않는 열망
열망들.

22.존재를 향한 용기

감정은 감정일 뿐이라고 꼭 그렇게 생각해야 하는 거야
믿음은 바라는 것들의 실상 보이지 않는 것들의 증거니까

실패

부활 이후 예수님은
베드로가 자신의 후회와 비통에 빠지기 전에
그를 찾아 오셨어
베드로는 선택되어진 사도였으므로
자신의 약함과 실패 때문에
주어진 사도직을 잃지 않게 하기 위함이셨지

나의 몸의 힘이 죽-- 빠져 나가 버리고
스스로는 도무지 똑바로 설 수 없었던 어느 날
예수님은 내 찬 손을 꼬옥 잡아 주셨어
죽음처럼 매서운 가난의 찬바람
지옥처럼 두려운 딸아이의 해맑은 미소
공포처럼 다가오는 많은 사람들의 조롱

그러나 예수님의 출현은
그토록이나 서슬이 시퍼렇게
나의 삶 속에서 나를 위협하던
음부의 어두움을 뒤집어 버렸다
이미 여러 번의 '실존의 죽음'을 맛본 나는
다시 사신 주님의 생명력과
영광의 빛 앞에 무릎을 꿇었고

소명.
다시는 잃지 마라

실패 앞에서
예수님께 무릎 꿇고 '잘못했다고' 싹싹 빌며
매달릴 수만 있다면

딸, 도연이에게

세월이 아주 많이 흐른 후
내 딸 도연이에게 이렇게 말할 거야

실패는 이름일 뿐이야
실패는 이름이 주는 뜻일 뿐이야
실패는 진리도 아니고 능력도 없단다.

조금만 더 걸어 봐
조금만 더 가 봐
실패는 허상이 실패한 거야

엄마는 실패의 바다를 어떻게 건넜을까?

실패는 하나님이 가져가신 게 아니야

실패는 무너짐이 아니고 도달치 못함이란다.

너무 빨랐어. 그리고 너무 영특했어

이제 어떻게 건널래?
물위를 걸을래? 헤엄을 쳐 볼래?

네가 가지려 했던 것을 실패했지
네가 지니려 했던 것을 실패했지

이루지 못한 성취감이 너를 괴롭히니?

실패자의 울음

나의 성취감은 날마다 울음을 울곤 했어
하나님은 나의 성취감을 압수해 버리신 게 분명했다.

"너에게 성취감을 돌려주마. 나의 것(하나님의 것)을 돌려다오
네가 소유해 버린 나의 것(하나님의 것)을 돌려다오. 네가 나의 것을 훔쳐 가던 날
너의 가방을 떨어뜨리고 가지 않았니?
그래, 이제 나의 것(하나님의 것)을 가지고 나의 땅으로 오너라
이곳에 두고 간 너의 가방은 그대로 있단다."
나는 그 땅에 들어갈 엄두가 나질 않았다.
지금 내가 서 있는 땅에서 나를 보내 주지 않기 때문
나를 묶어 놓은 크고 작은 이유들
그것들은 절대 나를 보내 주지 않으려 했어
내가 그 땅을 벗어나기 위해서는
그 땅에서 입었던 옷들을 모두 벗어야 했고
나의 자랑이었던 옷을 모두 벗어두고 그 땅을 나왔지

나를 보고 그들은
실패자라고 손가락질하며 크게 웃고 있었다.

혼돈하지 마

하나님이 안 계신 것처럼 보여도
일이 아무리 더 악화되더라도 변함없는 신뢰를 하나님께 보내자
내가 바라는 대로 될 것을 확신하는 것이 아니라
하나님이 계신 것을 확신하는 거야

실패로 기가 죽는 것도 자만이야
더 이상 성공이나 실패에 의존하지 말자
그리스도인의 부활은 '거짓된 가치 평가'로부터의 부활이다.
정신 똑바로 차리고 나의 '신분'을 찾아야 한다.

믿음에서 감정을 분리하도록

안정감을 잃으면 믿음을 놓칠지도 모르니까
감정을 잃었다고 믿음을 놓친 걸로 생각하지 말아야 하고
감정은 감정일 뿐이라고 그렇게 생각해야 해

믿음은 바라는 것들의 실상이요
보이지 않는 것들의 증거이니까…

다음 장면

다음 장면, 열등의식.
그것은 난지도의 쓰레기
어떻게 치워야 하나
노력해도 안 되고 결심해도 안 되고
가면 쓴 교만
열등의식
죽여도 죽여도 죽여지지 않는
징-- 하게 끈질긴 생명력

이름 없는 神. **열등의식**

나의 숨통을 조이고 나의 상처에 소금을 뿌리며
나의 평안을 깨고 나를 못살게 굴던
이름 없는 못된 神. **열등의식**··

나는 그 이름 없는 神이 저질러 놓은
수많은 파편들과 악수해야 했다.

반란군

내가 아무리 나를 감추고 꾸며도 어디에나 반란군은 있었어
내가 조작했던 가면은 수를 헤아릴 수 없는 수천 개.
자주 나타나 악착같이 나를 고발했으며
어디를 가나 그들은 나를 　 아와
아픈 가슴 찌르며 나를 고발했다
반란군·· 그들은 내가 조작한 것들에 대하여
어찌 그리 자세히 알고 있던지

스스로 조작된 것들 때문에
나의 가치관이 허무하게 흔들리고 외로움을 겪을 때마다 반란군은 나타났어.
마치 사감 선생처럼 정확하고 사실적인 눈으로
나의 일거수일투족을 빛 앞에 내놓으려는 듯
비밀리에 감춰 놓은 **수천 개의 가면**을 샅샅이 뒤져내곤 했고
견딜 수 없어 도망가고 짐 싸들고 이사 가도
그곳에는 마치 복제된 인간처럼
똑같은 복장과 똑같은 목소리와 똑같은 사건으로
반란군은 항상 내 곁에 있었던

'너는 절대 나를 속일 수 없어~'
하며 나를 쏘아보던 정직했던 눈빛

양심 선언

'맞습니다. 나는 꾸몄습니다. 조작했어요. 나는 거짓말을 했습니다. 꾸몄어요 이젠, 내가 한심한 인간이라는 걸 인정하겠습니다.'

내가 무릎 꿇자마자 반란군은
소리 없이 일제히 일어나 조용히 사라졌어
반란군은 나의 양심이었고
그것은 하나님의 성품이었던 것

그 이후 내 삶에 다시는 나타나지 않던 '반란군'

다른 사람의 삶에 군대처럼 우르르 나타나는
반란군을 보며 나는 예전을 추억하지

맞습니다, 주님

“너희가 알거니와
너희 조상이 물려 준 헛된 행실에서
대속함을 받은 것은
은이나 금같이 없어질 것으로
된 것이 아니요” (벧전 1:18)

맞습니다. 주님.

주님은 조상이 유전한
망령된 행실에서
구속해 주셨습니다.

이 복음이 온 세계 위에 강같이 흐르기를

23. 지하 감옥

도저히 다가설 수 없었지만 똑바로 쳐다볼 수 없었지만
도망가고 싶었지만 자신을 똑바로 쳐다보고 용서했다

지하 감옥

드디어 지하 감옥의 문을 열었다
파괴당한 내가 있었어
혼자 떨고 있었다
사랑을 잃어버린 내가 있었어
소중한 것들을 몽땅 잃고
눈뜬장님으로 앉아 있었지. 손을 잡았다.

너무너무 맘에 안 들어서 버리고 싶었던 나
너무너무 발전이 늦어서 내팽개쳤던 나
너무너무 한심하고 멍청해서 지하 감옥에 가두었던 나
너무너무 쓸모없어서 이 세상에서 지워 버렸던 나
나는 그 손을 잡았다.

나는 이름 모를 못된 神이 저질러 놓은
수많은 파편들과 악수하며 나를 용서해야 했어

떨지 마 ….

그럴듯하지 않은 나를 처음 안아 보았다
버리고 싶었던 나를 처음 바라보았다
용서하고 싶지 않았던 나. 그러나 용서했어
비틀거리는 나의 손을 잡고 일으켜 주었지

수많은 가라지들.
파괴당한 내가 저질러 놓은 심각한 파편들..
도저히 다가설 수 없었지만 똑바로 쳐다볼 수 없었지만
그래서 또 도망가고 싶었지만
나는 나 자신을 똑바로 쳐다보고 용서했다.
구역질이 났다.
떨지마·· 이 모습 이대로
포장할 필요 없는 상처 그대로
주님을 만나자

이젠 그 길밖에 없어

자유다

이젠 나를 갈고 닦기 위해
처절하게 몸부림치지 않아도 돼
이젠 더 이상
나를 포장하지 않아도 되지
이젠 더 이상
좋은 옷으로 치장하지 않아도 된다구

이젠 자유다.
상처야 오너라
이젠 너를 안아 줄게

만들려 하지 말고 가지려 하지 말고
너무 애쓰지도 말고 울지도 말고
발버둥치지 말고 곧장
그 아픔과 눈물 그대로를 품고
손잡고 예수님께로 가자

눈물

눈물들은 나의 욕망을 씻어낸다.
나의 세상을 씻어낸다.
그 눈물들은 나를 혼자 있게 하며
모든 것을 잊게 한다.
내 손끝에서 세상의 재를 떨어내며
내 어깨에서 세상의 노래들을 떠나보내고
내 가슴 깊은 곳에 어두움에 붙들어 놓았던
그림자들을 떠나보낸다.

환난의 강물에
이별의 강물에

모두 떠나간다. 소리 내며 떠나간다.

나의 마음속에 마지막 남겨 둔
비단실 같이 가녀린 소망의 강물 한 줄기
그 비단실 강물 위에 지니고픈 마음까지도 떠나보내자
그리고 꼬깃꼬깃
흰 종이배 속에 숨겨 두었던 소망을 고이 품자.

제 4 부

하나님을 위해 나를 사랑해야지

보이는 것도 만만치 않은 세상이지만
보이지 않는 것은 더 만만치 않게 느껴졌다
나의 눈앞에 펼쳐진 끝이 보이지 않는 거대한 세상
예전에는 내 입맛에 딱 맞았지만
이제는
보이지 않는 그 무엇 때문에
나는 계속 떨고 있었다

그러나 이젠
눈에 보이지 않는
어떤 힘의 존재 때문에
아무것도 할 수가 없다

하나님을 위해 나를 사랑해야지

24.가난에 대하여

가벼운 지갑 안의 돈은 마치 위조지폐처럼
은혜롭지 않은 돈인 양 가벼이 취급하고
조금 후면 곧 무거워질 지갑에 대한 기대로 인해
가벼운 지갑을 경히 여기는 마음이 큰 문제라는 거죠
지금의 가벼운 지갑의 무게 위에 진실을 싣고
그 깊고 높은 동일한 충만함을 느끼라는 겁니다

광야

내 인생 속의 광야 ….

광야에서 만난 주님은 '가난' 과 함께 나를 반겨 주셨다.

인생을 살아보니 질 좋은 세상사는 역시 매우 중요하다.
그러나 광야 생활에서 가장 방해되는 것 또한 세상사이다.
봄이 되자마자 활짝 피어나 만개한 목련꽃처럼
가장 아름다운 나이 젊음의 마지막 38살의 나는 광야에 도착
광야에 도착하자마자 마치 준비하고 계셨던 것처럼
한 개씩 차례대로 사건을 주시며 나를 다루셨다.
주님은 만반의 준비를 하고 계셨던 것이다.
나는 날마다 이렇게 생각했지
'가난의 고통이 주는 이 연단의 시간을 헛되이 보내서는 안 돼
불신앙의 세계에서도 이쯤 되면 뭐(?)가 되도 될 수 있으리라.'
마음 굳게 먹고 훈련(?)이 주는 의미에 밀착해서 행동하기 시작했고
드디어 주님과 쌍방 커뮤니케이션이 가능하기 시작한 것.

하나님께로 더 가까이 갑니다.
고통 가운데 계신 주님
변함없는 주님의 크신 사랑
영원히 주님만을 섬기리

이 찬양의 깊이와 높이와 넓이와
그 심오함을 뼈저리도록 배웠다.

당분간은 인간이 필요 없었던 시간들
가난이 주는 고통은 하나님께로 가까이 가는 지름길

하나님은 불꽃처럼 타오르는 나의 고통 속에 서 계셨다.
내가 고통을 직시하지 못 할까 봐
내가 고통에서 고개를 돌릴까 봐 내가 고통을 잘못 해석할까 봐
주님은 활활 타오르는 고통의 맨 마지막 끝자락에 서 계셨고
고통 가운데로 나를 부르시며

'은수야, 나를 봐. 시선을 떼지 말고..나를 보거라. 고개 돌리지 말고 나를 봐.'

나를 도울 수 있는 사람이 단 한 명도 없는 시간 속
나는 단 한 순간도 주님에게서 시선을 뗄 수 없었기에
나는 나의 고통을 용기 있게 바라볼 수 있었던

'불꽃같은 고통의 한 가운데 계셨던 주님.'

주님으로부터 도망가지 마

지갑의 진실-1

'어, 이게 뭐야? 나.. 가난한 거야?'

이제까지 서울에서 살던 삶과는 다른 상황들이

환경 속에서 나타나기 시작했다.

생전 보지도 생전 듣지도 못했던 상황들의 연속··

'주님은 나에게 도대체 왜 이러시는지.'

그러나 나중에 알았다.

이 상황들은 나에게 아주 익숙한 상황들이라는 것을

정직한 영이 나에게 임하시기 전까지는 계속 거짓 속에서 살았던 것이지

정직한 영은 나에게 콕 집어서 알려 주셨다.

'너 원래 이렇게 가난하게 살았었잖아. 잘 생각해 봐. 너의 어린 시절.'

'아 참 맞아. 그래 나는 아주 어렸을 적부터 가난하게 살았었어.

나의 어머니도 나의 아버지도 형제들도 다 이렇게 살았었지. 그래 맞아.'

곧바로 이어서 들리는 성령의 음성

'나는 네가 가장 잘 적응할 수 있는 환경에 너를 놓아 둔 거야

은수야, 너야말로 가난에 아주 잘 적응할 수 있는 사람이야.'

그러나 정말 까맣게 모르고 있었고

그래서 나에게 닥친 가난이 불안했던 것이다.

정말 기가 막힌 반전이었다.

'지금이 우아하게 웃을 때니? 은수야? 무엇을 구해야 하겠니··
주님은 나에게 내가 해야 할 진짜 기도 제목을 알려 주시는 것
네가 해야 할 기도의 제목은 뭐냐?'

'쌀과 집을 주세요.'
내가 기도해야 할 내용은 단순한 문장 한 줄이었다.
돈이 한 푼 없이 배가 고파서 쪼르륵~ 거리는 가난 앞에서도
나는 우아하게 선글라스 걸치고 태종대를 산책하며
뺀드르르 했던 시절 지갑의 진실 앞에 똑바로 서라는 것

주님께 어떻게든 점수 따서 이 구질구질한 삶에서
빠져나가 보겠다고 마치 도사의 얼굴을 하고 기도실에
자리 펴고 앉아서 지구 전체의 위기를 놓고 기도하고
세계 각지에 있는 얼굴도 모르는 선교사와 목사들을 위해
기도하고 고아와 과부와 소년소녀 가장을 위한 기도를 하며
큰 기침을 하고 있던 터였다.
만약 나의 기도가 지갑의 진실이라는 정체성 위에 세워졌다면
하늘을 흔들었겠지만 나는 '도망치고' 있었을 뿐 그 '도망' 의 다음 장면이··
그것은 '도망' 이었다고 콕 집어 말해 주었지
가난이라는 상황이 '촉매'가 되어 나를 위대한 기도로 부르셨다고 여기고
어림짱 놓는 목소리로 목이 터져라 기도했지만 비굴한 도망
그래서 연일 계속되었던 **빈 지갑 똑바로 쳐다보기 훈련.**

민박집

여섯 살 난 딸내미를 데리고 여동생과 서울을 떠나 도착한 곳은
부산 영도의 태종대 바닷가 민박집 월 14만 원에 방을 얻었는데
'불을 땔 수 없는 형편의 아궁이'가 딸린 방이었다.
물론 겨울에도 불을 때지 않은 채로 냉골에서 살아야 했고
너무 추워서 교회 기도실에 가서 매일 밤 철야를 했는데
기도실도 불을 때지는 않았지만 냉기는 없어서 살만 했다.
의상실 일이 직업인 여동생은 의상실에 다니면서 돈을 벌었고
그러나 부산의 의상실 일은 서울에서 받던 월급의 절반 정도
그 '냉골방 민박집'에서 2년을 견뎠는데 비로소 나의 실존에 대해서 알게 되었다.
여동생은 알뜰하고 짠순이였기 때문에 돈을 다룰 줄 아는 알뜰파였다.
동생은 월급을 받으면 예산을 짠 후 딱딱 나누어서
돈마다 종이끈으로 묶어서 지출 항목을 적은 꼬리표를 달아 놓았다.
이건 쌀값, 이건 반찬값, 이건 전기세, 이런 식으로
딱딱 분리해서 책갈피에 꽂아 놓고 돈을 사용하는 것이다.
나에게 책정된 돈은 하루 6,000원 하루에 6,000원으로
쌀, 반찬, 목욕, 간식, 장난감, 생활용품, 기타 등등
3식구의 필요한 모든 것을 다 해결해야 했으며
도무지 적응이 안 되어서 이 방식 자체가 목을 조이는 고통이었다.

외면하지 마. 똑바로 쳐다 봐. 점점 가벼워지는 지갑의 진실을

나의 실존

서울에서는 피자에, 고기에, 레스토랑에, 포도주에 먹고 살았지만
부산에서 내가 돈 주고 사먹었던 가장 고급스러운 음식은
태종대 바닷가 귀퉁이에서 팔던 붕어빵 1개와 오뎅 1꼬치

일주일에 한 번 정도 도연이를 데리고 목욕탕을 갔는데
목욕탕.. 그곳이 나에겐 '최고의 휴식처'였다.
갑자기 닥친 가난 속에서 적응하기 힘든 수치심이 있었겠지
누구나 다 옷을 벗고 있으니 누가 누군지 구별할 수 없는 목욕탕..
목욕을 하고 있는 동안은 꾀죄죄한 '민박집의 나'를
잊을 수 있어서였겠지. 목욕을 깨끗이 하고 돌아오는 길에
딸내미와 함께 사먹던 태종대 바닷가의 붕어빵과 오뎅은 꿀맛이었다.

거의 24시간 동안 내내 성경을 읽었고
잘 때에도 비몽사몽간에 성경을 읽어야 안심할 수 있었다.
부산 생활 10년 동안 성경을 20독을 했다.
성경을 읽지 않으면 죽을 것 같은 고통이 엄습하곤 했기에
따로 기도원을 가고, 새벽 기도에 가고 할 것도 없이
나의 24시간은 기도와 금식의 반복

찬양을 주마

과연 어디서 주님이 나타나실까·· 처음에는 눈에 불을 켜고
주님을 찾느라 주변을 두리번거렸지 혹시 저 사람을 통해서?
혹시 이 분을 통해서? 저분? 돈, 돈, 돈 내가 기도하면 즉각 응답해 주셨던
주님의 움직이심을 기다렸다. '은수야~ 옛따~' 하면서
나에게 주실 그 신나는 반전의 응답을 기다렸다.
그러나 쌀 보따리, 돈 보따리가 하늘에서 떨어지는 반전은 없었고
딸아이와 함께 바닷가에 나가서 철석대는 파도를 지루하게 바라볼 뿐
파도가 엄청나게 휘몰아치며 우박 비가 떨어지던 그 날도 역시나.. 바닷가에 앉아
슬퍼지는 마음을 주체할 수 없어 솟구치는 서러움에 먼 지평선을
바라보며 나즈막이 주님의 이름을 불러 보았다. "**주님** ·· ··"
마음 깊은 곳에서 세미한 주님의 음성이 들렸다
"오, 주님 저를 어떻게 하실 건가요?" "너는, 내가 너를 어떻게 했으면 좋겠니?"
"새로운 인생을 시작하고 싶습니다. 다시 태어나고 싶어요
내 인생을 새로이 써 내려가고 싶습니다. 소설 쓰듯이 말예요.
정말 감동적인 소설을 쓰듯이 내 인생을 다시 써 내려가게 해 주세요.
주님·· 기회를 주세요. 한 번만 더 기회를 주세요. 제발··
세상이 빼앗아 갈 수 없는 아무도 나에게서 훔쳐 갈 수 없는 것 그것을 주세요
다시는 빼앗기지 않겠습니다. 주님, 제게 다시 한 번만 그것을 주세요.
야곱이 브니엘에서 했던 고백처럼 나는 주님과 3번째 약속을 했다.
"그래·· 너에게 찬양을 주마··"

그날부터 찬양곡이 줄줄줄-- 작곡되기 시작했다.

마치 연필에서 먹--이 나오는 것 같이 줄줄줄-- 부드럽게 작곡이 되었다.

부산에서의 10년 동안 500여곡을 작곡했다.

어떤 특별한 이미지를 만나면 곧바로 곡을 쓰곤 했다.

부산은 아름다운 풍경들이 많았고 창작 동기를 자극할 만한 일들을

하나님은 상황이나 사람을 통해서 자주 일으키시기도 했다.

서울에서 작곡했던 느낌과는 사뭇 달랐고 아름다운 선율들이 작곡되었다.

꿈속에서 노래를 부르다가 잠이 깨서 비몽사몽간에 일어나
그 노래를 기억해 적기도 하고
어떤 사람과 이야기하다가 곡을 쓰기도 했다.
펜과 종이만 있으면 가사와 곡을 척척척 썼다.
등대를 보고 있다가 곡이 나오고, 밤바다 앞에서 곡을 쓰기도 했다.
실제적인 나의 가난은 나의 현실적 실존을 묶어 버렸기 때문에
나의 예술적 재능은 순수함을 찾아 자유롭고도 무한히 어디인가
로 여행을 떠나는 것 같았다.
,나의 예술적 재능은 비로소 생명의 원천인
순수함과 만나게 된 것

뭔가가 하늘 보좌를 움직였지
나의 고백 중의 뭔가가 땅에서 풀렸고 하늘이 열렸지
그래서 비로소 만나게 된 '마르지 않는 샘'

순수의 우물

나의 땅에는 우물이 하나 있다.
순수의 우물
내 순수의 우물을 지키기 위해
많이도 울어야 했다.

지니고 있기보다는
많이도 빼앗겨야 했다
속이기보다는 차라리
속아야 했다.

여럿이기보다는
혼자이어야 했다.
영특하기보다는
바보스러워야 했다.

그러나 나는
물래 눈물을 훔쳐 닦으며
혼자서 많이도 웃었다.
아무도 모르는 순수의 우물이
내게 있으므로

도시의 화려함을 거절하고
초라한 초막을 지었다
내 초라한 초막 뒤뜰에는
우물이 있다.

그 우물은 이제
나에게 끝없는 기쁨을
매일매일 넘치도록 채워 준다.

가지려 하지 않았는데
이미 가지고 있다.
속이지 않아도
이미 내 것이다.

'내 땅에 우물이 있어요.'

사람들은 어지간히 많이도
퍼- 갈 테지만
그 우물은 영원히 샘솟듯
내 땅에서 그들의 땅으로
흐를 것이다.

거품이 빠지다

가난이 나에게 준 유익은 거품이 빠졌다는 것
어린 시절부터 나를 옭아매어 놓은 인간사의 거품
매사에 무엇이든지 죽어라 거품을 넣어야 했던 '**수치심**‥'
밤이고 낮이고 죽어라 거품을 넣게 만들었던 '**수치심**‥'
빨강거품, 노랑거품, 금색, 은색, 무지개 색.
거품이 많을수록 나의 수치심은 안심하며 그 양이 줄어들었고
거품들을 관리해야 하는 품위 유지비 때문에 힘들었지
거품을 유지해야 할 배경 그림이 없으니 거품이 빠질 수밖에
육적 정신적으로는 너무나 고통스러웠던
1993년부터 2003년까지의 10년의 가난은 '나의 계산법'을 바꾸어 놓았다.
서울에서는 월 500만 원의 수입으로도 부족해 아등바등 살아야 했다면
가난은 나의 계산법을 1/10로 확~~ 줄여 놓았다.
마음만 먹으면 1/50로 줄일 수도 있다.
재정에 대해서 자유하게 되어 신축성 있는 마인드컨트롤이 가능해진 거지
시골이라서 거품내고 잘난 척 할 대상이 없었기 때문도 큰 이유였고
나를 옭아매고 주인 노릇을 하던 **세속적 가치**에서 점점 자유해졌다.
이것이 바로 횡재라는 생각을 했다.
그 시기에는 현실이 암담해서 황홀한 미래를 꿈꿀 수는 없었지만
만약 하나님께서 다시 한 번 기회를 주신다면
나는 횡재한 사람일 거라는 생각으로
'가난이라는 풀무 통' 속으로 용감하게 들어갔다.

결국은 세속과 이별하는 것

조상 대대로 그렇게 살아왔고 그 방법 말고는 아는 것이 없었기에 많이 무서웠다.

세상 것을 끊는다는 것이 보통은 술, 담배, 나이트클럽‥ 이런 것들이겠지만

더 힘든 것은 그런 것들을 다 끊고 또 끊고 또 끊어도

언제나 어디서나 귀신처럼 따라붙어 떨어져 나가지 않는

'세속적일 수밖에 없는 인간의 연약함.'

인간은 그 연약함과 골백 번씩 마주치면서 끝없는 좌절을 한다.

주님의 용서는 항상 도망갈 때 써먹는 핑계

'이런 나를 이해하시겠지. 이럼에도 불구하고 나를 사랑한다고 하셨어

나의 부족함과 나의 한계를 넘어서서 일하시는 주님이셔.'

주님의 용서가 핑계가 아니라면 용서 받겠지만

'용서' 에 관한 잔 머리‥ 라면 글쎄~

용서에 대해서 자꾸 '헛바퀴' 도는 이유일 테지‥

나는 이제 부자를 꿈꾸지 않는다.

이미 배가 부르기 때문이다

거품이 빠지고 바짝 압축해 놓았기 때문에

조금만 가지고 있어도 배가 부르다.

오병이어의 맛을 본 자만의 '자유'

오병이어를 향하여

여동생이 나에게 책정해 준 돈 하루 6,000원의 생활비는
나로서는 힘든 풀무통이었는데 하루에 6,000원으로
쌀, 반찬, 목욕, 잡비, 간식, 장난감, 생활용품, 버스비, 헌금‥
그리고 가끔씩 딸내미에게 피자나 치킨과 같은 별식을
먹여야 하니까 6,000원 X 7=42,000원에서 또 조금씩 떼어서
비축해 놓았다가 사주곤 해야 했다.
그러나 날이 갈수록 아주 잘 해냈고 드디어 그 작은 돈으로도
흑자의 생활로 접어 들어가던 기적적인 성공의 기로에 섰을 즈음
주님은 '효림이' 라는 가난하고 불쌍한 청년을 내게 붙여 주셨는데
그 아이는 날마다 나를 찾아와서 3끼니를 몽땅 우리 집에서
해결하고 밤이 되면 집으로 돌아가곤 했다.
그 즈음 나는 지혜를 총동원하여 감각적으로 빡빡한 생활비를 살살살~ 쪼개어
조심조심 생활하고 있는데 객식구가 생긴 것
실제적인 가장인 동생은 눈살을 찌푸렸다.
그도 그럴 것이 퇴근해서 돌아와 저녁 밥상을 보면
곁에 앉아 있는 객식구 때문에
상위의 반찬이 점점 더 형편없어졌기 때문이었다.

가난의 영을 파괴할 수 있는 영적 힘을 얻게 된 출발
경건의 풍요로 나의 삶이 움직이기 시작한 시점
,

처지가 같은

더더구나 '효림이'는 식사 때뿐만 아니라 외출할 때도
어디든지 졸졸졸 쫓아 다녔다. 밥값보다 교통비의 과외 지출이
더 큰 타격이었고 효림이를 떼어낼 합리적인 여러 가지 방법을
연구했으나 그 아이의 낙은 오직 나를 만나는 것이었으니
행복을 뺏을 수는 없었던 것. 나는 내 지갑 속의 재정의 미래에 관하여
하나님께 맡기고 효림이를 떼어내지 못한 채 하루하루를
살아가야 했다.동생은 그런 내가 못마땅했는지 약간 협박조로
말하곤 했는데 '언니 생활비가 오버되어도 나는 몰라. 알아서 해요.'
불쌍한 그 아이를 냉정하게 거절할 수는 없었다.
나는 물고기 두 마리와 보리떡 다섯 개의 오병이어의 기적을 기대했고
하루 6,000원으로 쌀, 반찬, 목욕, 잡비, 간식, 장난감, 생활용품, 버스비 현금 …
가끔씩 먹는 피자나 치킨까지 6,000원X7=42,000원으로
효림이와 함께 아주 잘 생활해 나갔다.

나와 처지가 같은 사람을 바라보는
양심적인 시선을 나에게 요구하셨던 하나님
효림이는 '또 하나의 나'였다.
효림이를 바라보며 거울을 보듯
나를 발견해야 했던 시간들.

반찬은 딱, 하나

심하게 빵빵이를 시키던 생활비 6,000원의 풀무통은
또 한 번의 새로운 신비한 경험을 하게 했던 뿌리가 되었다.
생활이 어려워도 어린 딸 때문에 되도록이면 기초 식품군을
먹이려고 애썼지만 '효림이'의 출현으로 반찬의 가짓수는
점점 줄어가기 시작하던 어느 날 나는 결정했다.
'어차피 어렵게 사는 거 반찬은 딱 한 가지만 먹고 살자
그래서 기초식품군이니 뭐니~ 이런 걱정에서 놓여나기로 하자'

효림이는 속이 헛헛한지 항상 더 먹고 싶어 했지만
무조건 반찬 딱 한 가지. 김치찌개와 밥, 된장찌개와 밥
청국장과 밥, 미역국과 밥, 함께 버스를 타면 차비도 내주고
간식을 먹을 때면 오뎅 한 꼬치를 반으로 나눠먹고
차라리 오뎅 국물로 배를 채우기도 했고
동생은 그런 내가 못 마땅해서 효림이를 싫어할 수밖에

효림이와 돈을 나눠 쓰다 보니
반찬이라고는 달랑 한 개뿐인 김치찌개도
맹물에 참치조차 넣지 못하는 김치쪼가리 몇 개가 둥둥 뜬
찌개를 먹어야 했으며 맹물에 미원으로 맛을 낸
고춧가루 없는 허연 두부찌개를 먹어야 했던 것

'반찬은 딱 한 가지만 먹고 살자' 그 이후 10년 이상
우리 집 밥상에는 반찬은 항상 딱 한 가지
이 사건은 오랜 세월 돈을 아낄 수 있는 천부적인 지혜였는데
대형 마트에 가도 살 물건이 없는 것이다.
반찬 딱 한 가지 이상은 먹게 되질 않으니 돈을 소비하지 않고 살 수 있게 된 것
오병이어를 기대했을 때, 신비하고 드라마틱한 방식을 기대했지만
주님은 '입맛'을 잡아 버리시고 '지출'을 막으시는 독특한 방법을 행하셨다.
우리 집 부엌은 항상 찬양단원들의 공동 부엌이었고
지나가다가 출출하면 들러서 라면도 끓여 먹고
김치볶음밥도 해 먹는 열린 부엌
그러나 냉장고는 누군가가 와서 또 채워 주고 또 채워 주고 했다.
이후 효림이는 그런 고백을 했다 **'와~ 정말 오병이어네요~.'**
또 하나의 나·· 효림이가 행복해 했던 시간들
'그 행복은 내 것' 이기도 했던 신비한 시간들
'콩 한 쪽도 나누어 먹지 않으면 체해서 토할 것 같았던 신비'
그 양심이 오병이어의 기적을 가져 올 것이라고 계시하시던 하나님

'반찬은 딱 한 가지만 먹고 살자.' 이후 하나님은 재정적으로
많은 축복을 해 주셨고 지금도 우리 집 냉장고는 항상 먹을 것이 없이 텅텅 비어 있다.
냉장고에 먹을 것이 있을 때쯤이면 누군가에게 주고
텅텅 비워 놓고 지금도 마트에 가면 살 것이 없어서
번번이 그냥 오곤 하는 그렇게도 도달하고 싶었던 지갑의 자유
팍-- 쓸 수도 있지만 절대 안 쓸 수도 있는 자유
열매가 맺혔다.

지갑의 진실-2

'구하라 주실 것이요.'
지갑이 가벼워지면 당연히 구해야지요
그러나 구하기 전에 한 가지 빼먹지 말아야 할 것이 있었죠.
'지갑의 진실'
주님은 구하라고 하시면서 또, 알려주고 싶으신 건
'점점 가벼워지는 지갑의 진실은 뭐냐?' 는 거죠
그걸 알아야 하지 않겠느냐고 제게 물으신 겁니다.
'……..'

당연히 모르죠.
가벼운 지갑을 미워하고 외면하느라 생각해 본 적이 없죠
자꾸 어디론가 숨고 외면해 왔으니까요
몇 푼 들어 있지 않은 지갑을 볼 때마다 한숨이나 쉬고
뭐든지 주님의 이름으로 구하면 주겠는데
과연 가벼운 지갑은 예수 그리스도의 통치 밖이냐고
질문하시는 겁니다.
날마다 기도하며 구하는 건 좋은데
마치 첩에게 밖에서 낳아 온 밉살스런 자식을
호적에 올려 주기 싫은 본처의 마음처럼
가벼운 지갑은 왜 그리스도의 통치 아래 두지 않느냐는 거죠

가벼운 지갑 안의 돈은 마치 위조지폐처럼
은혜롭지 않은 돈인 양 가벼이 취급하고
곧, 무거워질 지갑에 대한 기대로 인해
가벼운 지갑을 경히 여기는 마음이 큰 문제라는 거죠
지금의 가벼운 지갑의 무게에 진실을 싣고
그 깊고 높은 동일한 충만함을 느끼라는 겁니다.

주님의 그러한 지적은 머리가 꼬일 것 같은 지적이었지만
이해가 가는 지적이었습니다.

사랑하는 눈으로 가벼운 지갑을 바라볼 것을
이 가벼운 지갑에 나의 재정에 관한 정체성을 둘 것을
가벼운 지갑을 주님께 올려드리고 통치를 기다릴 것을
가볍디가벼운 지갑 안의 내용물이 우리의 필요를
채울 수 없다는 건 뻔히 알지만 그것이 진실이라고
그것이 주님께서 허락하신 상황이라고
그래서 절대 피해 갈 수 없다고
배운 대로 할 수밖에 없다고

구하면 주시겠지만 지갑을 향한 '진지한 마음'부터 배우라고
돈 걱정 안 하고 배가 터지도록 먹을 수도 있지만
굶을 수도 있는 '신축성'에 대한 훈련이었죠.

뒤집기

신나게 거품빼기에 열중해서 논문이라도 쓸 것 같은
깨우침의 분주한 나날들이 지나가고 있었다.
어느 날 주님께서 나에게 말을 걸어오셨다.
"네 남은 평생 이렇게 가난하게 살다가 죽어도 좋겠느냐?"
조금은 놀랬지만 매일 매일이 거품빼기 깨우침의 연속인지라
'고생은 나 하나로 족해. 이 괴기스런 삶은 나의 대에서 끝내자.'
그렇게 되면 딸에게 만큼은 형통의 삶이 펼쳐지겠다는 마음으로
힘차게 "옙~"하고 대답했다.
"네 딸에게도 똑같이 가르쳐라."
"네? 딸에게도 가르치라고요?"
"네가 순종함으로 믿는다면 못 할 것도 없지 않느냐?"
"도연아, 너의 인생이 끝까지 이렇게 가난해도
주님께 영광 돌리며 살아야 한다·· 라고 가르쳐라."
눈앞이 팽 돌 것만 같은 어지러움이 순간 덮쳤다.
죽을 수밖에 없는 이 한 목숨 구해 주셔서 너무나 감사했지만
왜? 내 딸까지 그렇게 하셔야 하는지
꼭 그렇게까지 하셔야 하는지
그러나 나는 순종함으로 대답했다. "그렇게 하겠습니다. 주님."
"지금, 내 딸을 불러서 그렇게 말하도록 해라."
"지금 당장요?" **"그래 지금 당장 ···."**

내가 도망갈 수 있는 한 가지 길이 아직 남아 있었던 것
딸을 통해서 얼마든지 구사할 수 있는 세속적 가치
딸을 통해서 얼마든지 도망갈 수 있는 외로움
딸을 통해서 얼마든지 피할 수 있는 사명
그 마지막 통로를 주님은 막으시겠다는 것이다.
나는 도연이를 불러서 무릎 앞에 앉혀 놓고 손을 잡았다.
'도연아, 우리가 아무리 가난하고 힘들고 어려워도
우리를 구원해 주신 것 그것 하나로 주님은 영광 받으시기에 합당하시단다.
우리에게 좋은 옷과 좋은 집과 좋은 음식을 안 주셔도 주님을 계속 사랑할 수 있어야 해.
그렇게 할 수 있겠어? 그렇게 해야 해.'
"응, 엄마 나 할 수 있어. 엄마가 시키는 대로 할 거야..
주님이 정말 엄마에게 그렇게 말씀하셨어? 야.. 신난다.."
도연이가 일곱 살 때의 일이다.

내 마음에서는 마지막 비가 내리고 있었다.
언제 끝날지 모르는 장맛비처럼 주룩주룩.

또 도망갈 수 있는 마지막 길을 막으셨던 하나님
'구하면 주신다'는 좋으신 하나님을 잘못 이해하지 않도록
재정에 필요한 각종 분야에 대한 인간적 구상과 아이디어
또는 좋은 생각들을 '제로' 로 놓을 것을 결단했던 날

그 위에 누구 없소?

한 여행자가 그랜드 캐년에 갔다.
아주 높은 곳까지 올라가 깊은 계곡을 보다가 발을 헛딛게 되었다.
가까스로 나뭇가지를 잡게 되었는데
그는 겁에 질려 소리를 질렀다.

"그 위에 누구 없소?"
그때 어떤 음성이 들렸다.
"내가 여기 있다."
"당신은 누구십니까?"
"주 여호와 하나님이다."
"하나님 정말 반갑습니다. 기쁩니다. 저 좀 구원해 주십시오."
"그래 그런데 한 가지만 물어보자. 너, 나를 믿느냐?"
"그럼요 믿고 말고요."
"정말 나를 믿느냐?"
"그럼요. 저는 예배도 잘 나가고 수요 예배도 나갑니다.
봉사도 잘 하고요 헌금도 잘 합니다."
"그런 거 말고 나를 믿느냐고 묻고 있질 않느냐?"
"제가 얼마나 하나님을 잘 믿는지 하나님께서는 잘 모르시나 본데요
정말 저는 하나님을 믿습니다. 제발 믿어 주세요.
그리고 저를 좀 살려 주세요."

그러자 하나님은 이렇게 말씀하셨다.
"그래, 믿어 주마. 나를 믿고 그 나뭇가지에서 손을 떼라."
하지만 그 여행자는 감히 손을 뗄 수 없었다.
"아니, 그런 거 말고요--"
다시 하나님의 음성이 들렸다.
"나를 믿고 손을 나뭇가지에서 떼거라."

그는 잠시 침묵하더니
생각 끝에 다시 소리쳤다.

"거기 위에 다른 이 없소? 나를 좀 살려 주시오."

틀리는 계산

자신감을 잃는 자아의 눈으로 보는 세상은
예전과는 달랐다.
거대한 세상은 끝이 보이질 않았다.
예전에는 그리도 똘똘하게
계산을 잘 하더니만
이젠, 도통 계산이 나오질 않는
세상이 되어 버렸다.

장님이 따로 없다. 눈 뜬 장님이다.

이런 결과를 만들고 싶은데
저런 결과가 나오고
아까까지는 분명히 맞는 계산이었는데
까먹고 또, 1을 더해 버렸다.
오솔길로 가려고 생각했는데
산등성이를 올라가고 있고
지하철을 타야 하는데
나는 오늘도 어느새 재빠르게
택시를 잡아타고 멍청하게
앉아 있다. 틀리는 계산 퍼레이드

하나님을 위해 나를 사랑해야지

25. 교 회 교회를 배우다

기도하고 싶으면 기도실 찬양하고 싶으면 연습실
하루 일과표를 짜서 눈을 뜨면 새벽예배 오전에는 성경그룹
오후에는 딸 아이와 놀고 밤에는 철야

홀로 두심

어느 날 민박집에 돌아와 보니 동생이 쪽지를 두고 사라졌다.

"언니 이젠 언니 힘으로 살아가. 나는 내가 갈 길을 갈게

이 집은 15일간 더 살 수 있고, 전화를 반납하면 2만 원 정도 줄 거야. 안녕."

나는 조금 놀랬지만 오히려 머릿속이 정리되는 느낌도 들었지

'어떻게 하지? 어디로 가지?' 한밤중에 딸내미의 손을 잡고

갈 곳이 없는 처지가 된 것. 계속적으로 닥치는 사건들 앞에서

발견한 나의 무능함에 치를 떨며 '나를 향한 미움과 실망'에

미칠 것처럼 괴로웠다.갑자기 명쾌한 생각이 들었다.

'아~ 그래. 교회로 가자. 만민이 기도하는 집 교회로 가자.

교회에서 죽어라 기도를 하자.

하나님이 다음 장면을 인도해 주실 때까지 기도에 완전 올~인 하는 거야~'

절대 안 될 리가 없지. 효림이는 자기가 다니는 교회로 가자고 했다.

효림이의 연약한 손을 잡고 그 교회로 가게 되었다.

그리고 기도실로 들어갔다. 딸아이를 옆에 재우고 나는 눈을 감았다.

평소 기도실도, 기도원도 별로 좋아하지 않던 나였는데

갈 곳이 없어서 기도실에 들어앉아 있는 자체가 더 무서웠다.

느낌은 마치 교도소에 갇혀 있게 된 느낌. **그러나 그때는 몰랐다.**

하나님 나라를 내 삶과 세상에 선포하는 사건이 될 줄은

그리고 이 선택으로 인해 하나님 나라의 영향력을

두 눈으로 똑똑히 목도하며 맛보게 될 줄은

그때부터 나는 그 교회의 주일 예배를 참석하기 시작했고 4주 후
새신자 등록을 하고 새신자실에서 담임 목사님과 인사를
나누었는데 나의 소개를 간략하게 하자 목사님은 반갑게
악수를 청하며 "기다리고 있었습니다. 집사님은 저의 기도 응답입니다."
목사님은 대뜸 1부 예배를 신설하면 성가대 지휘를 할 수 있겠느냐고 물었다.
나는 약간 빼듯이 '맡겨 주시면 하겠습니다.'라고 짧게 대답했지만
속으로는 '천만 다행이다. 사례도 나올 것이고 살 길이 생겼구나~'
그때부터 나는 기도실에서 나와서 교회 이곳저곳을 돌아다녀 보았다.
교회는 성도가 약 2,000명 되는 제법 규모 있는 교회였는데
피아노가 있는 곳에서는 피아노를 치고 책이 있는 곳에서는
책을 읽고 '아 역시 주님은 참 좋으신 분이야. 그리고 교회는 참 좋은 곳이지
갈 곳도 없는 나를 이렇게 좋은 곳으로 인도해 주셨구나.'
시간마다 예배가 있고 성경 공부도 하고
기도하며 찬양도 하고 하루 일과표를 짜서 눈을 뜨면 새벽예배,
오전에는 성경 공부, 낮에는 딸 아이와 놀고, 밤에는 철야.
그런 식으로 교회에서 사는 삶이 시작된 것.
누가 과연 이런 일이 일어날 거라고 생각할 수 있었겠는가?

하나님 나라는 이 세상 나라가 아니고 국경도 없으며 자격도 없다는 설교 때나 듣는
은유나 상징도 아닌 두세 사람이 모인 곳이라면 어디에서나 눈앞에
떡 벌어지게 차려진 잔칫상처럼 "하나님의 나라는 너희 안에 있느니라."
(눅 17:21)

황홀경의 반납

다시는 부딪칠 일이 없으리라 이를 악물었던 가난
가난해질수록 오히려 죽 끓듯 끓어대던 세속
잠깐 '가난'할 뿐이지 쓸 돈이 없었던 것뿐이지
내 앞에 만약 돈 보따리가 있었다면 하루아침에 다 날릴 기세로
오히려 농축된 죄 성이 도사리고 있었지
오랜 세월 대대손손 **피** 속에 자리 잡은 '세속'

항상 막다른 골목의 끝에서 진땀을 흘리며
기도하지 않고 택했던 육신의 방법 '하갈'이
내 삶 속에서 분주하게 함께 살고 있었지
그렇게 얻은 육신의 열매 이스마엘까지‥

오랜 시간 황무지만 걸어야 했던 이유였다.
다리가 부러질 때까지 걸어도 끝나지 않던 끝없는 사막
보이지 않는 샘물

인간사의 황홀경을 반납하고 주님과의 황홀경을 선택해야 했다.

가식의 여왕

마치 신비한 이유라도 있어서 가난해진 것처럼
우아하게 행동하곤 했지. 감추고 꾸미고.. 가식의 여왕
동전밖에 없는 마지막 주머니를 털어서
오뎅 1꼬치로 끼니를 때워야 할 때도 상당히 많았다.
오뎅을 먹을 때도 신비하고 우아하게 오뎅을 먹었지
돈이 없어 버스를 타면서 '음~~ 버스가 이렇게 생겼어?
음~~ 어머 기름 냄새 어쩌면 좋아~~ 콜록콜록 어머어머~ 버스를 안 타 봐서
아~~ 어지러워 흠..' 같이 동행하던 사람들이 나를 보고
'공주님께서 이 천한 버스를 타시느라 고생을 하시다니--'
라고 생각하게 만드는 것이 나의 목적이랄까
나는 당분간 그 수작질로 그럭저럭 재미있게 살아갔다.
바람결에 긴 머리를 쓸어 올리면서 뭔가 신비한 가난뱅이를 연출했고
비가 오는데 우산 살 돈이 없어서 비를 주룩주룩 맞고 걸을 때에도
어느 CF에 나오는 배우인 양 BGM을 들으면서 우아하게 걸었고
꼬기꼬기 몇 벌 안 남은 메이커 옷 중에서 쓸 만한 걸 골라 라벨에 침 묻혀
짝짝 펴서 150원짜리 귀고리를 어떻게든지 구해 가지고서 청 자켓 입은 날엔
청색 귀고리를 붉은 자켓을 입은 날엔 연분홍색 유리 귀고리를 달랑달랑 달고
어떻게 해서든지 우아한 연기를 해야 했다. 나의 연기력은 끝도 없이 개발되는 듯했다.
'어머, 집사님은 가난을 즐길 줄 아는 거 같애~~.' **가식의 여왕.**

체질이 바뀜

미켈란젤로의 그림을 바라보듯 '주님의 나라'를 바라보며
라흐마니노프의 음악을 감상하듯 '주님의 나라'를 감상하지만

2~3시간이 지나면 '자기 체질'로 다시 돌아가곤 하는
결코 주님의 말씀대로 살지 않고 자기 체질대로 살곤 하는
나의 체질은 번번이 주님의 마음에 대고 콧방귀를 끼곤 했겠지
물론 그러고 싶은 마음은 아니었겠지만

'자기 체질'대로 사는 삶
그것이 **세속의 의미**였고 풀리지 않는 아이러니의 의미였다.
자기 체질과 손잡고 홍청망청 살면서
차원이 전혀 다른 하늘의 세계에 어찌 손이 닿겠는가?

자꾸 헛바퀴 도는 용서에 대한 '잔머리.'

용서를 회피의 출구로 삼은 인간들도 많지
내가 그랬듯이 무엇인가를 '회피'하기 위해 선택하는 출구로
진리를 선택하는 고단수의 잔머리꾼들

무엇을 '회피'하기 위함인가는 조사하면 금방 다 나오지

무엇인가 '회피'하기 위해 진리를 선택해서
도달하게 되는 곳은 **'미친 영웅심'**이다
'미친 영웅심'은 사람을 게으르게 만든다.

미쳤을 때는 스트레스로 인해 '영웅이 되고 싶기도 하지'
영웅이 되고 싶다는 생각을 할 때 또한 미칠 수도 있어

'미친 영웅'들은 지하 1층에 꼼짝 않고 들어앉아서
8층에서 무슨 일이 일어나는지 계산기만 두드리지
무슨 수로든지 8층까지 올라가 봐야 할 텐데도 절대 안 하고
'미친 영웅'들의 몸은 항상 지하 1층에 있고 생각은 8층에 있어
승강기는 혹시 고장이 나지 않았는지?
만약 걸어서 가야 한다면 비상구는 어디 있는지?
비상구 문이 혹시 잠겨져 있지는 않는지?
비상구 문 열쇠는 누가 가지고 있는지?
생수를 1병 정도 챙겨야 하는 건 아닌지?
미친 영웅들은 믿음이 없다면서 이런 것들은 절대 준비하지 않아

미치도록 고독했기 때문에 '탐구' 할 수 있었던 세계였지
어떻게 해서든지 8층까지 가야 하는 것이 나의 목표였다.
'미친 영웅'이 되지 않기 위해서
'미친 영웅심'으로 도망가지 않기 위해서

'고독' 시스템

고독은 내 머릿속에서 자꾸 헛바퀴 도는 잔머리를 정지시켰고
마음이 통할 수 있는 '유기적인 대상'이 없으니까
벽에 대고 잔머리 쓰다가 녹이 쓸었다고나 할까
잔머리가 제거된 이후 잔머리와는
마치 동음이어처럼 보이는 **지혜**라는 이름으로
드디어 지하 1층에서 출발하여 승강기 안전점검하고 비상구 위치 확인
관리인 만나서 비상구 열쇠 챙기고
작은 생수 한 병 챙겨서 결국엔 8층까지 갈 수 있는
어떻게 해서든지 8층까지 가야 하는 나의 믿음의 열매
미치도록 고독했던 시간들의 '보상'을 만날 수 있었다.
정체성이라고는 도무지 없던 연약했던 내가
나라는 브랜드에 잡념 없이 집중할 수 있게 해 주었던
고독이라는 시간 속에는 주님만이 계셨다는 뜻이겠지
눈이 번쩍 뜨일 지도를 받은 게지
용서에 대한 잔머리로 용서를 받을 수는 없었다.

나의 미친 영웅심은 고독해 하며 주님께 곧잘 물었다.
'주님, 용서를 구했는데 아직 용서해 주시지 않으셨나요?'
바보가 따로 없지

고독해도 혼자 감당해야 한다는 것
절대 혼자 감당할 수 있어야 한다는 것

포토샵에서는 사용하는 툴의 기능에 따라
또는 이미지가 좀 복잡할 때에는
각 그림마다 레이어를 다르게 쓴다.
전체 그림을 볼 때에는 미켈란젤로의 그림처럼
웅장하고 화려하며 완벽한 그림으로 보일 수 있으나
만약 레이어를 100개 이상 500개 정도 사용했다면
각 레이어에서 볼 수 있는 그림은
전체 그림과 전혀 상관없는 조각 그림일 수 있다.
달랑 235번 레이어만 봐서는 미켈란젤로의 그림이라고
전혀 알 수 없는 것이다.

결단

인간적으로 볼 때에는
예수님의 삶조차도 그다지 빛이 곱지 않았던 공생애
그것을 이해하기로 결단합니다.

"이는 요셉의 아들 예수가 아니냐?
그 부모를 우리가 아는데"(요 6:42)
"이 사람이 마리아의 아들 목수가 아니냐
야고보와 요셉과 유다와 시몬의 형제가 아니냐"
(막 6:3)

오랜 시간 흉한(?) 세월들을 힘겹게 살다 보니
나의 마음에 자리 잡은 손쉽게 위로 받고자 했던
진통제 같은 **세속들**··
그 화려함과 손쉬움으로 위로받고자 했던 나

그래서 유독, 고독하게 허허벌판에
나를 홀로 두셔야 했던 하나님

그 손쉬운 위로는 영적 실재와는
아무런 관계없는 허상이었기에
그리스도와는 아무런 관계없는 우상이었기에
내 눈앞에서 곧바로 싹싹 치워버리시곤 했던
하나님 아버지의 사랑

미치도록 외로웠던 이유들에 감사해야 하는
그 외로움이 나에게는 복된 것이었다고

동물로 전락하는 것과 같은 상황이 오더라도
인간이라는 이름으로서는 오직 철저히 혼자 감당해야 하며
도움을 줄 수도 도움을 받을 수도 없는 상황에
'내가 놓여 있다는 것'을 인정해야 했던

미치도록 썰렁했던 235번 레이어에서의 시간들
나와 함께 동고동락해 주었던 볼품없는 조각 그림들의 리스트.
우그러진 냄비, 수저1벌, 트레이닝 1벌, 슬리퍼, 국자,
그 조각 그림들과 잘 어우러졌던 귀한 시간들
235번 레이어에서 틈틈이 세워 놓은 든든한 골격의 그림에
이제부터 튼실한 살이 붙기를

봇짐 1개를 달랑 싸들고
쪼그리고 앉아서 기다렸다

왜? 안 부르시지?
1년이 지났다
왜? 안 부르시지?

5년이 지났다
왜? 안 부르시지?
10년이 지났다

나는 울었다

왜? 안 부르세요?

"십년 전에 불렀잖아 ⋯."

이미 부르심을 받아놓고
십년 동안 쪼그리고 앉아 기다리기만 했다
걷지도 않았는데
쪼그리고 오래 앉아 있어서
다리만 아프다.

26. 나의 니느웨

나의 니느웨였던 교회
내가 니느웨를 거부하며 빵빵 돌았듯이
주님도 나를 죽어라 뺑뺑이 시키셨던 교회
결국 나의 니느웨는 교회였지

어디로 가지?

내가 1부 성가대 지휘를 맡게 된다는 소문을 듣고
몇몇 찬양을 좋아하는 청년들이 주변으로 모이기 시작했다.
나는 외로웠던 기도실 생활을 벗어나서
그들과 함께 이야기도 나누고 찬양도 하며 즐거운 시간을 보냈는데
몇 주 후, 주보를 보니 1부 성가대 지휘자로
떡 하니 다른 사람이 발표된 게 아닌가?
나도 충격적이었지만 그나마 나를 따르던 몇몇 청년들이
당연히 나를 미친 사람 보듯이 보며 손가락질을 해댔다.
'어머나, 이 교회 담임 목사 혹시 미친 거 아냐? 미쳤나 봐.'
나는 저녁 예배를 마친 후 나를 보고 킥킥 웃어대며 혀를 차고 있는
사람들의 조롱하는 시선을 뒤로 하고 교회를 떠나야 했다.
창피해서 도저히 교회 안에서 있을 수가 없기 때문이었다.
'무슨 이런 일이 있어? 이 교회 담임 목사 미친 게 분명해.'
나는 본당 계단을 내려오며 생각했다.
앞으로 1분 이내에 저 앞에 보이는 교회 정문을 나가면 어디로 가지?
캄캄한 한밤중에 어린 딸을 데리고 주머니의 돈은 달랑 500원
앞이 캄캄하다 못해 아무런 생각도 나질 않은 채로 딸아이의 손을 잡고
멍하니 아주 느리게 교회 정문을 통과하기 세 발짝 전쯤
아득하니 정신이 멀어져 가는 그 순간, 누군가가 나를 부르고 있었다.

나를 불러 세운 사람은 찬양위원장 장로님이었다.

"이제 어디로 가시려고?" 묻길래 톡 쏘며 이렇게 대답했지

"왜 나에게 관심을 갖죠? 제가 어디로 가는 것이 왜 궁금한 거죠?

일단은 이 괴기스럽고 이상스런 교회 문을 빨리 나가야겠죠."

장로님은 나를 데리고 교회 뜰 구석 벤치로 데리고 가더니

이렇게 말하는 것이다. "담임 목사님은 이 집사를 추천했지만

목사님의 추천 만으로는 안 돼. 당회를 통과해야 하는 데 반대가 너무 많아.

당회를 통과해야 하는데 반대가 너무 많아 어디서 온 지도 모르고

과거도 출신도 모르는 사람에게 어찌 지휘자 같은 중책을 맡길 수 있느냐는 거지.

입장을 바꿔서 생각해 봐요. 안 그래?"

나는 마치 쌍스러운 잡상인처럼 저질스럽게 쏘아붙였다.

"누가 하겠다고 그랬냐고요~. 담임 목사가 묻기에 맡기시면 하겠다고 했는데

안 맡겼으니까 안 하면 그만이지. 누가 뭐랍디까? 별꼴이야."

장로님은 걱정스러운 듯이 "그러니까 어디로 갈 거냐고 묻잖아요."

나는 소리를 버럭 질렀다.

"내가 어디로 가든, 말든 당신이 무슨 상관이야 빌어먹을··

뭐 이런 미친 교회가 다 있어. 담임 목사도 제 정신이 아니고

당신들이 내가 어디 가든지 알 권리가 뭐야? 다 들 잘 먹고 잘 살라고·· "

하며 의자에서 벌떡 일어났다.

세 명의 장로님

그때에 내 마음이 어떠했겠는가?
내가 그렇게 벌떡 일어나서 밖으로 나가 버리는 순간
어디로 가야 할 지 모르는 막막한 상태인데
어린 딸은 배고프다며 '갈 곳도 없는 엄마'를 졸라대었고
1부 성가대 사건이 아니었으면 조용히 기도실에서 지낼 수 있었을 것을
공연히 성가대 사건 때문에 유명 인사(?)가 되어
교회를 떠날 수밖에 없게 된 것이다.
장로님은 벌떡 일어난 나를 주저앉히며
"혹시, 찬양단을 조직할 수 있나?"라고 물었다.
"여보세요 장로님 물어 보지만 말고 일을 시켜요. 왜 물어보기만 하는 거죠?
지난번에도 담임 목사가 자꾸 물어보기만 하더니 딴 사람을 임명했잖아요.
도대체 왜 그래요? 참 이상한 사람들이야~ 뭐 이런 교회가 다 있어. 정말 웃겨."
나는 화를 내며 소리를 냅다 질러댔다.
"오늘 밤 어디 가지 말고 교회에 있어요. 며칠 후 임시 당회가 있으니
그 때 당회에 건의해서 찬양단을 시작해 봅시다."
나는 찬양단이 뭔지도 모르는 상황이었지만
일단은 교회에 있으라는 말에 못 이기는척 그러겠다고
끄덕이고 기도실에 다시 머물게 되었는데
갈 곳 없는 나는 구사일생으로 교회에서 3일을 지냈다.

그 날밤 교회 문을 박차고 나갔다면 내 인생은 정말 달라졌을 것이다.
돌아보면 불쌍하고 위태로운 시간들을 지나왔다.
그러나 나에게 풀무통 뺑뺑이를 시키며 10년간 동행해 준 교회는
이 말세 시대에 마지막 피난처였다고 내 인생을 통해서 회고한다.

3일 후 장로님으로부터 연락이 왔다.
당회를 통과하고 나에게 찬양단을 맡기기로 했다고
그러나 반대가 너무 많아서 세 명의 장로님이 각서를 썼다고
지금 생각해 보면 참 신비한 일이다.
아무것도 모르고 힘겨운 시간 속으로 흘러들어 갔지만 생각해 보면
모든 길을 다 막아 놓으시고 오직 한 길만 열어 놓으셨던
주님의 섭리가 매순간마다 나와 동행하셨을 터

나는 '샬롬 찬양단'이라는 이름의 찬양단 단장이 되었다.
그러나 사실 나는 아무것도 모르는 상태였다.
연주자 반주자 성가대 성가곡이라는 이름들과는 친숙했지만
찬양, 찬양단‥ 이라는 말은 처음 들어 보는 말이었다.
복음성가 5~6곡 정도 아는 상태에서 나는 찬양단을 이끌어 갔다.

그 당시는 **주찬양선교단의 최덕신**이 왕성한 활동을 하고 있었으나
나는 최덕신이 누군지도 모르는 상태였다.

바보같이

왜? 그토록
오랜 시간이 걸렸을까?
바보같이

누구인가와 같이 오고 싶었다.
부단히도 골라대었다.
그 길이 외로울 것 같아서였겠지
힘들 것 같아서였겠지

그러나 아무도 동행할 수 없었다.

바보같이 정말 오랜 시간 동안 사람을 원했다.

더러움에게 같이 동행하자고
추함보고 왜? 나를 떠나려 하냐고
정욕에게 왜? 나를 무시하느냐고
미움에게 왜? 나의 사랑을 외면하느냐고
비굴하게 매달렸었지

미친 거 아니야?

3명의 장로님이 각서를 쓰고 나를 찬양단 단장으로 임명하고
교회는 나에게 4층에 위치한 약 15평 정도의 찬양단 사무실을 주었다.
비록 시멘트 바닥에 스티로폼을 깔았지만 기거할 곳이 생긴 것
나는 기도실과 찬양단 사무실을 번갈아 가며 숙소로 사용하며 안정을 취했다
기도실은 서쪽 4층이었고 찬양단 사무실은 동쪽 4층이었는데
기도실에서 기도하다가 딸내미가 칭얼대거나 사정이 여의치 않으면
찬양단 사무실에 와서 눈을 붙이곤 했다.

그러나 성도들은 나를 괴롭혔다. 그들은 이렇게 말했다.
'**저 여자 미친 거 아니야?** 뭐라도 해서 돈 벌고 먹고 살아야지
왜? 집이 없이 교회에서 사느냐' 는 것이었다.
맞는 말이었다. 그러나 너무 힘들고 괴로웠다.
나도 내가 왜 이런 식으로 살고 있는지 모르겠으니까
그래서 되도록 사람들의 눈에 뜨이지 않게 행동했다.
내가 교회에서 살고 있다는 것을 사람들이 잊기를 바랐다.

세차를 하다

'왜 주님은 내가 잘 하는 것을 시키시지 않을까?

돈 버는 것! 내가 잘 하는 그것! 그것을 시키지 않을까?'

시골이니까 연주 생활은 고사하고,

하다못해 레슨이라도 생겼으면 좋으련만

돈을 벌 수 있는 일은 전혀 생기지 않았고

'뭐라도 해서 돈 벌고 먹고 살아야지 왜? 집도 없이 교회에서 사느냐?'

맞는 말이지. 나는 어쩔 수 없이 효림이와 세차라도 하기로 결정했다.

첫 장소는 두 시간 거리의 어떤 아파트 단지.

그러나 차비도 만만치 않는 액수였다.

사람들이 출근하기 전까지 닦아야 하는 배정된 차량의 대수는 13대

그러므로 새벽 네 시부터는 차를 닦아야 하지만

두 번 타는 버스비를 아끼려고

한 시에 출발해서 세 시간 가량을 걸어다녔다.

일곱 살짜리 자는 딸내미를 깨워서 걸리기도 하다가 업기도 하다가

내가 세차를 하는 동안 딸내미는 차 옆에 골판지를 깔고 눕혀

재우곤 했지만 아무 군소리 없이 순종적이었던 딸

지금도 순종적인 딸내미

그때는 2월이었는데 12월이나 1월처럼 강추위는 아니었지만
물을 뿌려서 세차를 할 수 있는 날씨는 아니었다.
세차는 물을 뿌릴 수 없는 계절(겨울)에는 차 전체를 입김으로 닦는다.
훅– 훅– 입김을 세게 불며 오직 입김으로 차 한 대를 다 닦는 것이다.
상상조차 할 수 없는 일이며 여간 꼼꼼하지 않으면 닦아낼 수 없는 일
그렇게 입김으로 차 13대를 다 닦고 나면 어질어질 휘청휘청하다.

순진하고 철없는 딸내미는 그저 엄마와 있는 것이 좋아서
유치원이 뭔지 지금 상황이 뭔지도 모르고 열심히 엄마를 따라 다녔다.
유치원 가는 아이들의 손을 잡고 따라 나온 엄마들은
우리 모녀를 보며 슬픈 눈을 하고 바라 봤고
간혹 할머니들이 이런 말을 했다.
'쯧쯧‥ 이런 일 할 사람같이 보이지 않는데 어쩌다가‥'
그래도 하나도 슬프지 않았던 것은
돈을 벌 수 있다는 희망이 있었기에‥
교회 성도들 앞에서 떳떳할 수 있다는 기쁨 때문에
월셋방에 김치 쪽을 먹더라도
이제 방 한 칸을 얻을 수 있다는 기쁨에

그러나 그런 일은 일어나지 않았다
하나님은 내가 기거하던 냉골 시멘트 바닥 찬양단 사무실에서
내보내 주실 의향이 전혀 없었다.

인기여 안녕

4층 찬양단 사무실에서 기거하는 나로서는 참으로 어려운 점이 많았다.
예를 들면 우리 교회는 밤에도 철야 하는 사람들이 많았는데
1층 중앙에 있는 화장실을 갈라치면 사람들과 마주칠까 봐
갈 수가 없었다. **'이집사가 또 교회에 있다'** 고 수군대며 눈총을 주기 때문.
그래서 볼 일을 휴지통에 보고 새벽에 사람이 뜸할 때
화장실에 버리곤 했는데 컴컴한 계단을 오물이 든 휴지통을 안고
날마다 식은땀을 흘리며 내려가곤 했다. 혹시 성도들과 마주칠까 봐
머리도 단정히 빗고 옷도 외출복으로 갈아입고 휴지통 위에는
책을 한 권 얹어서 내용물을 눈치 채지 않도록 위장하고
그 컴컴한 계단을 밤마다 새벽 세 시만 되면 식은땀을 흘리며
내려갔다. 만약 실수로 오물통을 엎으면 어떻게 되겠는가?
그 깨끗한 교회 계단에 오물통을 엎고 그 냄새는 어떻게 할 거며
화장실에 사람이 있을 때에는 인사를 깍듯이 하고 변기에 앉아
사람이 다 나갈 때까지 기다렸다가 처리해야 했다.
변기에 앉아 꾸벅꾸벅 졸기가 일쑤였다. (아 그 고난의 세월들…)
찬양단 사무실에서 기거하던 7년간의 밤을 그렇게 보냈는데
왜? 교회에서 사느냐고? 왜 멀쩡한 사람이 놀고먹으면서 교회에서 기도만 하냐고?
그때는 도둑이 제발 저리다고 그 말들에 눌리고 찌그러져서
벌벌 떨었지만 지금은 두 눈을 똑바로 쳐다보고 이렇게 말할 것이다.
'너도 당장 교회에 나와서 기도해. 기도도 한 줄 안 하는 것이 잘난 척하기는.'
그때는 왜 그 말을 못했을까?
밤이고 낮이고 죽어라 기도하면서도 왜 그 말을 못했을까?

교회의 권위

어렵스레 찬양단 단장이 되었지만 나는 성도들의 반대에 부딪치기 시작했는데
그도 그럴 것이 노래라고는 해 본 적이 없는 내가
찬양 인도자가 되었으니. 한두 달이 지나자 성도들은
찬양 시간에 참석하지 않고 교회에 일찍 나와도 벤치에 앉아 노닥이다가
예배가 시작하면 예배실로 들어오곤 했다. 어렵스레 당회 결정으로
사람을 세웠으나 교회는 찬양단이 큰 시험거리가 된 것.
하늘에 구멍이 날 정도로 하늘을 찔러대던 자존심의 소유자였으나 무용지물
차라리 길바닥에 나 앉더라도 치사한 꼴이라고는 볼 수 없었던 높은 자존심.
그 우아한 자존심은 바닥에 처박힌 채 그저 뻔뻔함으로 하루하루를
살아갈 뿐이었다. 교회는 술렁대기 시작했고
당회와 담임 목사님은 곤란에 빠졌다.
4대째 믿음의 가정에서 자랐으므로 교회는 공기나 물처럼
조상 대대로 내려오는 친근한 곳. 절대 교회를 의심해 본 적도,
교회를 떠나 본 적도 없었지만 사실은 교회가 어떤 곳인지도
잘 모르는 채로 교회에 다녔다. **그러나 교회는 특별한 곳이었다.**
찬양단을 세웠으나 큰 시험거리가 되어 버려
술렁대는 성도의 반대에 대해 당회는 그런 성도들을 교육하기 시작했다.
교회가 세운 사람은 하나님이 세운 사람이라는 것.
그것은 움직일 수 없는 사실이라는 것. 나에겐 충격적인 말이었다.
당회는 권위 있게 성도들을 가르치기 시작했다.

아름다움

아름답다는 것
피부 한 꺼풀의 이야기
그러나 아름다운 삶은
보이는 것과는 달리
뒷이야기가 너무
치열하고 지저분하다.

아름다움을 만들기 위한
치열한 내면과
지저분한 비즈니스는 결국
표현되지 않는 걸까?

나는 간혹 TV에 나오는
예쁜 연예인의 미소 속에서
그 치열함의 고통을 읽는다.
아름답게 웃고 휙 하고
돌아서는 향기 뒤의
씁쓸하고 고독한
여운을 읽는다.

예쁘게 웃으며 찍은 사진들은
여지없이 쓰레기통으로 내버려졌다.

이제는 혼자서 킥킥 웃으며
즐거워할 사진이 없다.

예쁜 얼굴을 지향하는 사람의 외모가 사람들에게
예쁘게 보여질 것은 당연한 정답이지
외모에 대한 질 높은 기획이
따로 있어야지 그러면 누구나 예쁘지

나에게는 상황이 맞질 않아
포기하기로 한다.

아직은 젊음을 포기하기 어려웠던
아직은 꽃다운 나이
38세 ··

구원의 방주

교회는 분명히 아주 특별한 곳

우리 사람의 뜻으로 하나님이 세우신 사람을 왈가왈부할 수 없다는 것.

성도들의 지지를 받고 있지 못해도 하나님은 영광 받고 계신다는 것

교회는 하나님이 세운 사람을 지켜 주는 입장을 고수했다.

나는 교회를 통한 하나님의 사랑을 맛보고 있었던 것

물론 장로님들은 개인적으로 나를 무지하게 싫어했으며

교회 복도에서 나와 마주치면 쌩~ 하고 고개를 돌리곤 했다.

그건 나를 지지하시던 담임 목사님도 마찬가지였다 .

스트레스 받은 얼굴로 나를 시시하게 쳐다보고 지나가시곤 했지만

그러나 그 분들이 '당회'라는 이름으로 모이기만 하면

나는 곧바로 하나님이 세우신 사람이 되는 것이다.

그렇게 반대하면서도 당회만 열리면 찬양단 안건은 100% 통과했다.

이 부분이 지금도 내 인생을 끌고 가시는 하나님의 은혜이다.

하나님이 지키시므로 아무도 나의 약함을 건드릴 수 없다는 것을 알았다.

말하자면 나를 반대하는 것은 마치 **나를 헷갈리게 하는**

환경이나 착시 현상 정도로 생각하면 되는 것이었다.

나는 그 이후 진짜배기 신앙생활에 입문하게 되었고

아 주님이 나를 지켜 주시는 구나

아 주님은 나의 일거수일투족을 보고 계시구나

교회 사랑, 주님 사랑

나는 드디어 주님을 사랑하기 시작했다.
그때부터 나는 주님을 만나며 주님과 대화하고
주님을 아끼고 사랑하며
주님밖에 모르는 사람이 되어 갔다.
부모도 나를 책임 있게 양육하지 못했고
남편도 나를 책임 있게 사랑하지 못했다
형제도 나를 사랑하지 못했고, 이웃도 그랬지만
나의 인생 전체를 비단 보자기에 싸서
거뜬하게 들고 계시는 주님을 경험한 것이다.
교회는 주님의 마음으로 나를 사랑해 주었다.

"이집사가 인간적으로는 믿을 수 없고 삶이 다소 문제가 있어 보이지만
이집사의 삶 속에서 신앙적 흠을 찾을 수는 없습니다."

나를 죽음의 문턱에서 구해 주고 밤에는 불기둥
낮에는 구름기둥으로 하나님의 시간 속에서
신비한 일들이 일어나고 있었다.
실제로 장관처럼 눈앞에 펼쳐지는 불기둥과 구름기둥
그리고 인간의 약함을 넘어서는 실질적인 신앙
지금도 나의 하루하루를 만들어 가시는 날 사랑하시는 주님

교회를 배우고

찬양단 40명을 데리고 얼떨결에
청년회로 들어갔다
청년회와 찬양단은 상부상조하며
자라가기 시작했고
나의 청년 사역의 첫걸음은
그렇게 시작되었다

예배실 풍경

예배실 풍경은 이랬어
착하게 일찍 나와서 예배실 맨 뒤쪽의 겸손한 자리에 앉아
기도해 주는, 단순하고 깨끗하게 교회를 사랑하는 열혈 성도들
오른쪽 앞쪽에는 찬양팀에 관심이 있는 대학부와 청년들
맨 뒤에는 시커먼 양복을 입고 죽-- 줄을 지어 서 있는 10명의 부교역자들
왼쪽 앞줄 장로석에 앉아 있는 20명의 당회원들
맨 중앙 로얄석에 앉아 있는 안수집사 무리와
그 외 교회 중책을 맡고 있는 교회의 계란 노른자들

나를 제일 못마땅하게 생각했던 사람들은
한 달에 한 번 찬양대에 서는 300명 가량의 우아한 자태의 연합 성가대였지
교회의 계란 노른자들의 가족들로 구성되어 있었기에
연합성가대.. 그들은 단체로 몰려 있는 적군의 무리처럼
느껴졌으며 그들은 눈에 불을 켜고 나를 주시했지 "**걸리기만 해 봐~**"

사실 그때까지는 갈 곳이 없었기에 교회가 시키는 대로
찬양단을 하고 있는 상태였을 뿐이었지만 나는 그곳이 풀무통인지도
모른 채로 10년간의 죽음과 같은 연단으로 들어가는 장면
뜨겁디뜨거운 **사막과 같은 불같은 연단의 교회 생활**이 시작되면서
사람들이 나를 너무도 싫어하며 노골적으로 고개를 돌리고
이건 아니야.. 삶의 다른 방법을 찾아야겠다는 위기감이 들었어
찬양단이 인기가 없으니 모집을 해도 겨우 두세 명 정도 모이고
아--- 나는 이 상황에서 도망하고 싶었지
돈이 생기는 일도 아니고 명예가 생길 것 같아 보이지도 않고
찬양단이라고 만들었지만 '아마추어의 삶'에 붙들려 있을 필요가
없었으나 탈출구는 전혀 나타나 주지 않았다.
하다못해 식당 아줌마라도 해서 월세 단칸방에서 물 말은 밥에
김치 쪽을 먹더라도 떳떳하고 자유롭게 살고 싶었어.
그러나 도대체 이게 뭔가? 죽어라고 찬양단 일을 해도 돈이 생겨서
생활이 개선되는 것도 아니고 계속 욕이나 먹고
이다지도 어려운 하루하루를 언제까지 살아야 하지?
그러나 세상에서 제일 무서운 것이 하나님의 섭리
하나님의 섭리는 굵은 강물처럼 소리 없이 유유하고 도도히 흐를 뿐

동생이 소리 없이 떠나고 나는 교회로 찾아가고
담임 목사님을 만나고 세 명의 장로님이 각서를 쓰고
노래도 못하는 나를 찬양단 단장으로 임명하고
이 모든 과정이 충분히 이해가 가는 일인 것이다.

청년

사막과 같이 어렵고 뜨거운 상황 속에서 또 한 번의 구사일생으로
만난 환경이 있었으니 갑자기 찬양단을 하겠다고
청년들이 밀려들어 오기 시작하는 것 아닌가?
그들은 나처럼 노래도 할 줄 모르는 아이들이었고
교회에 발을 붙이지 못하고 주변만 맴돌던 새 신자 청년들이었다.
갑자기 단원이 불어나면서 서너 명이던 찬양단이 40명으로
세팅되었다. 우리는 청바지에 흰 티셔츠를 입고
반주팀을 구성해서 찬양단의 외형을 갖추었고
그러나 반주팀이라고 해 봐야 꼴랑 중고생 몇 명. 부모님 말씀도 잘 안 듣고
공부도 안 하며 교회에서 괜히 돌아다니는 애들이었다.
건반도 겨우 치는 애. 드럼도 겨우 치는 애.
베이스도 겨우겨우 치는 중학생들. 그동안 그래도 프로페셔널로
살았는데 이 아이들을 데리고 뭘 할 수 있겠는가?
한숨이 푹푹 나왔다. 나는 다만 사람들의 반대와 질타에서
벗어나 보려고 죽을 힘을 다하고 있는 것 뿐.
여기는 시골이니까 무늬만이라도 찬양단의 외형을 갖추고 대충 시간을 보내야겠다는
생각이었다. 나는 예배실 강대상을 치우고 교회 내에 있는 악기들을
총동원해서 그럴듯한 무대를 만들었고 단원들에게 단체복을 입혔다.
교회 계란 노른자들은 깜짝 놀라는 눈치였다. 나는 탄력을 받아
프로페셔널 한 진행을 해 나갔다. 그러나 그것은 눈 가리고 아웅~ 할 그림을
만드는 것뿐이었다. 부산은 서울보다 찬양 문화가 10년 가량 뒤떨어져 있었고
지금의 찬양단 세팅으로도 신선한 충격이 될 수 있었다.

나로서는 갑자기 몰려 들어온 40명의 찬양 단원 때문에
구사일생으로 근근이 살아가고 있었는데 반대편에서는
또 이상한 상황이 벌어지기 시작했다.
교회 내의 대학부가 반기를 들고 일어나기 시작하는 것 아닌가?
대학부는 당연히 교회에서 가장 상위그룹이었고
가장 앞서가며 교회가 가장 귀하게 여기는 왕자님 공주님 그룹이었다.
그들은 찬양단원의 자격을 운운했다. 오디션을 보아야 한다는 둥
훈련 코스를 신설해서 그 과정을 마친 자들을 찬양 단원에 임명하자는 둥
나는 그 당시 사역자의 마인드가 아니었기 때문에
일을 그렇게 복잡하고 어렵게 풀어 갈 마음이 전혀 없었다.
나는 코 방귀도 안 뀌고 40명의 찬양단원들과 찬양단 살림을 시작했다.
대학부는 찬양위원회에 건의를 하고 난리가 났다.
그러나 하나님의 하시는 일은 또 전혀 달랐다.

우리 교회에는 그루터기라는 청년회가 있었는데
청년회에는 전혀 참석하지 않는 낯선 청년들이 찬양단에 40명씩 몰려 있으니까
남이 보기에 외관상 찬양단이 청년회처럼 보이질 않겠는가?
청년회 담당 목사님이 가만히 생각을 해 보시니까
찬양단을 청년회가 접수하는 것이 좋겠다고 판단.
나를 청년회 간사로 임명했다.
나는 찬양단 40명을 데리고 얼떨결에 청년회로 들어갔다.
청년회와 찬양단은 그렇게 상부상조하며 자라가기 시작했고
나의 청년 사역의 첫걸음은 그렇게 시작되었다.

동지

마침 청년회 담당 정 목사님은 구제위원회를 맡고 계셨는데
덕분에 10년간을 월 20만원씩 구제위원회를 통해서 공급받을 수 있게 되었다.
정 목사님이 담당하시는 구제 관련 봉사들에 청년들을 훈련시켜
역동적으로 활동하기도 했다. 정 목사님과 나는 한 배를 타게 되었고
목사님은 교회 내에서 나의 편이 되어 주시기 시작했다.
동지는 한 배를 타게 된다. **그리고 서로가 발이 묶이게 된다.**
함께 가지 않으면 한 발자국도 갈 수 없는 상황으로 만들어진다.
망망대해에서 절대 도망갈 길도 없고, 서로가 서로를 지켜 주고
세워 주어야 자신도 살 수 있는 운명적 만남을 하게 되면 '동지'인 것이다.

정 목사님은 당연히 청년회를 위해서 또한 간사인 나를 위해서
부교역자들을 설득하기 시작했고 부교역자들은 돌아섰던 마음들을
돌이켜 새로운 시각으로 나를 지켜보기 시작했다.
그 이후 나는 부교역자들이 맡은 각각의 부서에 투입.
마치 '깍두기'처럼 관련 있는 일들을 하게 되었는데
유치부 담당 목사님이 요청하면 유치부에 가서
초등부 담당 목사님이 요청하면 초등부에 가서
부교역자들이 요청하면 곧바로 달려가서 봉사하곤 했다.
급기야는 교역자 회의에까지 참석해야 하는
중책을 맡은 입장이 되었고 교회는 나에게 **사택**까지 얻어 주게 되었다.

평신도로서는 있을 수 없는 일들이 일어나고 있었던 것

또 기적적인 것은 부교역자들에게 내가 없어서는 안 될 존재가 되자
부교역자 모두가 건의해서 찬양단 예산 중에서
이 집사에게 사례를 지급하자는 결정이 났고 나는 이후 생활의 걱정을
하지 않고 봉사할 수 있었다. 교역자들에게는 내가 있어야 했고
나에게는 그들이 있어야 했으며 이것은 거의 운명과 같았다.
교역자들은 나를 자기 부서에서 돌아가면서 편리하게 사용할 수 있었다.
똑똑한 교역자도 있었고 휴머니스트도 있었으며
잔인한 교역자도 있었고 심성이 못된 교역자도 있었다.
내가 상대하기에는 평신도나 장로보다는 교역자가 10배 이상 쉬웠다.
목표가 같기 때문이었다. 그것은 운명이었다.
우리는 서로 동지라는 것을 잘 알고 있었으며 서로의 개인적인 삶의 질과
관계없이 죽어라 봉사하며 그렇게 2~3년이 지나니
어느덧 나는 많이 자라서 하나님 나라의 영광을 위해 목숨 걸고 일하고 있었다.
나는 교역자들의 사랑을 온 몸으로 받으며 점점 쑥쑥 자라가고
있었고 그들은 당회와 성도 사이에서 나를 지켜 주는
든든한 방패막이가 되었다. 내가 그렇게 살 수밖에 없었던 것은
나에게 남은 것은 몸뚱아리 하나뿐이니
죽어라 일을 해야 한다고 생각했었고 아마 강한 생활력으로
현실을 빠르게 읽고, 상황 파악을 했던 것 같다.
교회는 나에게 죽도록 충성하라고 가르쳤고
나는 충성하다가 죽을 각오로 충성했다.
'충성'에 대해서 프로페셔널 하고 싶었기 때문이기도 했고
빼도 박도 할 수 없는 이 상황에 **올인** 할 수밖에 없다는 판단.

오른손, 왼손

하나님의 부르심 앞에서 사사건건 토 달고 얄밉게 피해 다니던 내가
그렇게까지 단순, 무식해져서 돌쇠처럼 우직하게 일을
할 수 있게 되리라고는 정말 몰랐다.
분명히 알게 된 것은 교회와 나는 특별한 관계라는 것
지금도 나는 교회를 보면 방주로 보인다.
지금도 나는 교역자를 보면 나를 쑥쑥 자라게 할 사람들로 보인다.
그리고 그런 일들이 실제로 종종 일어나곤 한다.
교회 사역 중에 내가 배운 것은
'오른 손이 하는 일을 왼손이 모르게 ‥'
조금이라도 잘난 척 하면 몽둥이찜질 같은 질책이 가해지던 시댁 어른 같은
층층시하 조직의 쓴맛이 기다리고 있었다.
"우리가 우리를 살폈으면 판단을 받지 아니하려니와
우리가 판단을 받는 것은 주께 징계를 받는 것이니
이는 우리로 세상과 함께 정죄함을 받지 않게 하려 하심이라."(고전 11:31-32)
줄줄줄--- 슥슥슥--- 미친 듯이 작곡을 하고 있었지만
나 같은 가난뱅이가 어느 세월에 이 악보들로 음악을 만들 수 있을까?
어느 세월에 반주가 만들어져 노래를 부르고 사람들의 귀에 들리는
영혼의 찬양으로까지 알려지게 된다는 말인지
책상 위에 널려 있는 수백 곡이 적혀 있는 오선지가
나에게는 아무 의미 없다는 생각뿐이었다.

이런 일도 있었다. 찬양단 단장이 되고 찬양 예배 인도도 하고
찬양 작곡도 하니까 사람들을 만나면 나의 비전에 대해서 말하곤 했다.
그러나 나와 친분이 있던 00대학교 교목실의 이00 강도사님이 하시던 말씀
"집사님, 평소에 주변에서 뻥쟁이라는 말.. 들으시는 편이죠?"
이건 또 무슨 소린가? 정말 깜짝 놀랐다. 이00 강도사님은 나와 친분이 있는 분이신데 저 정도로 말하는 것을 보면 다른 사람들은 나보고 '미쳤다'고 하겠구나. 나의 비전이 세상에 알려진다는 것은 세월이 상당히 많이 걸릴 일이구나
사람들에게 함부로 이야기하다가는 시험만 들고 좌절에 빠져서시작도 못하겠구나.
그 이후 나는 사람들에게 비전에 대해 말하지 않았다.
"집사님, 평소에 주변에서 뻥쟁이라는 말.. 들으시는 편이죠?" 이 한 마디 때문에..
비로소 오른손이 하는 일을 왼손이 모르게 할 줄 알게 된 것이다.

동일한 마인드를 가진 사람일 경우에만 내 마음과 내 계획을 나누었고
만약 실수로 비전과 상관없는 이에게 발언했을 경우에는
"집사님, 평소에 주변에서 뻥쟁이라는 말.. 들으시는 편이죠?
100% 시험에 들었고 좌절을 만났다.
그런 경험을 수도 없이 했고 그들이(사람이나 단체) 주는
시험과 좌절에 엎어져 무릎도 못 펴고 주저앉은 것이
하루 이틀의 이야기가 아니다.
항상 그저 오른손이 하는 일을 왼손이 모르게..
귀신도 모르고 나도 모르게

욕망의 뿌리

나를 그리도
힘들게 했던 나의 욕망은
정체불명
잘라도 잘라도 잘라지지 않았던 정체불명
질기고 질긴 나의 욕망의 뿌리는
또 다시 살아나서 시뻘건 열매를
맺어 놓곤 했지

그러나 결국은 찾았어
그것의 정체는 부모님의 욕망
아버지의 뼈에 사무친 욕망
어머니의 가슴시린 욕망

드디어 욕망의 뿌리를 찾아
땅속 깊이 박힌
뿌리를 드러내어 뽑아 버렸지

비로소 나는 하나님과 함께 있을 수 있었어
그러나 부모님의 얼굴에는 수심이 가득했지

찬양 인도자

찬양단 단장으로 임명 받은 후

나는 찬양 인도자가 되었다 상상할 수 없는 일이 일어난 것

노래라고는 전혀 못하는 내가 찬양 인도를 하기 시작하게 되다니

매 주일 밤 찬양 인도를 할 때면 예배실에 앉아 있는 성도들을 바라보면서

"뭣 땜에 스피커로 나가는 한심한 나의 노래 소리를 못 알아들을까?"

서울에서는 접해 본 적도, 꿈도 꿔 본 적도, 하고 싶은 적도

전혀 없었던 정말 쌩뚱 맞은 일이 일어난 것

그 느낌은 이랬다. **항상 바보가 된 느낌**

접해 본 적도, 꿈도 꾸어 본 적도, 하고 싶은 적도 전혀 없었던 일이기에

항상 바보가 된 느낌일 수밖에

'왜 주님은 내가 잘 하는 것을 시키시지 않을까?

돈 버는 것! 내가 잘 하는 그것! 왜? 그것을 시키지 않을까?'

잘 하는 것인지 잘 못하는 것인지도 모르고 그냥 계속했다

하나님께서 시키시는 것인지는 알았으니까··

정말 힘들었다. 몰라서 힘들었다.

캄캄해서 힘들었고 뭐가 뭔지 몰라서 힘들었다.

그러니까 하나님이 하신 일이지

주님은 훈련 받지 않은 나 같은 멍청한 사람도 쓰시더라니까

그래서 나는 인간이 '뭘~ 잘하네~ 못하네~' 는 관심이 없다.

중요한 것은 오직 주님의 주권이 있느냐? 없느냐? 일뿐

뮤지컬 팀

어느 날부터 나는 급기야
마른 막대기와 같은 내가 춤을 추기 시작했는데
정말 신기한 일이었다.
나무토막 같이 뻣뻣하던 내가 춤을 추는 것
워십을 하기 시작한 신비
젊디젊은 찬양 단원들의 틈바구니에서도
춤은 내가 가장 잘 추었다.
사람들은 나의 워십에 은혜를 받기 시작했고
관심을 보이는 사람이 많아졌다.
안무도 해 주고 권사님들에게 춤과 율동을 가르쳐 주었으며
나는 교회 내에 뮤지컬 팀을 조직했고
교회 내의 큰 행사에 참여하면서
교회 밖 행사에도 참여하기 시작했다.
우리 교회의 뮤지컬 팀은 고신교단 전체에서 유명한 팀이 되어
고신교단 행사와 특히 미션 대학의 공연 채플에도 활동하게 되었다.
교회에 발을 들여 놓은 지 7년 후의 일이다
결국 우리 팀은 교회의 복덩이가 되었고
당회의 사랑과 교인들의 사랑을 듬뿍 받는 팀이 되었다.
성도들은 손을 걷어붙이고 참여해 주었고
나는 교회와 교인들의 사랑을 먹고 성장하고 있었다.

전도

여름성경학교 때에는 3박 4일 동안 연속극 드라마를 공연했다.
첫 번째 작품은 '지훈이의 꿈'이라는 작품이었는데
시나리오를 쓰고 작곡을 하고 찬양단원들 데리고 녹음을 해서
연속극 식으로 공연을 했다. 매일매일 연속극을 하니까
성경학교 홍보에 큰 도움이 되어 성경학교 붙박이 공연이 되었고
노회 안에서 성공 사례로서 타 교회에 공연을 다니기도 했다.

주일 아침 교회학교가 시작하는 시간쯤에
TV에서 만화 영화를 하기 때문에
아이들이 만화 시간에 붙들려 교회학교에 오지 않길래
'어린이 조찬 기도회'를 개설했다.
많은 반대에 부딪혔지만 목숨 걸고 진행했다.
메뉴는 주로 아이들이 좋아하는 떡볶이 만두 빈대떡 떡국 감자튀김
결국은 성공하게 되어서 주일학교에 엄청난 부흥이 일어났다.

나는 어린이 전도대장들을 뽑아 골목골목 다니며
사과 박스를 놓고 설탕 뽑기 장사도 하고
붕어빵 리어카를 대여해서 붕어빵 장사도 하며
오직 전도하기 위해 골목을 누볐다.

원 없이 전도해 보았다.

미치도록 좋다

미치도록 좋다. 미칠 것만 같다.
이곳에는 모든 것이 다 있다.
와 보니 두고 온 것들은 아주 작게 보이고
다가서서 가까이 보이는 것은
훨씬 크고 확대되어 보인다.

내가 두고 온 것들은
확실히 가치 없는 것들이었다.
그 가치 없는 것들을 붙잡고
울고 웃고 싸우고 집착하고

두고 온 것들은 배설물
먼저 도착한 바울 사도가 말했던 배설물

열렸다.
어떤 것도 욕되지 않고
어떤 것도 당당하며
어떤 것도 주님의 것인

그 땅에 들어왔다.

28.외줄 타기 하나님을 위해 나를 사랑해야지

"몇 년 걸렸어요?" "50년이요" "와 짝짝짝"

롯의 처

롯의 처가 소돔으로 뒷걸음을 친 적은 없지
다만 그녀는 뒤를 돌아다보았을 뿐
그녀는 불타는 소돔성에
버리고 온 것들을 돌아다보았을 뿐
오던 길을 되돌아
불타는 소돔 성으로 돌아간 건 아니다.
.
그러나 이런 생각이 들기도 한다.
.
만약 롯의 처가 소금기둥이 되지 않았다면
다음 날 아침 밤새 불타 버린 소돔성에 찾아가
쓰레기 소각장에 주저앉아
좀 쓸 만한 물건이 없나 하며 뒤적거리지 않았겠는가?
과연 롯의 처는 '소금 기둥'이 될 만했지

외줄 타는 사람들

가끔씩 외줄 타는
사람들을 만난다.

정말 아슬아슬하다.

그들은
줄 하나에 목숨을 맡겼다.
줄이 두 개 세 개 있는 사람들은
외줄 타는 사람들을 보고
혀를 찬다.

그러나 동료를 만날 때도 있다.
그들은 서로에게 웃음을 보내 주고
박수를 친다.

"몇 년 걸렸어요?" "50년이요."

와·· 짝짝짝··

또, 뒤집기

찬양단과 뮤지컬 팀은 성공 가도를 달리고 있었다.
교회 안팎으로 칭찬을 받기 시작했고 프로페셔널 팀이 아닌
교회에 소속된 찬양 팀의 눈부신 발전으로
교단은 고무되기 시작했다.
찬양팀은 교회 밖 활동으로 사례까지 받고 활동하게 되었고
그로 인해 팀의 재정은 풍족했고 교회도 물심양면으로 밀어 주었다.

나에게 이 부분이 아주 중요했던 한 가지는
'죽도록 충성하니까 상식을 넘어선 축복이 기다리고 있다.' 였다.
7년 만에 이루어 낸 열매이기에 정말 행복했다.

이제 하산해야 하나?

찬양단 사역에 별 어려움이 없을 즈음 그런 생각이 들었다.
'이제 하산해야 하나?' 라고 생각할 때 쯤
또 한 번의 하나님의 뒤집기가 시작되었지

지역적으로 경상도에 위치한 보수교단인 고신은
경상권이 가지고 있는 남존여비 사상의 탓인지
여성의 활동이 제한되어 있었는지
그런데도 불구하고 평신도인 내가 이마만큼 활동할 수
있었다는 것은 '기적'이기 때문에 가능했던 일

갑자기 나의 자격이 또 다시 운운되기 시작했으니
아니‥ 이게 무슨 일이람‥
나는 초창기 때 어려운 일들을 이미 겪은 터라
묵묵히 지나가기로 마음먹고 흘려들었다.

어느 날 나와 절친한 장로님 두 분이 나를 찾아왔다.
나를 찾아오신 이유는 이것이었다.

"이 집사가 교회를 위해서 죽도록 충성하는 것을 알지만 너무 커버렸어.
더 이상은 클 수가 없고 이젠 목회자에게 내주어야 해.
이 집사가 신학 공부를 하고 전도사가 되면 다시 시작해‥"

이 말씀은 뭐야?

나도 충분히 이해가 가는 말이었지만 받아들이기기는 힘이 들었다.
이제까지는 완전 반대의 생각으로 살아왔기 때문
오직 말씀으로 인도되었고 그래서 여기까지 올 수 있었고

"형제들아 너희를 부르심을 보라 육체를 따라 지혜로운 자가 많지 아니하며
능한 자가 많지 아니하며 문벌 좋은 자가 많지 아니 하도다
그러나 하나님께서 세상의 미련한 것들을 택하사
지혜 있는 자들을 부끄럽게 하려 하시고
세상의 약한 것들을 택하사 강한 것들을 부끄럽게 하려 하시며
하나님께서 세상의 천한 것들과 멸시 받는 것들과
없는 것들을 택하사 있는 것들을 폐하려 하시나니
이는 아무 육체도 하나님 앞에서 자랑하지 못하게
하려 하심이라."(고전 1:26-29)

에게? 이게 끝이야? 이렇게 끝나는 거야?
그러면 이 말씀은 뭐야?

나 어쩌지?

머리가 꼬일 것 같이 뒤숭숭했다.
뭐가 뭔지 모르겠는 채로 하루하루 지나고 있었는데
찬양위원회가 소집되었고
각 찬양대 지휘자, 반주자, 대장들 20명 가량이 모였다.
찬양위원장 장로님은 미안하니까 빠지시고
누군지 잘 모르겠는 인상 험악한 안수집사라는 분이
말을 시작했다. 다소 험악한 말들이 오고갔다.

"장로님들을 통해서 그 쯤 말했으면 알아들으서야지
이 집사님 무슨 말인지 못 알아 들으셨습니까?"

"교회가 사업하는 것도 아니고 목회자에게 내주다니 그게 뭐죠?
주님께서 그러라고 말씀하셨나요?'

"아니 이 집사. 못 알아듣는 겁니까? 못 알아듣는 척 하시는 겁니까?
이제 능력 있고 실력 있는 사람에게 내주세요. 혼자서만 꿰차고 그러고 있지 말고‥"

알고 보니 우리 교회 본성가대 지휘자로
모스크바에서 연주학 박사가 오게 된 것
연주학 박사가 찬양단을 보고 욕심이 난 것
교회적 위치로 보나 학위로 보나 훨씬 월등한 그가
찬양단 단장의 자격을 운운하게 되었고 결국 그가
찬양단 단장으로 임명되게 되었던 것이다.

'나‥ 어쩌지? 어디로 가지?"

자격이 없다

자격이 없다는 것이다.
전도사도 아니고 목사도 아니면서
어찌 그런 대우와 사랑을 받고 있느냐는 것
인간적인 자격도 없다는 것이다.

가정도 부실하고
학력도 부실하고
전도사 자격도 안 되고
재정도 마이너스 상태고
자녀 양육도 본이 안 되고

어떤 것 하나 존경 받을 만한 것이 없다는 것이다.
그런 자가 어떻게 지도자의 위치에 있느냐는 것이다.

나는 모기만한 소리로 배운대로 아는대로 대응했다.
"주님께서 교회를 통해서 세워주셔서 했구요
처음부터 자격은 없었습니다. 그래서 하기 싫었다구요
그러나 주님이 하게 하셨어요. 여러분도 다 아시잖아요.
내 힘으로 한 것이 아니라는 것을‥
그리고 주님 앞에서는 그 어떤 것도 할 수 없다‥라고 말해서는 안 되는 것을‥"

"만일 죽은 자가 다시 살아나는 일이 없으면
그리스도도 다시 살아나신 일이 없었을 터이요
그리스도께서 다시 살아나신 일이 없으면 너희의 믿음도 헛되고
너희가 여전히 죄 가운데 있을 것이요
또한 그리스도 안에서 잠자는 자도 망하였으리니
만일 그리스도 안에서 우리가 바라는 것이 다만 이 세상의 삶뿐
이면 모든 사람 가운데 우리가 더욱 불쌍한 자이리라
그러나 이제 그리스도께서 죽은 자 가운데서 다시 살아나사
잠자는 자들의 첫 열매가 되셨도다."(고전 15:16-20)

주님 앞에서 "할 수 없다.."고 "하기 싫다.."고 그렇게 말하면 안 되잖아요
주님이 직접 하실 거니깐 인간은 그런 말 하면 안 되는 거잖아요.
제가 지금 여러분과 주님 앞에서 "할 수 없다.."고 말해야 하는 것인가요?
주님이 보시는 앞에서 그렇게는 할 수 없습니다.
당회를 통해서 결정해 주시면 주님의 뜻으로 알겠습니다.

사람들은 혀를 차며 돌아섰다
'자격도 없는 것이 잘난 척 하기는.. 이 집사 너무 많이 컸어.'

그래 너희들이나 나나 자격 없기는 마찬가지지

주님, 어찜 이러실 수가

'주님, 어찜 이러실 수가 있으신가요?'

그 연주학 박사는 기존 찬양단을 몽땅 해산시키고
새로운 단원으로 세팅을 했다.
'사역.. 사역.. 훈련.. 훈련..' 하면서 자격이 없다는 것이다.
동고동락하던 찬양 단원들은 교회의 군중 속으로 다 숨어버렸다.

'주님, 어찜 이러실 수가 있으신가요?'

나를 반대하던 소수의 사람들이 갑자기 불일 듯 일어나기 시작했고
마치 내가 처음 교회에 발을 들여놓았던 그때처럼
나에 대한 야유를 퍼붓기 시작했으며
그리고 그들은 연주학 박사와 함께 **새로운 찬양단원**이 되어
새로 세팅된 멋진 악단과 함께 신나게 찬양하고 있었다.

'주님, 어찜 이러실 수가 있으신가요?'
'주님, 이게 뭐에요? 이게 끝인가요?'

마지막 인사

그 동안 너무나 행복 했습니다.

저는 주님 앞에서 '할 수 없습니다.'라고 말하지 않으렵니다.

처음부터 저는 할 수 없었던 일이기 때문입니다.

그러나 지금껏 주님이 하셨기 때문입니다.

'당신들이 저를 자르십시오.'

사람에게 잘리는 것은 상관없습니다. 사람은 원래 그러니까요

그러나 주님은 저를 자르지 않으신다는 것을 저는 잘 압니다.

부활하신 주님 앞에서 '할 수 없다'라고 말 할 수 없는 이유입니다.

인간적으로 가치 없고 자격 없는 저를 자르십시오

저는 정말 자격이 없으니까요

자격 없다면서‥ 저를 잔인하게 자르셔요

자격 없다는 말은 '주님이 쓰시는 용어' 가 아닙니다.

그래서 상관없다는 것입니다.

여러분은 여러분의 뜻대로 저를 자르시면 됩니다.

제 입에서 할 수 없다라는 말을 들으실 수는 없을 것입니다.

그동안 주님 때문에 행복했습니다.

주님은 여전히 저를 받아 주실 것입니다.

저는 이 다음 장면을 확실히 아니까요.

또, 꿈을 꾸다

"마귀의 간계를 능히 대적하기 위하여
하나님의 전신갑주를 입으라
우리의 씨름은 혈과 육을 상대하는 것이 아니요
통치자들과 권세들과 이 어둠의 세상 주관자들과
하늘에 있는 악의 영들을 상대함이라
그러므로 하나님의 전신갑주를 취하라
이는 악한 날에 너희가 능히 대적하고
모든 일을 행한 후에 서기 위함이라
그런즉 서서 진리로 너희 허리띠를 띠고
의의 호심경을 붙이고 평안의 복음이 준비한 것으로
신을 신고 모든 것 위에 믿음의 방패를 가지고
이로써 능히 악한 자의 모든 불화살을 소멸하고
구원의 투구과 성령의 검 곧 하나님의 말씀을 가지라"
(엡 6:11-17)

하나님의 전신갑주를 입지 않는 한
마귀는 나를 향해 달려든다.
나의 더러움 속에 스미기 위해
호시탐탐 나를 노리는 것이다.

꿈속에서 강도가 들어왔다.
거실에서 누워 있는 나에게 긴 장총을 턱 가까이 대고
나를 위협하더니 나에게 총을 쐈다.
나는 몇 발의 총알을 맞고 쓰러졌다.
그 꿈을 되뇌이며 며칠을 묵상한 끝에
예배 중 말씀으로 주님은 나를 만나 주셨다.
에베소서에 쓰여 있는 전신갑주에 대한 내용이었다.

'공격용 무기는 있는데 방어용 무기가 없는 나…'
꿈속에서 총알을 맞은 곳은
방어용 무기를 착용해야 하는 부분이었다.
나는 공격용 무기는 있었지만 방어용 무기가 없었던 것

그렇게 나는 10년간의 부산생활을 청산하고
서울로 오게 되었다.
당연히 서울에서는 방어용 무기를 착용하기 위한
시간과 사건들이 기다리고 있었다.
방어용 무기가 없으니 원수가 달려들지

그러면 방어용 무기 착용하지 않은 것이
더러움이라는 말?
더러움 속으로 스미기 위해 원수가 달려든다니까

당당히 나아감

“이는 이방인들이 복음으로 말미암아
그리스도 예수 안에서 **함께 상속자가 되고**
함께 지체가 되고 함께 약속에 참예하는 자가 됨이라
이 복음을 위하여 그의 능력이 역사하시는 대로
내게 주신 하나님의 은혜의 선물을 따라 내가 일군이 되었노라
모든 성도 중에 지극히 작은 자보다 더 작은 나에게
이 은혜를 주신 것은 측량할 수 없는 그리스도의 풍성함을
이방인들에게 전하게 하시고 영원부터 만물을 창조하신
하나님 속에 감추어졌던 비밀의 경륜이 어떠한 것을
드러내게 하려 하심이라 이는 이제 교회로 말미암아
하늘에 있는 통치자들과 권세들에게
하나님의 각종 지혜를 알게 하려 하심이니 곧 영원부터
우리 주 그리스도 예수 안에서 예정하신 뜻대로 하신 것이라
우리가 그 안에서 그를 믿음으로 말미암아 담대함과 확신을 가지고
하나님께 나아감을 얻느니라” (엡 3:6-12)

이 말씀이 아니었다면
부산 이후 하나님께 당당히 나아감을
얻지 못했을 것이다.

"은수야, 일단 너는 빠져라."

"네? 어떻게 이런 식으로 엔딩이 되는 거죠?"

"그건 나중에 말해 줄게. 일단 너는 여기서 빠져라."

"........"

나는 그렇게 하던 일을 손에서 놓아야 했다.

주님께서 그렇게 하라시니까

"........."

도무지 이해는 가지 않았지만
주님께서 그렇게 하라시니까
10년간의 사역을 연주학 박사에게 넘겨 주고
찬양팀은 뿔뿔이 흩어진 채
보통이 달랑 하나 들고 실패자처럼 서울로 올라왔다.
도통·· 이해는 안 갔지만 하시라는 대로 했다.

"승리의 길은 날마다 우리를 가르치시는 성령님께 나 자신을
완전히 보전시키는 길뿐이 없다. 마음에서 마음으로 지식을 이전시키는 일은
무가치할 뿐. 영적인 사람이 되는 길은 멀고도 험하므로 육적인 것을
강화시키는 혼적인 방식은 자신이 알고 있는 신령한 지식을
스스로 신령하다고 생각하도록 육적인 것으로 바뀌어 버린다.
신령하고 똑똑한 가르침을 따르려 하기 보다는
성령의 명령을 따라서 십자가의 길을 기꺼이 가겠다는
순종하는 심령으로 살아야 한다.
(워치만니의 『영에 속한 사람』 중에서)

하나님은 종종

하나님은 종종
나를 아주 높은 산 위로 부르시곤 한다. 험한 절벽을 만난다.
어떤 때는 사막으로 거친 풍랑 속으로
뭔지도 모르고 그 부르심에 1년씩 또는 3년씩
목숨 걸고 순종하고 나면 칭찬은커녕
'그 빛나는 영광'은 다른 사람에게로 돌아가곤 한다.
어떨 때는 원수에게 그 영광이 돌아갈 때도 있다.
'씨·· 이게 뭐야··'
나에게 돌아오는 영광은 항상 없었다.

그러나 이젠 그러려니~ 한다.
나의 하나님은 늘상 그래 오셨으니까
피곤한 몸을 이끌고 집으로 돌아와
썰렁하고 고난스런 마음으로 누워 눈 좀 붙일라치면
"은수야~" 하며 나를 깨우신다.
나를 부르시는 주님의 음성··

조금은 불만스런 마음으로
"네? 왜요?" "옛따~ 선물이다~"

"너만 복 받으면 되겠니? 너만 성장하면 되겠니?"

"주님 무슨 말씀이세요?"

"은수야, 내가 보기엔 너의 '원수'가 더 불쌍하다. 그렇지 않니?"

"그래서 저를 사용하시는 건가요?"

"그,래 네가 내 마음을 제일 잘 아니까‥"

"맞아요 주님. 사실은 나의 원수가 나보다 더 불쌍하죠."

이후 나는 죽도록 일만하고 빛나는 영광은 구경조차 못했다.
하나님은 그때마다 항상 싹싹 긁어 가시곤 했다.
그리고 하나님이 보시기에 정말 불쌍한 자들에게 부으시곤 했다.
그 영광은 정말 하나님의 것이었다.
나는 이제 하나님의 영광을 가로채는 반역은 하지 못한다.
할 수도 없다. 그때그때 계산해서 가져가시니까
그러시곤 주로 나의 **원수**들을 키우신다.

조금 슬프긴 하지만 하나님은 그들을
참으로 불쌍히 여기시는 것을 나는 종종 본다.
결국 나는 그들의 좋은 선배일 뿐

‥

"은수야~ 옛따~ 선물이다~"

‥

"주님 감사합니다."

29.유관순 누나

의사(義士)도 아닌 것이 열사(烈士)도 아닌 것이
내가 설정한 그럴듯한 컨셉은 미친 영웅심이었지

멘토의 조언

그렇게 썰렁하고 우스꽝스럽게 정들었던 부산을 뒤로 하고 서울에 올라왔지.

정신은 멍하니 혼돈스럽고 어찌할 바를 모르는 상태

그러나 10년 전 멋도 모르고 부산행을 선택했던 때와 비교했을 때

집도 없고 돈도 없고 대책도 없고 주머니가 텅텅 빈 것은 똑같았지만

내 곁에는 주님이 계시고 천사들과 동행하고 있다는

그 정체성이 단단히 뿌리내려 무섭지 않았다.

나는 청년부 때 첫 은혜를 받았던 박00 목사님을 찾아갔다.

그간에 있었던 이야기를 설명해 드리고 조언을 구했다.

그러나 박00 목사님의 입에서는 놀라운 이야기들이 흘러나오는 것 아닌가

"한국 교회는 이 집사와 같은 분을 감당할 교회가 없습니다. 그것이 현실입니다."

나는 앞이 캄캄했다 그러면 나는 어쩌라구

그러면 나는 이제까지 무엇을 한 거야? 10년 동안 미쳤던 거야?

뭐지? 이게 뭐지? 현실이라는 게 도대체 뭐야?

친정 아버지가 뺨을 때리며 하던 "니가 무슨 예수님을 전해! 망신이나 떨지 마!"

살벌하던 친정 동생들의 조소‥ "전도하다 망친 여자처럼 그 얼굴로

이제부터 어떻게 살 거야?" 도대체 이 장면은 뭐지?

아이러니하고 다소 괴기스러운 내 인생의 스토리는 아직 끝나지 않은 거야?

빽빽 우기고 싶은 선입견을 재빠르게 던져버리고

부산의 마지막 장면과 지금 박00 목사님의 말의 내용을

연결해 보니 무언가 나에게 다가오는 '섬세한 메시지'가 있었다.

나는 박00 목사님의 조언에 재빠르게 반응하기로 결정하고 귀를 기울였다.

"이 집사. 이렇게 살다가는 12제자처럼 죽게 됩니다.

그렇게 죽고 싶으신 겁니까? 방어용 무기를 착용하세요

이제부터는 전혀 새로운 방법으로 일 하세요."

"새로운 방법이라면‥"

"한국 교회는 이 집사와 같은 분을 감당할 교회가 없으니 스스로 해결해야죠.

돈을 버세요. 월수입 250만 원 이상 벌기 전에는 봉사할 생각하지 마세요."

인간적인 생각으로는 의아했지만

나는 이미 박00 목사님의 말에 동화되어 가고 있었다.

아니‥ 주님께서 내 마음 문을 이미 열기 시작하셨다.

그 이후 기적처럼 나의 재정은 열리기 시작했고

월수입 250만 원이 될 때까지 나는 정말 아무 생각하지 않고 돈만 벌었다.

500만 원, 800만 원, 1300만 원.

그 이후 재정은 불일 듯 일어나기 시작했다.

재정이 일어나는 통로에 있어서도 상상을 초월한 방법으로 인도되기 시작했다.

또 한 번의 기적을 맛보기 시작한 것.

유관순 누나

오랜 세월 매를 맞았지만
'잘못했어요.'가 터져 나오기 힘들었던 세월
'아파요.'도 할 줄 몰랐다.
'제발 그만 때리세요.'도 할 줄 몰랐다.

그저 이를 악물고 참기만 했다.

누군가가 나에게 지어준 이름
'유관순 누나'

'옥 속에 갇혔어도 만세 부르다 푸른 하늘 그리며 숨이 졌대요~~'
이 노래는 나에게 큰 도전을 주었지
기뻐해야 하나 불쾌해야 하나
명예롭기도 하지만
왠지 슬프기도 하지?

"이에 그들이 그 환란 중에 여호와께 부르짖으매
그들의 고통에서 구원하시되 흑암과 사망의 그늘에서
인도하여 내시고 그들의 얽어맨 줄을 끊으셨도다."
(시 107:13-14)

내가 설정한 콘셉트라는 생각이 들었어
텅텅 빈 맨주먹을 쥐고 가장 그럴듯하게 보여 주려 했던
'미친 영웅심'이었을지도 모른다는 변혁을 질러 보았지
행복하고 싶다는 오랜 목마름이 나를 그 감옥에서 뛰쳐나오게 한 거야
의사(義士)도 열사(烈士)도 더 이상은 싫고 귀찮은
사실은 이것도 저것도 아무것도 아니었던 나
비로소 진정한 나‥를 찾은 거였지. 나는 아무것도 아니라는 거‥
유관순 누나가 '잘못 했어요~'라고 울 수는 없었겠지
유관순 누나가 '아파요~ 그만 때려요~'라고 매달릴 수도 없었잖아
그저 이를 악물고 참아야만 했을 것 아냐?
더더구나 어떤 누구에게라도 '제발 용서해 주세요~~' 할 수 없었지.
십자가의 은혜로 인해 언제 그랬냐는 듯이 후다닥
내동댕이칠 수 있었던 **'미친 영웅심'**
그러고도 두 다리 뻗고 잠잘 수 있는 영원한 참 자유
'나는 유관순이 아니다. 내 이름은 이은수야.'
행복하고 싶다는 오랜 목마름의 끝에서 터져버린 외마디
'잘못했어요~' 가짜 시나리오를 쓴 것을 잘못했다는
내 이름은 유관순이 아니라는 것을 또 한 번 선포해야 했던
하나님은 내 이름을 이은수라고 지었다는 당당한 선포

"미련한 자들은 그들의 죄악의 길을 따르고
그들의 악을 범하기 때문에 고난을 받아 그들은
그들의 모든 음식물을 싫어하게 되어 사망의 문에 이르렀도다."
(시 107:17-18)

미친 '영웅심'

'미친 영웅심' 때문에 옥 속에서 불평만 했던 가짜 유관순
그러니까·· 옥 속에서 총탄 맞기 전에 출옥했지
진짜 유관순 누나는 푸른 하늘 우러러 숨졌지만
나는 의사(義士)도 열사(烈士)도 아니었어
사랑을 받지 못해 사랑에 고갈된 내가 사랑을 주어야 한다고?
사랑이 뭔지 경험해 보지도 못한 내가 사랑을 줄 수 있다고?
사랑을 구경조차 해보지 못한 내가 누군가를 사랑할 수 있다고?
넌센스였다. 매를 맞는 엄마를 오랜 세월 보아 온 탓에
매질하는 아버지를 오랜 세월 보아 온 탓에
하늘의 아버지에게도 10년쯤 더 맞아야 할 것 같았던
'하나님 아픕니다, 외롭습니다. 괴로워요. 너무 힘듭니다. 미워요, 정말 화가 납니다.'
그러나 이러한 나의 토로를 다 들어 주시고
나의 실낱같은 신음까지도 다 들어 주셨던 나의 아버지
나는 사랑을 받아야 했고 하나님으로 인해 나의 고갈을 채워야 했다.
나는 넘치는 사람이 아니었고 모자란 사람이었고
나는 줄 것이 없는 사람이었다는 것을
나는 의사(義士)도 열사(烈士)도 아니었다는 것을 그저·· 불쌍한 여인이었다는 것을
나는 때 묻은 흰 저고리와 검정치마를 비로소 벗었다.

"그가 놋문을 깨뜨리시며 쇠빗장을 꺾으셨음이로다."(시 107:16)

내가 사랑하는 교회

'미친 영웅심'을 정리하고 수녀복 같이 시커먼 정장을 벗어 던지고

'카타콤'에서 금방 나온 사람처럼 심하게 경직된 얼떨떨함으로

소문에 소위 천당 아래 '분당'이라는 도시 한 가운데 섰다.

유관순 누나라는 '미친 영웅심'을 벗어던지지 못했더라면 결코

맛볼 수 없는 시간과 공간 속으로 들어간 것.

내가 어줍지 않은 의사(義士)였다면·· 열사(烈士)였다면··

아직도 어줍지 않은 감옥에 갇혀 있었겠지만··

내가 분당에 도착했던 그 시간 정자동 한 쪽에서는 내가 죽도록 사랑하게 될 교회

예수소망교회의 건물이 건축되고 있었다. 1주일에 1~2번씩 이마트를

다니며 바라보던 그 건물이 내가 이생의 마지막으로 뼈를 묻고

사랑해야 할 교회가 될 줄은 꿈에도 몰랐다. 죽을 것 같아서

절대 놓을 수 없었던 '미친 영웅심'을 해결하고

아름다운 교회 예수소망교회로 인도해 주신 것이다.

역시나 13년 전처럼 교회는 똑같은 방법으로 나를 반겨주었고 교회의 문은

천국 문이 열리듯 13년 전과 똑같이 활짝 열려 있었다.

'저는 교회 때문에 단 한 번의 시험에 든 적도 없고 목회자 때문에 단 한 번의

시험에도 든 적 없습니다. 세상 어디에서도 받을 수 없었던 사랑을

교회를 통해서 나를 사랑해 주셨고 항상 예배를 통해 강단에서 말씀하셨습니다.

교회는 모자랄 것이 부족함 없는 에덴동산이며 불완전한 이 시대 속에서

천국을 맛 볼 수 있는 가장 완전한 공동체입니다.'

너무 억울했던

10년간 뼈를 갈아 바치며 사역했던 부산교회
믿기지 않겠지만 마치 나의 원수들처럼..
자격이 없다면서 전도사도 아니고 목사도 아닌 것이
어찌 '리더십'의 대우를 받고 있느냐면서
교회에서 나를 몰아냈던
너무나 많이 억울했지만 그리고 많이 의아했지만
'은수야 일단 너는 빠져라' 그러시면서 또
'너만 복 받으면 되겠니?'
'너만 성장하면 되겠니?' 그러시면서

"고린도전서 1:26-29"

이 말씀의 다음 장면이 있다고 그러시면서 ….

"이는 이방인들이 복음으로 말미암아
그리스도 예수 안에서 함께 상속자가 되고 함께 지체가 되고
함께 약속에 참예하는 자가 됨이라. 이 복음을 위하여
그의 능력이 역사하시는 대로 내게 주신 하나님의 은혜의 선물을
따라 내가 일군이 되었노라. 모든 성도 중에 지극히 작은 자보다
더 작은 나에게 이 은혜를 주신 것은 측량할 수 없는
그리스도의 풍성함을 이방인에게 전하게 하시고 영원부터
만물을 창조하신 하나님 속에 감추어졌던 비밀의 경륜이
어떠한 것을 드러내게 하려 하심이라
이는 이제 교회로 말미암아 하늘에 있는 통치자들과 권세들에게
하나님의 각종 지혜를 알게 하려 하심이니 곧 영원부터
우리 주 예수 그리스도 안에서 예정하신 뜻대로 하신 것이라
우리가 그 안에서 그를 믿음으로 말미암아 담대함과
확신을 가지고 하나님께 나아감을 얻느니라." (엡 3:6-12)

이 말씀을 주시면서 ··

나를 주님의 무릎에 얌전히 앉히시고 조근 조근 설명해 주시던
주의 친절한 품에 고이 안으시고 손가락으로 가르쳐 주시던
정확한 방향. 내가 사랑하는 교회 분당 예수소망교회 ··
또 새로운 직분을 주시고 섬기라 하시는
신나게 힘차게 시작되는 말씀이 계시해 주신 다음 장면이었다.

이젠 '방어용 무기' 까지 완벽하게 갖추었지

역시 믿음대로 되는 거야

궤도 수정

절대 놓아야 됨
놓지 않으면 다음 장면을 절대 알 수 없지
놓지 않으려 하는 자체가 이미
중심을 잃은 것이지

중심을 잃었으니까
뭔가(?)를 힘주고 붙잡고 있는 것이겠지
근데 그 뭔가(?)의 정체가 뭐(?)냐는 거지
놓지 않으면 자아 중심. 놓으면 주님 중심
무겁다고 느낄 때쯤에는 궤도 수정을 해야 한다.
그러나 그것도, 고집이 없어야 가능하지
옳다고 빽빽 우겨대면 궤도 수정은 없다.
자기 신앙이 옳다고 빽빽 우겨댈 때 빠지는 함정
자기를 증명하려고 이를 악물고 신앙생활하지
남에게 보여 주기 위한 접대용 신앙
주님과 전혀 상관없는 내가 복음.

손에 들고 있는 한
어느 새 벌써 중심은 흔들리고 있다.

놓아보니 그랬다
이미 그 사건은 궤도 수정이 이루어졌고

가볍게
그리고 어느 새

지구를 한 바퀴 돌아
다시 내 손 안에 들어와

다소곳이 놓여져 있었다.

움켜쥐었던 것을 두 손에서 놓는 것이
나에겐 '십자가'였다.

그것이 나의 사명이었다.

아주 심플한 사명

제 5 부

영적 전쟁

사탄은 내가, 부모님처럼
평생 싸우며 살기를 원했을까
사탄은 내가, 우리 아버지처럼
마누라를 긁고
아침부터 밤까지 싸우자고 덤벼들고
물건을 때려 부수고
그러기를 원했을까

아마 그랬겠지

사탄은 내가, 우리 엄마처럼
어린 자식들을 남편에게 떠넘기고
한 밤중에 도망가기를 바랬을까

아마 그랬겠지

영적전쟁

30. 흉계

나의 인생을 악착같이 짓밟고 싶었겠지
악착같이 박살대고 싶었겠지 호시탐탐 테클 걸고
방해하고 그러나 이젠 늦었다

운명을 넘어서

아담과 하와의 범죄 이후 아담 부부는 가인을 낳는다.
부부는 아기의 출생을 기뻐하며 아기의 이름을
'내가 여호와로 말미암아 득남하였다.'라고 지었지
그러나 이 가정에 일어나게 되는 비극적인 사건.
형이 동생을 살해하게 된 것

"가인같이 하지 말라. 그는 악한 자에게 속하여
그 아우를 죽였으니 어떤 이유로 죽였느냐
자기의 행위는 악하고
그의 아우의 행위는 의로움이라."(요일 3:12)

결국 가인은 악한 자에게 속하여 아벨을 죽이게 된 거지

아마도 사탄은 가인과 아벨이 그들의 부모처럼
하나님을 반역하는 불순종의 아들들이 되기를 원했을 것이다.

그러나 하나님께서 아벨의 양의 첫 새끼와
그 기름으로 드리는 제사를 받으셨을 때
사탄은 격동되기 시작했다.(창 4:4)

사탄은 하나님께서 이미 선포하신 대로
아벨을 통해 여자의 후손과의 끊임없는 전쟁이
일어날 것에 대해 알고 있었을 것이고

아벨을 살해함으로써
'자신의 머리를 상하게 할'
약속된 후손이 태어나지 못하도록
흉계를 꾸며야 했겠지.

사탄 쪽에서는 가인을 이미 사로잡았기 때문에
적어도 가인이 "약속된 거룩한 후손"이 되지 못할 것에 대해서는
이미 알고 있었을 테고..(요일 3:12, 요 8:44)

결국 아벨은 하나님의 계획을 저지하기 위해
사탄이 살해한 수많은 희생자 중의
한 사람이었던 것이라는 것

수도 없이 넘었던 죽을 뻔했던 고비들
나를 통해 펼쳐질 하나님의 계획을 저지하기 위해
사탄이 살해하고 싶은 리스트에
내 이름이 들어 있을 법 하지 않은가?
이것이 성경적인 해석 아닌가?

아벨처럼

사단은 내가 괘씸했겠지

'은수 저것이 어쩌자구 자꾸 저러지?
그냥두면 안 되겠어
괘씸한 것 어디 두고 보자.'
그러나 나도 어쩔 수 없었어
마치 흐르는 물살을 거슬러 올라가며 헤엄치듯
왜 그렇게 거꾸로 살아야 하는지 도무지 알 수 없었으니까
그렇게 사느라고 얼마나 힘들었는지 몰라
하나님이 만드신 이 시대의 단 하나뿐인 걸작이라면
주변의 어떤 사람과도 어떤 한 부분도 절대 비슷해서는 안 되는
'**특허품**'이어야겠지. 그것이라고 굳게 믿었을 뿐
꼭 그래야 한다고, 꼭 그것이라고 100% 믿었지
다른 길은 없었어. 선택의 여지가 없었다구

내가 드리는 예배가 내가 드리는 기도가 내가 드리는 헌신이
아벨의 제사처럼 사탄을 극도로 자극한 사건이길
그래서 사탄이 자꾸 실패하게 되길 바랬을 뿐
그래야만 내가 살 수 있으니까

왜? 무엇 때문에 순간순간
그다지도 미치도록 어렵고 고생스런
난이도 높은 삶을 선택해야 했으며
이 세상을 도통 살 줄 모르는 장님처럼
가까운 직선거리를 두고도 빙빙 돌아갔으며
모든 사람들이 다 피해 가는 험한 산길을 택하곤 밤길을 걸었으며
버스 타고 편히 가는 아스팔트길을 두고
혼자서 배낭 메고 며칠씩 죽도록 행군하고
대체 내가 왜 그렇게 살아야 했는지 나도 몰랐으니까
나도 어쩔 수 없었어

하나님께서 아벨의 제사를 받으셨듯이
사단과의 싸움에 있어서 내 인생을 **'특허'를 내시고**
쥐도 새도 모르게 아무도 모르는 전략을 두셨다고
그래서 다른 사람 아무도 몰랐다고
그러니까 다른 사람들과는 절대 같아서도
절대 비슷해서도 안 되는 것이라고

극도의 고독과 외로움을 잘 견딘 보상이라는 것을
아는 순간 '천국 문'이 열리던데

영광의 부상

누가 나를 쐈는지
누가 나를 쳤는지
왜 다리에 총 맞고
왜 머리에 붕대를 감은 것인지

가슴 깊이 품은
빛나는 훈장을
전혀 눈치채지 못했다.
.
.
나의 무수한 실패들이
하나님 안에서 보상되기를

나의 절뚝거림이
영광의 부상이 되기를

타임머신을 집어타고
적당한 과거로
진정한 승리까지

아벨의 제사처럼

근데 너

난 특허청에 등록된 '**특허품**'이야

사탄·· 너도 그동안 나를 졸졸 따라다니며 참 애썼다.

근데 너··
나를 박살내려고
참 열심히도 호시탐탐 태클 걸고 방해하고
그러나 이젠 늦었다.

후반전에서는 너 때문에 내가 '특허품'인지 알게 되었어
고맙게도 너 때문에 빨리 눈치 챘지
니가 너무 나를 졸졸 따라다니니까 알게 된 거야
너랑 니 졸개들이 나에게 너무 열심히 관심 갖으니까
나도 알게 되었거던?

나의 인생을 악착같이 짓밟고 싶었겠지
악착같이 박살대고 싶었겠지
그러나 이젠 늦었어

전략이 한 수 낮았구나

특허청에 등록되기 전에 나를 박살냈었어야지

영적전쟁

31. 아버지

아버지라는 이름은 간단하고 가벼운 존재가 아니었어
아버지들은 어떤 방법으로든지 자신의 권위를 표현하지
아버지라는 이름 그들은 분명히 권위자이다

노아 이야기

우리가 다 알다시피 노아는 당대에 완전한 의인이었지
하나님과 밀접하게 동행하였던 노아
그런 노아가 죄에게 틈을 보이고 만다
발단은 노아의 술 취함.

어느 날 그는 술 취한 채로 장막 안에서 벌거벗고 자고 있었어
"노아가 농사를 시작하여 포도나무를 심었더니
포도주를 마시고 취하여 그 장막 안에서 벌거벗은지라
가나안의 아버지 함이 그의 아버지의 하체를 보고 밖으로 나가서
그의 두 형제에게 알리매."(창 9:20-22)

10가지 잘하다가 1가지 잘못한 사건이랄까?
그러나 그 파장은 몸서리치도록 어머어마했지

셈과 야벳이 자기 아버지의 하체를 보지 않기 위해
뒷걸음쳐 들어간 반면에 함은 아버지인 노아를 조롱하지…
노아가 술에서 깨어나서 함이 자기에게 행한 일을 알게 되고
노아는 함의 아들인 가나안에게 마치 '저주 같은 예언'을 한 거야
"가나안은 저주를 받아 그의 형제의 종이 되기를 원하노라"
(창 9:25)
그 이후 가나안에게 임한 특별한 저주의 내용은 이런 거야
함의 네 아들 중의 하나인 가나안 족속은
북으로는 시돈에서부터 남쪽으로는 가사까지 이르는
지중해 연안에 거주하였고 그 후 그들은 소돔과 고모라와
아드마와 스보임을 지나 라사까지 이르는 내륙 지방으로 이동하여 살게 돼

우리가 잘 알듯이 소돔과 고모라는 멸망의 도시였고
소돔 고모라의 부도덕과 우상숭배는 노아가 예언했던 것처럼
셈의 후손의 종이 되기까지 이스라엘 사람들에게는
큰 시험거리가 되었고 곧 잘 나타나던 증상은 동성연애
성경에 기록된 것처럼 하나님의 두 천사를 성적 노리개로
요구할 정도의 동성연애로 타락해 버린 도시가 돼

"우리가 그들을 상관하리라."(창 19:5)의 말처럼
그곳의 남자들은 남자와 가까이 하지 않은
두 처녀 딸을 내어 주겠다는 롯의 간청도 거부하며 동성인 남자를 요구하는 그런….

아버지의 권위

나는 너무 놀랬지. 잘못된 원인 제공은 노아가 했지만
노아의 잘못으로 연이어 일어난 함의 잘못이
저주로까지 이어지다니

그것이 하나님의 나라의 아버지의 권위라는 것

너무나 깜짝 놀랬어. 뒤통수를 아주 세게 맞았어
그리고 나중에 안 일이지만 골리앗은 함의 후손이었고

"너희는 너희가 거주하던 애굽 땅의 풍속을 따르지 말며
내가 너희를 인도할 가나안 땅의 풍속과 규례도 행하지 말고
너희는 내 법도를 따르며 나의 규례를 지켜 그대로 행하라
나는 너희의 하나님 여호와이니라."(레 18:3-4)

이 말씀은 나에게 엄청난 **영감의 통로**를 열어 주었고

그 당시 모세의 법에
부모 모독죄는 저주를 받을 대상이었어(신 27:16)
그래서 함의 행위는
가족의 신성함이 파괴되고
아버지의 권위가 조롱거리가 되어 버린
사건이었던 것이었고

나는 눈치 챘다
하나님 나라의 feel- 에 대해서
꼭 모세의 율법에 기준하지 않더라도
하나님이 원하시는 그 나라의 feel- 정도는
얼마든지 눈치챌 수 있었어

그 나라와 그의 의의 feel-

아버지의 존재

광포한 나의 아버지

나는 그 아버지를 저주하고 증오하면서 하나님도 같은 마음일 거라고 생각했어

그저 막연히---그렇게 생각했다. 그러나 절대 그것이 아니었지

아버지라는 이름은 그 정도로

간단하고 가벼운 대상이 아니었어

시편 139편을 읽으면서 나는 뒤집어 끓어오르는 분노와 혈투를 했어

한 5-6년 걸린 것 같다.

“내가 은밀한 데서 지음을 받고 땅의 깊은 곳에서 기이하게 지음을 받은 때에 나의 형체가 주의 앞에 숨겨지지 못하였나이다. 내 형질이 이루어지기 전에 주의 눈이 보셨으며 나를 위하여 정한 날이 하루도 되기 전에 주의 책에 다 기록되었나이다. 하나님이여 주의 생각이 내게 어찌 그리 보배로우신지요”

(시 139:15-17). 이것을 인정할 수 없었지

겨우겨우 상처를 딛고 살아갈 만했어

내가 사랑받기 위해 태어난 사람인지 잘 모르겠지만

모두들 노래까지 불러가며 그렇다니까 그러기로 했지

그런데 아버지와 엄마가 나를 사랑받기 위해 태어나게 하기 위해

사용되었다는 사실이 믿어지지 않았지 인정할 수 없었지

왜? 하필 그 사람들을 택해서
나를 만들어야 했느냐고.. 또 울부짖었어
광포한 나의 아버지 같은 사람도
하나님께서 시편 139편을 이루시는데
사용될 수 있다는 사실을 받아들일 수 없었고

내 형질이 이루기 전에 주의 눈이 보셨으며 나를 위하여 정한 날이 하나도 되기 전에
주의 책에 다 기록된 그런 보배로우신 뜻에
그런 '시시한 사람'을 사용하시다니. 그런 '나쁜 사람'을 사용하시다니

그래 놓고 내가 사랑받기 위해 태어났다니

뒤집어 끓어오르는 그런 분노가 있었다.

아버지의 권위를 지키기 위해서
광포함을 택했던 우리 아버지. 무식해서 아는 것이라곤 그것뿐
가지고 있는 재산이라고는 매질--하나밖에 없었던
그러나 그 알량한 한 가지 재산인 매질-이라도 사용해서
자신의 권위를 지키려고 죽을 힘.. 안간 힘을 다했던
너무나 가진 재능 없이 가난하기만 했던
불쌍한 남자 나의 아버지

축복된 관계

아버지는
마누라와 자식들을
때리고는 항상
울었어

울다가 잠든 나를 쓰다듬으며
항상 하던 말

'애비를 잘못 만나서‥'

그 질 좋은 멘트를
아무도 귀 기울이고
받아주는 이가 없었지

정말 외로웠겠다.
우리 아버지

지금은 그 아버지를 보면서
그토록 광포하면서까지
자신의 파워를 보여야 했던
권위의 소유자임을 인정한다.

아버지들은 어떤 방법으로든지
자신의 권위를 표현한다.
그들은 분명 권위자이다
분명히 느낀다. 그래서 또 느낀다.
순종은 죽음처럼 힘든 것이다.

아무도 모르게 울고 있는
이 땅의 시시한 아버지들의 권위가 회복되기를
진심으로 기도한다.

해결의 고리

모든 것의 해결의 고리는 나의 아버지였지

내 딸 도연이의 인생의 해결의 고리도
도연이의 아버지겠지
모든 것의 해결의 고리가
하나님 아버지이듯이
그저 아버지라는 존재에 대해 잘 모르겠고
나쁜 기억만 있고
열매가 없고
따듯함이 없고
그래서 싫었던 이름 아버지

하나님 아버지에 대해 막연함이나
육신의 아버지에 대해 막연함이나 비슷했어
그래서 죽어도 놓지 못할 이름 아버지
자면서도 자꾸 불러 봐야 하는 이름 아버지
'아버지'가 느껴질 때까지
죽도록 찾고 매달려야 하는 이름 아버지

죽어도 놓을 수 없는 이름 **아버지**

회복된 여성성

나의 아버지를 용서하고
나의 아버지를 사랑하고
받은 빛나는 훈장 회복된 '여성성'

아버지를 미워하다가 빼앗겼던 여성성
남자도 아닌 것이 여자도 아닌 것이 성별을 알 수 없는 세월을
정말 오랫동안 고통하며 살았던 이유
'미친 영웅심'

나의 아버지를 통해
사랑하는 법을 알게 되며
거칠게 망가져 버렸던
나의 '여성성'은
회복되기 시작했다.

빛나는 훈장 ….

영적전쟁

32.안방의 영성

비가 오고 바람 불고 눈보라와 어두움에 캄캄해 보였지
그러나 지름길임을 확실히 알고 첫 발을 내딛었어

8월 3일

간증을 할 때면 항상 등장하는 8월 3일
8월 3일은 내가 처음으로 '나의 영성과 대면한 날'
그리스도인은 헌금도 할 줄 알고 기도도 할 줄 안다.
전도도 잘하고 봉사와 헌신도 잘하고 성경 공부도 잘하고
그러나 자신의 안방은 압구정동 로데오 거리
마치 안방은 그래도 된다고 생각하기도 하지
어느 여름날 하나님은 나의 안방에 손을 대기 시작했다.
그 날이 바로 8월 3일

남편은 어느 날
엔지니어 공부를 하러 일본 유학을 가겠다고 했어
우리 부부의 심각한 갈등과 관련 없이
1986년도에 꿈으로 받았던 계시는(음향 엔지니어가 된다는)
계속 현실화되고 있었고 그는 혼자 유학길에 올랐다.
그는 함께 유학길을 동행해 주지 않는 아내에 대해서
이해가 안 된다고 했지만 아직 여자 문제들을 해결하지 못한 남편과
금슬 좋은 부부처럼 행동한다는 것이 우스꽝스러웠다
차라리 시간을 가지며 자신을 돌아보고 결혼 생활도 들아보며
망가진 부분을 발견하고 고치고 새로운 모습으로 거듭나서
다시 회복해야 한다고 생각했고 다시 회복될 것을 확신했지
30대 중반의 나는 그런 생각을 했었다.
배우자의 외도는 받아준다 기다린다는 차원을 넘어서
현실적으로 부부의 순결이 깨진 것을 의미한다고
순결이 깨진 부부가 모양만 부부로 갖추고
보기 좋게 모양 좋게 산다고 해서
신비한 부부의 능력이 생기는 것은 아니라고
순결이 망가진 부부가 살을 부비 대가며 산다고 해서
이미 망가져 버린 부부의 순결이 회복되느냐고
어처구니없는 실랑이를 매일 반복하며 망가질 뿐이라고
이래야 하느니라… 저래야 하느니라…
그 행위가 능력은 아니라고 나는 그렇게 생각하고 있었다.

개척 교회

사당동 사거리에서 조금 떨어진 곳의
허름한 건물 지하에 개척 교회가 생겼다
집이 과천이었고 항상 지나다니는 길목이었다.
어찌어찌 자연스러운 이유로 그 교회에 출석하게 되었다.
이 작은 교회는 나의 인생에 커다란 역할을 하게 되었는데
김영규 목사는 어둑어둑한 지하 교회의 귀퉁이에서 나를 맞았다.
뚱뚱하며 인상착의에 별 특징이 없는 분이었다.
그러나 잠깐 출석한 이 교회에서 내 삶의 전환점을 맞게 된다.

어두 침침한 지하실 교회. 평일 날 방문을 하였기에
준비 없이 시퍼런 색 추리닝 차림으로 나타난 **개척교회 목사.**
당연히 초라하고 볼품이 없었다.
다만 푸근한 느낌이었던 걸로 기억한다.
그러나 1-2분이 지난 후 나에게는 큰 변화가 일어났어
'저 사람 왜 저렇게 당당한 거지?'

주위를 살펴보았다.
흔히 볼 수 있는 개척 교회의 모습
교회 사무실 옆의 커튼을 젖히면 내실
'저 사람 도대체 왜 저렇게 당당한 거야?'

누구나 그렇듯이 당시 나는 내 행복을 유지하게 위해서
투자해야 하는 돈이 너무 많이 든다는 것에 회의를 느끼고 있었다.
합리적으로 얻어진 소득의 액수는 내가 꾸려 나가고 싶은 생활과는
거리가 멀었다. 지쳐 있을 때쯤 김영규 목사를 만난 것이다.

'저 사람 왜 저리도 당당할까? 내가 하고 싶은 것이 바로 저런 당당함인데…'

큰소리 쳐보고 싶어서 부자가 되고 싶었고
잘난 척 좀 해 보고 싶어서 부자가 되고 싶었다.
60평 아파트에 고급 승용차를 세 대씩 사서
부부가 따로 타고 다녔지 우리 부부가 나타나면
주변 사람들은 멋지다고 박수를 치며 환호성을 질렀어
때에 따라서는 운전기사까지..

어두컴컴한 지하 교회의 추리닝 바람의 목사는 나보다 더 당당했다.

나는 김영규 목사와의 첫 만남
길지 않은 2-3분의 만남에서 내 삶의 오류를 발견했다.
김영규 목사는 돈으로 살 수 없는
하나님의 이야기를 가지고 있었던 것

지름길

그 날 나는 보았다.
그 어두컴컴한 지하실 교회 커튼 뒤로 끝없이 뚫린 지름길을
비가 오고 바람 불고 아무도 없기에 가기 싫었던 그 길
험한 일과 깊은 늪이 있을 것 같아 가지 못했던 그 길

가까운 길이라고 생각하고 열심히 걸었지만
건널 수 없는 넓은 강을 만난 이유들을 나는 알았다.

그래 맞다.

그 날도 내가 찾은 지름길은
비가 오고 바람 불고 눈보라와 어두움에 캄캄해 보였지
그러나 그 길이 지름길임을 확실히 알고
첫 발을 내딛었던 것

김영규 목사에게서 풍기는 그리스도의 냄새는
나의 세속을 순간 제압해 버렸으며
그 일은 겨우 2-3분밖에 걸리지 않는
아주 프로페셔널 한 일이었다.

남편도 유학 간 이후의 일상생활이라
가뿐한 마음으로 교회 봉사를 열심히 했어
우리 교회는 무보수로 봉사하는 신학생이 한 명 있었는데
아주 재능꾼이었다. 성가대 지휘도 하고 그림도 잘 그리고
아무튼 재능꾼이었는데 그 전도사가 생활이 어려워져서
보수를 받을 수 있는 교회로 떠나게 되었다.
나는 그 전도사가 하던 일을 몽땅 물려받게 되었는데
(봉사할 사람이 전혀 없었다.) 목사님은 그러한 나를 아껴 주셨고
교회 쪽에서 보면 돈도 잘 벌고 바쁜 일상인데도 불구하고
시간을 아끼지 않고 봉사까지 하는 집사니 얼마나 아끼셨겠는가?

때는 여름이었는데 어느 교회나 다 가는 여름 수련회를
우리 교회는 전도사가 없으니 계획할 수가 없는 것
그 일을 전적으로 맡아서 수고할 사람이 없었다.
"이 집사가 맡아서 수고해 주신다면 수련회를 가십시다."하며
목사님이 넌지시 나의 의사를 물으시는데
전도사 대신 큰 봉사를 맡게 되는 흥분과 부담과 떨림
이런 마음들이 교차되었다. 그러나 가장 큰 문제는
일본 간 남편이 여름방학 때 한국에 오는 것이었다.
기도하며 생각해 보니

'아, 남편이 오기 전에 수련회를 다녀오면 되잖아?'

희한한 일

당장 일본에 있는 남편에게 전화를 했다.
"당신 언제 한국에 와요?" "8월 15일 날 갈 거야~."
나는 교회와 상의해서 수련회 날짜를 8월 3일로 잡았고
교회는 잔치 분위기였다.
우리는 매일 저역 모여서 기도하며
여름 수련회를 준비했다. 나는 큰일을 맡았기 때문에
교회에서 철야하며 수련회 준비를 했다.

그러나 마른하늘에 날벼락처럼
수련회 가기 전날 밤 남편에게 전화가 왔는데
"따르릉~~ 나 내일에 한국 나간다~."
나는 전신이 굳으면서 아무 말도 못하고 전화를 끊었다.
그러나 이러한 일은 하루 이틀 일어난 일이 아니었고
그동안 이런 일들은 수도 없이 비일비재했다.

그 동안은 이 사람이 나를 약 올린다고 생각했으나
8월 3일 수련회는 남편이 전혀 알지 못하는 날짜였다.
날짜를 모르는데 어찌 약 올릴 수 있겠나
정말 희한한 일

그 동안은 이런 일들이 있었다.

반주자는 10시까지는 교회에 가야 하는 것이 상식이지간
(예배 시간 11시) 아무리 늦어도 10시 30분까지는 가야지··
만약 반주자가 교회에 늦으면 어찌 되겠는가?
주악은 무반주로 시작하는 것이고 성가대는 물론
무반주로 송영을 불러야 한다. 회증 찬송도 무반주일 것이다.
그런 식으로 반주자가 예배에 늦는 것을 본 적이 있는가?

남편은 항상 토요일 밤을 즐기고 새벽에 잠이 들어
주일날 점심 때까지 잠을 자야 하는 사람
(내가 교회를 다녀올 때까지 잠을 자고 있다.
아기도 함께 자고 있거나 일어나서 혼자 놀거나 한다.)
그래서 나는 그 시간에 살짝 교회에 다녀오곤 했는데
신을 신고 막 현관을 나가려고 하면 남편은 언제 깼는지
"밥 차려 주고 가---"하며 현관을 향해 소리치는 것이다.
그제서 주방으로 들어가 밥을 주섬주섬 밥을 차려 주고 출발하지만
그런 식으로 교회에 늦은 것이 하루 이틀의 일이 아니다.
그 다음 주에는 머리를 써서 밥을 미리 차려 놓고
"여보 밥 먹어요~~." 하고 깨우면
"나-- 지금 밥 안 먹어~"하며 그냥 자다가도
교회로 출발하려고 현관문을 나서려 하면 부스스 일어나서
"아기 데리고 가. 나 외출해야 해~."하고 나를 향해 소리치는 것이다.
치밀어 오르는 분노, 반주자이면서도 번번이 교회에 늦는
그 고통 속에서의 나의 주일은 고통스러운 날이었다.

어처구니없다

기가 막히게 어처구니없는 이런 일도 있었다.
'남편의 방해(?)'에서 살아남으려고 밥상도 미리 차리고
옷도 다 챙겨 놓고 아기도 외출 준비시키고
(반주자가 아기를 데리고 가면 누구에게인가 맡겨야 하기 때문에,
그 당시 도연이는 낯가림을 많이 했다. 남에게 맡길라치면 자지러지듯 울곤 했다.
보통 고역이 아니었다.) 그러나 새벽부터 일어나 남편의 요구대로
몽땅 다 해놓고 아기를 들쳐 업고 집을 나섰다.
나는 승리의 노래를 부르며 차에 시동을 걸고 운전하기 시작했지만
정말 어처구니없는‥한 정거장도 못가서 자동차는 엔진에서
연기를 뿜으며 길에 서 버리는 것이 아닌가?
그날의 기억은 지금 생각해도 정말 고통스럽다.
나는 그날 과천에서 사당동까지 아기를 업은 채로 울면서 걸어갔다.
미칠 것 같은 미스터리 속에서 애써 허우적대지만 될듯 될듯‥
그러나 종국에는 **꽝~**으로 끝나는 내 인생이 고통스러웠다.
교회에 도착하니 예배는 다 끝나고 나는 울면서 목사님께
고통을 토로했지만 지각하는 반주자의 딱지를 뗄 수는 없었다.
그건 치욕이었고 예배를 망치는 반주자일 뿐
나는 신령한 예배를 맛볼 수 없는 어처구니없는 불량 반주자였다.
그래서 남편이 유학 중인 시간 속에서의 봉사는
그동안의 불성실을 만회할 수 있는 기적적인 시간들이었지만
또 8월 3일 사건이 터진 것이다.

목사님께서는 "집사님이 기도하고 결정하시죠." 하시며
아무 말씀도 하지 못하셨다. 나는 죽고 싶었다.
미칠 것만 같아서 머리 풀고 괴성을 지르며 길거리를 돌아다니며 구르고
담벼락에 처박고 나를 때리고 꼬집고 막---그러고 미친 듯이 돌아다니고 싶을 정도로
미쳐 버리고 싶었다. 나는 결단하고 기도했다.
"주님, 저는 능력이 없습니다.
남편을 저의 힘으로 잡을 수가 없습니다.
제가 잡으려고 하면 할수록 남편은 미꾸라지처럼
빠져 나갈 것을 저는 뻔히 압니다.
주님, 주님께서 저 사람을 잡아 주세요.
저는 또 한 번의 저의 실패를 인정하겠습니다.
아니 이 이후에도 또 실패할 수도 있고
실패만 계속하다가 죽을 지도 모릅니다.
그러니·· 그러니·· 주님이 해 주세요.
주님만이 해 주실 수 있습니다."

나는 온몸과 영혼을 주님께 밀착하기로 했다.

언젠가 읽었던 책에서 말하듯
훼손된 삶은 **구도의 삶**으로 들어가라는 신호라고
그래야 A/S가 확실하게 된다고
수박 겉핥기식으로 어설프게 A/S 받지 말라고
일평생 수없이 반복되는 어설픈 A/S는 싫었지

주님께 밀착

'좌로도 우로도 치우치지 않아야겠지만'
나는 균형 잡힌 훌륭한 인간이 아니었으니
훌륭한 인간도 아닌데 어찌 좌로도 우로도 치우치지 않겠는가?
어찌 이것도 잘하고 저것도 잘할 수 있겠는가?
그래서 나는 결정했다. **'주님께 치우치기로‥'**
먼 세월 이후 내가 잘 훈련 받아 좌로도 우로도 치우치지 않을 수 있는
때도 오겠지만 우선 출발을 하자. 지금은 그 길 밖에 없다고
생각할 수밖에 '주님께 치우치는 것‥' 첫 걸음은 주님께 치우치고
그 다음의 문제는 그 이후에 처리하기로 결정했다.

우선 인간의 방법 쪽으로 치우쳐서 일을 해결하고
나머지 문제를 주님께 맡길 수는 없지 않은가
이제껏 그런 식으로 잔머리 굴리며 살다가 요렇게 된 것 아닌가
나는 결단하고 용기 내어 대담하게 삶의 방향을 바꾸기로 결정한 것
더 이상 선택의 여지는 없었다.
그와의 결혼도 이미 첫 단추를 잘못 끼운 것처럼
끼우는 단추마다 줄줄줄 자동으로 잘못 끼워지고 있었기 때문
이젠 주님께 매달리는 것 말고는 방법이 없는 코너에까지 몰린 것..
선택의 여지없는 상황에서
오히려 나는 그 다음 장면을 기대하기로 하고
나는 아침 일찍 가방을 메고 '수련회'를 떠났다.

3박 4일의 수련회를 마치고 집으로 오니 여동생들이 와 있었고
친정 여동생들은 나를 광신자라고 비웃고 미쳤다고 했다.
그날 밤 남편은 아무렇지도 않게 부부 동반 모임에 가야 한다고
준비하라고 하길래 옷을 갖춰 입고 남편을 따라 나섰는데
그곳은 요정이었다. 남편 친구들 중에는 유학파가 많았는데
유학파끼리 부부 동반으로 술자리를 하게 된 것
친구 중에 한 분이 "제수씨, 신앙도 좋지만 남편이 우선이죠."
나는 순간 생각했다. '나는 이 순간을 놓치고 싶지 않아.
이 사람은 이미 나에게서 아주 멀리 떠났어.
내 힘으로 이 사람을 잡을 순 없어. 주님께 매달릴 테야.
남편의 마음은 이미 가정으로부터 떠난 지 오래 되었고
부인이라는 존재를 까맣게 잊은 지 오래 되었어
이 사람은 나를 헌신짝처럼 버렸고
나는 이 사람의 마음을 돌려놓을 수 있는 힘이 없어.'

평생을 걸려서라도 나는 남편과 완성된 관계, A/S가 끝난 관계를 경험하고 싶었다.
그리고 단호하게 삶의 방법을 바꾸기로 결정했다.
말하자면 양 갈래 길에서 한쪽 길을 선택한 것
80평생이 걸려서라도, 어떻게 해서든 찾고 싶었고
죽기 전 단 한순간만 맛 볼 수 있다 하더라도 주님의 개입하심으로
회복된 부부의 만남을 맛볼 수 있다면
나는 평생을 걸어야 할 싸움의 첫 발걸음을 내딛고 말았다.
'내 운명과 싸워야겠어~.'

나는, 업그레이드

새로운 정보를 시시각각 새로이 계산해서

'주님을 향한 마음을 업그레드 하면 돼. **내가 변하면 그도 변하도 그도 변한다.**

아니 내가 변하면 그를 보는 시각이 완전히 달라질 수 있어. 나는 변할 테야.

내 인생의 운명을 바꿀 수 있을 정도까지 변할 테야…'

나는 그러한 변화가 가져다 줄 당연한 깊이와 고통과

채찍을 감히 상상치도 못한 채 막다른 골목에 서서

선택의 여지가 없는 앞이 막막한 어떤 삶의 공간으로 힘찬 출발을 했다.

"사람과 신(하나님)을 비교해서 말하는 것은 모순입니다.

그것은 넌센스이고 말하는 법이 잘못된 것입니다.

그것은 이미 기초부터 아주 잘못된 것입니다.

사람을 우선으로 한 것은 곧, 무너지게 되어 있습니다."

나는 남편과 남편 친구들을 대상으로 말싸움을 하려고

한 발언도 아니고 그들의 이론을 뒤집어보겠다는

유치함도 아니었어. 나는 그저 첫 단추부터 잘못 끼워진

엇갈린 운명에 대해서 확실하게 알 것 같았고

내 자신을 포함한 모든 사람에게 말하고 있었던 것 뿐

말하자면 내 인생의 A/S에 들어간 것뿐이었다.

(물론 그 상황에 적응하지 않았던 것만은 사실이다.)

남편은 영화의 한 장면처럼 들고 있던 술잔을

내 얼굴에 좍-- 뿌렸다. **"x 같은x-"**

그는, "X 같은 X..."

"미친년.. " 나를 향한 분노와 끓어오르는 미움을 술잔에 철철 넘치게 부어
내 얼굴을 향해 뿌려 버린 그의 눈을 똑바로 쳐다보았다.
'이제 나는 이 사람에게서 뭔가 발견해야 해. 꼭 발견해야 해.
더 이상·· 더 이상 질척댈 순 없어.'
그의 눈에 비친 내가 더 이상 그의 여자가 아니듯
나에게도 그는 더 이상 다가설 수 없는 차갑고 긴 성벽 같았다.
더 이상 서로에게서 알아 볼 것도 알고 싶은 것도 없는
증오와 미움이 서로에게서 충분히 발견되었다.
나는 술을 뒤집어 쓴 채로 남편을 뒤로 하고 술집을 나와
하염없이 길을 걸으며 눈물을 흘렸다. 그리고 나를 꾸짖었다.
'이건 저 사람하고는 전혀 상관없는 일이야.
하나님이 남편을 통해 아내인 나에게 주실 수 있는 것이
이것뿐이라는 사실. **이것이 나의 실존이야.**'
그가 내 얼굴에 술을 뿌리며 했던 말 **"x 같은 x-"**
그것은 결코 8월 3일 수련회 때문이 아니야
나는 하나님 앞에서도 **"x 같은 x-"**라는 뜻이야.
저 사람은 하나님을 대신해서 말하고 있는 거야~~
네 귀에는 남편이 발언한 **"x 같은 x-"**
한낱 욕으로 들리지 않았다.
나는 진지하게 가슴으로 그 말을 받았다.

소설이라면

목 줄기가 경직될 것만 같은 치밀어 오르는 슬픔이 솟구치지만
분명한 것은 그를 향해 달려가는 슬픔은 아니라는 것
이 세상에 붙잡을 것이 없다는 휑--한 이유와 함께
왠지 무엇인가 해결된 것만 같은 속 시원함
그것은 아마 그동안 남편에게서 보아 왔던
나를 향한 가증스런 친절의 제스처를 뒤집어엎고
그가 능글맞게 마음 한구석에 숨겨 놓고 마음 놓고 멸시했던
나를 향한 시시껄렁한 마음을 찾아내어 빛 앞에
환히 드러내어 놓고야 말았다는 해결된 안도감과 함께
그의 비밀을 향한 실력 있는 나의 추적으로 인해
다음 장면은 그의 마음의 모든 부정행위(?)가
다 드러날 것 같은 추측이 주는 비장함.
'내 마음은 정리되었어. 다시 시작하면 돼
이젠 더 이상 엉클어질 수 없는 모든 이유의 마지막에 도달했어
차라리 이것이 시작의 첫 부분이 아닐까?
새로 시작하는 것이 어렵긴 하겠지만 실마리는 찾았지.'

그는 술이 취해 들어왔다.
아무 소리 없이 잠자리에 드는 듯하더니
냉정하게 뒤돌아 누워 있는 나에게 말을 걸어왔다.

"당신이 해 달라는 것 다 해 줄 게. 제발 광신자만 되지 마

당신, 새 차로 바꾸고 싶다고 했지? 조금만 기다려 좋은 차로 바꿔 줄게

제발 광신자만 되지 마."

그의 술 취한 목소리에 아무 대꾸도 하지 않은 채
나는 그를 느껴 보려고 애썼다.
술 취한 그는 내가 자기의 외도 때문에
광신자가 되었다고 생각하고 있기는 한 것 같았다.
내가 광신자인지는 잘 모르겠지만 어찌 되었든
지금의 상황이 자신 때문이고 나의 마음을 돌리기 위해서는
자신의 행동에 있어서 어떤 수정이 필요하다고 생각하고 있는 것은 분명했다.
그런데 그는 왜 내가 광신자가 되었다고 생각할까

나는 잠이 들면서 생각했지

이 모든 것이 정리되려면 10년 정도 걸릴 것 같네

10년이면 강산도 변한다는 데 ·· 그래서 10년인가?

그것이 '**광신자**'라는 불명예라 할지라도 이젠 선택의 여지는 없다.

'명예'는 10년 후에 다시 뒤집기로 하자.

교차로

나는 분명 하나님과 함께 남편과 살고 있다고 생각하고 있었는데
나의 삶 속에서 하나님은 아주 멀리 밀려나 있었던 것
나는 결정했다. 당분간은 광신자의 삶을 살아야 할 것으로
내 몸에 붙어 있는 세속의 쓰레기는 그렇게 해야만이
떨어져 나갈 것이므로
이후 쓰레기들이 내 몸에서 떨어져 나갈 때마다
나의 윤기 나는 나머지 살점도 피를 흘리며 뚝뚝 떨어져 나갔지
생살점이 떨어져 나가는 것을 바라보며 아까워했지만
다시 뽀얀 새 살이 돋아나기를 기다리기로 했어
첫 단추를 잘못 끼운 나의 손실.

결국 우리 부부는 인간적인 사랑을 추구했다는 것이
명백히 밝혀지고 드디어 나는 남편과의
'인간적 사랑'을 비로소 내 손에서 놓았지

통과하는 땅

지루하고 무익한
세월의 허송이 이젠
지긋지긋하게 싫다.

떠나야 하는 하란

바지의 먼지를 털고
신발 끈을 고쳐 매고

다시 걷는다.

묵묵히 통과할 뿐이다.

은수야 정신 차려
애착을 가지면 안 돼

하늘에 속한 것과
땅에 속한 것과
엄연히 다르지

33. 하찮은 재료

정신을 바짝 차리고 돌아보니 하찮은 재료가 문제야
그러나 나는 어차피 이 하찮은 재료들로 인생을 살아가야 해
이깟 재료로 세상을 어찌 살아갈꼬 모두들 정말 너무한다

하찮은 재료

어느 날 정신을 바짝 차리고 나를 돌아보니
하찮은 재료가 문제야··
도대체 이깟 재료로 세상을 어찌 살라는 말인지

그래도 이제껏 나름대로는
살아 보려고 열심히 발버둥치고 있는데
설상가상으로 시작된 남편의 외도

그나마 있던 하찮은 재료 중에서
1/2 이상이 줄었으니
이깟 재료로 세상을 어찌 살꼬

여기서부터 진짜야

'모두들 나에게 정말 너무한다.'
한강 둔치에 차를 몰고 나가서
흐르는 강물을 째려보며
찐~ 한 눈물을 흘렸다.

죽음처럼 힘든 긴장감
견적이 약 30억 년짜리 정도 되는
살인적인 긴장감

그때, 어디선가 들려오는 목소리..
'여기서부터가 진짜야.'
갑자기 눈물이 짝-- 마르더니
마음이 서늘해지며 생각이 정리되기 시작했다
'그래 나는 어차피
이 하찮은 재료들로 인생을 살아가야 해··'

차를 돌려서 집으로 갔다. 그리고 그에게 말했어
'당신을 용서할게. 당신을 이해할게. 무조건 무조건··'
나의 입에서는 신비에 가까운 정답이 흘러 나왔다.

천재성

나는 감히 말할 수 있다
주님이 주신 천재성이었다고

그 와중에 나의 입에서 흘러나온
신비에 가까운 그 정답은
주님이 주신 천재성이었다고

그런 쇼맨십을 할 필요가 있었을까?그 와중에?

50년 동안 나를 끌고 오신 힘
수많은 우여곡절을 지나왔지만
단 한 번도 길을 잃어버리지도
에너지를 놓치지도
헷갈리지도 않았다.

그 힘은
주님이 주신 천재성에 있었고
내 생애 최고의 신비였다.

비즈니스 감각

'어쩔 수 없다‥'라고 멋지게 생각해 버렸지
그러나 하찮은 재료로 할 수 있는 일은 그리 많지 않았어

그러나 주님은 달랐지 주님이 원하시는 것은
'하찮은 재료일지라도‥'였으니까
그게 주님과 나의 다른 점이었다는 것
그것이 주님이 나에게 원하는 것이라는 것을 안 거야

폭풍의 끝자락에서 알게 된 거지
그야말로 **해방**
레드 오션 전략으로 철저히 패배한 나에게 주신
블루 오션 전략이었다고 말할 수 있는

어린 시절 이후
내게 주어진 삶의 모티브와
10년 전의 폭풍같이 주저앉았던
어지러운 모티브의 중간 집계와
10년간의 부산 생활과 지금의 상황을
몽땅 더하기를 해 보면 '비즈니스 감각'

상품 가치

꼴랑 파 몇 뿌리에다 조각난 양파
썩은 당근에 마늘도 없고
고춧가루는 중국산
가스불도 안 나오고 소금도 없어
이 자본으로 과연 뭘 할 수 있을까
'네 자신이 상품이야. 네 자신의 가치가 최고의 메리트가 있어.

은수야 고린도전서 13장이다.'

왜 꼭 하찮은 재료였냐면요
고린도전서 13장과 하찮은 재료는 한 세트였거든요?

'네 자신이 상품이야.' 라고 말씀하시던 이유
'네 자신의 가치가 최고의 메리트가 있다'라고 말씀하시던 이유

재료는 요리사가 걱정할 일이라는
너는(은수)는 요리사가 아니라는
요리사도 아니면서 왜 재료탓을 하느냐는

34.새로운 전략

내 인생의

마치 십자가의 도를 이루기 위해 특별히 부르심을 받은
스데반이나 바울처럼 위대한 부르심에 초대 된 줄로 착각하며
큰기침을 해댔어 그러나 사실은 그것이 아니었지

"사랑은 오래 참고 사랑은 온유하며 투기하는 자가 되지 아니하며
사랑은 자랑하지 아니하며 교만하지 아니하며 무례히 행치 아니하며
자기의 유익을 구치 아니하며 성내지 아니하며
악한 것을 생각지 아니하며 불의를 기뻐하지 아니하며
진리와 함께 기뻐하고 모든 것을 참으며 모든 것을 믿으며
모든 것을 바라며 모든 것을 견디느니라."(고전 13:4-7)

컴퓨터

길을 걷다가 우연히 컴퓨터 가게 앞에서
'저게 뭐지?'컴퓨터 가게 앞에서 걸음을 멈췄어
윈도우도 보급되기 전 도스를 쓰던
386 때의 이야기이다. 13년 전이지

또 주님의 음성이 들렸다. "저기에 살 길이 있어‥"
집으로 돌아와서 아는 청년에게
한글 워드 프로그램을 가르쳐 달라고 했지
고개를 절레절레 흔들면서
"젊은 사람도 하기 힘든데 집사님은 쫌‥" 그 때 내 나이 40세였어
"부탁하시면 그냥 제가 직접 해 드릴 게요."
젊은 사람이라고 해서 컴퓨터를 다 할 줄 알던 시대가 아니었고
몇몇 앞서가는 젊은 애들이나 컴퓨터를 다룰 줄 알던 시기였다.
어느 날 악기를 구경하러 악기점에 가게 되었는데
그 곳에서 어떤 남자분이 컴퓨터를 켜 놓고 뭔가를 하는데
난생 처음 보는 악보 프로그램 앙코르였다.
'아 저것 때문에 주님이 말씀하셨구나‥'
나는 그 분을 통해서 악보 프로그램을 구했고
누군가가 나에게 준 헌 컴퓨터에 프로그램을 깔게 되었지

단순하고 민첩하게 그리고 죽어라 기도하며

전원 키는 것과 프로그램 여는 것만 배워서 컴퓨터 앞에 앉아서

하루에 10시간씩 컴퓨터 앞에 앉아서 무조건 아무거나

클릭을 하며 컴퓨터와 인연을 맺게 되었다.

불과 한 달여 만에 나는 전자 악보 프로그램인 앙코르에 입문했으나

모니터 상으로 볼 수는 있지만 종이 출력을 할 수 있는

프린터가 없어서 안타까워하던 중… 어느 날 우연히

교회 뒤편에 있는 대형 컴퓨터 전시장에 들어가게 되었지

그곳에 전시되어 있는 레이저 프린터가 눈에 들어오는 거야

"이거 얼마에요?" 하며 물었더니

"혹시 OO교회에서 찬양 인도하시는 분 아니에요?"

"네 맞아요." "찬양단에서 쓰실 건가요?" "아-- 네."

"70만원인데요. 일단 그냥 가져가세요. 나중에 돈 받으러 갈게요."

70만원이란 엄청난 큰 액수였고 그 당시 컴퓨터 1대 값이

그 때 돈 값어치로 200~300만원일 때의 이야기이지

좀 이상스러운 대화였지만 찬양단 예산중에서

월 몇 만 원씩 떼어서 돈을 갚으면 되겠다는 생각에

얼떨결에 프린터를 들고 오게 되었고

그날부터 찬양단 악보를 전자악보로 출력을 해서 사용했지

한 달이 지나도 프린터 값을 받으러 오지 않기에 가보았더니

그 가게는 망해서 어디론가 사라지고 없어져 버린 특이한 경험

그러한 하나님의 지지로 컴퓨터에 자연스레 입문하게 된거야

악보 디자인

그렇게 전자 악보 사보 프로그램을 자유자재로 할 줄 알게 되어
내가 작곡한 곡들을 전자 악보로 만들어 따로 책을 묶어서
찬양단 악보로 사용하는 첨단 악보 시스템을 보유하게 되었고
교회 여기저기 부서에 활용하며 바쁘게 살던 어느 날
기독교 서점에 갔다가 최용덕이 손으로 그린
『찬미 예수』 라는 찬양집이 눈에 뜨였어
그때는 전자악보로 만든 찬양집이 없었고
손으로 직접 그린 『찬미 예수』 가 있었을 뿐

또 주님의 음성이 들리는 거야
"앞으로는 전자 악보시대가 온다.
찬미 예수를 컴퓨터를 이용해서 전자 악보로 만들어라."
몇 권의 책을 사서 계산을 하려고 카운터에 서 있는데
어떤 남자분이 하는 말이 들렸지
"혹시 주변에 전자 악보 프로그램 할 줄 아는 사람 없으세요?
앞으로는 전자 악보로 찬양집을 만드는 시대가 오는데
첨단이라서 프로그램을 다룰 줄 아는 사람이 없어요."

그 분에게 힘차게 말을 걸었지."제가 할 줄 아는 데요!"

그 분은 찬양집을 제작하는 제작자였어
그러한 계기로 그 분과 여러 권의 찬양집을 내게 되었고
시중에 판매하게 되었으며 갑자기 악보 디자이너가 된 것
제작자는 계속 나타났고 그 이후 앙코르로 작업을 하다가
피날레가 나오게 되어 더욱 더 정교한 기술로 악보를 만들었고
서울에 올라와서는 음악악보 전문 출판사들과 연결되어서
10여 권의 피아노 교본까지 전자악보로 출판하게 되었지
내가 출판한 마지막 작품인 『찬양집 2002』는
교보문고에 꽂히는 영광까지 맛보게 되었으며
하나님의 하시는 일은 그렇게 놀라웠다.

모든 프로그램은 스스로 독학으로 깨우쳤고
하다가 막히면 기도하며 밤을 새우고
아침쯤에는 항상 터득이 되어 있었으며
악보 프로그램인 앙코르 피날레 습득 이후
미디 시퀀싱 프로그램인 케이크워크로 시작해서 지금의 뉴엔도까지
또는 그래픽 프로그램인 일러스트레이터와 포토샵
드림위버, 프리미어‥ 등등의 다양한 프로그램들을
사용할 줄 알게 되었다. 하나님은 나에게 계속적으로
'내 자신의 삶이 메리트가 있다'는 것을 알려 주셨고
'내 자신의 삶 속에서 트랜드'가 되어야 할 부분에 대해서
계속 적극적으로 알려 주고 계셨던 것

시대를 읽어라

주님은 나에게 계속 말씀하시기를
"시대를 읽어라!"

수치심과 눌림 그리고 비굴함으로
세상의 눈치만을 보느라
엉망진창 된 삶에 대한 보상이었다.

이리저리 눈치 보며 세상을 살았던 세월들이
세상을 읽고 시대를 읽는 시각으로
보상해 주신 하나님

정체성이 없어서
나를 주장하지 못하고
남의 판단과 평가에 매달려
억눌리고 찌그러져 있는
나의 시선으로

'시대를 읽고 대중의 마음을 읽고
대중적인 코드를 알아낼 수 있게 하신 하나님…'

억눌린 정체성과 비굴함으로 인해

'눈치'가 빠삭해져 버린 나‥

그 엉망진창 된 삶에 대한 보상으로

'시대를 읽어라---.'

하나님 자신이 나의 보상이 되신 것이다.

재료의 참맛을 잃지 않아야 한다
그것이 하찮은 재료라 할지라도
'요리사'는 하나님이시므로
오이가 반 토막이라고 해서 호박과 섞으면 안 된다.
대파가 시들었다고 해서 쪽파로 바꿔치기해도 안 된다.
가스불이 안 나오면 기다리면 된다.

'요리사'가 나타나서 조취를 취할 때까지‥

윤용항 장로님

지금은 돌아가셨을 것 같다.
어느 날 머리가 허연 장로님이 교회에 간증을 오셨다.
별로 신통치 않아 보이시는 노인이셨다.
강단에 서신 분들의 눈은 반짝반짝한데 이 분은 처음부터 끝까지 눈을 감고 말씀하셨다.
적당한 인용 성구도 사용치 않으시고 처음부터 끝까지 마치 대본을 읽으시듯 자신이
살아온 이야기를 2시간 동안 같은 톤의 목소리로 그리 크지도 작지도 않게 전하셨다.
이 분의 간증이 진행되는 그 시각.. 그 분의 발음 하나 하나와 그 사건
하나하나는 그 즉시.. 마치 사진이 찍히듯 나의 가슴판에 철커덕 찍혀 버렸다.
결단할 필요도 없이 다짐할 필요도 없이 그 분의 삶이
그대로 나에게 복사되어 버린 것이다. 물론 그때는 몰랐다.
나의 미약한 감동의 무게와는 관련 없이 그 날,
나의 영혼에 복사된 사진 그대로 나는 12년 간 살아온 것이다.
그 당시 장로님은 70세가 훨씬 넘은 고령이셨는데
간증 내용은 이렇다. 이북에서 먹을 것이 없어서 남한으로
목숨 걸고 내려 오셨다. 거의 굶어 죽기 직전 어느 이름 모를
깊은 산 동굴 안에서 주님의 음성이 들렸다. '미국으로 가라!'
그 분은 죽기 직전이었으므로 선택의 여지가 없이 배 밑 바닥에
숨어 미국으로 가게 되었다. 도착한 어느 바닷가에서 숨을 헐떡이며
지쳐 쓰러져 있는데 주님의 음성이 들렸다.
'눈앞에 보이는 저 조개껍데기를 주워서 팔아라.'

그 분은 시키는 대로 조개껍데기를 몇 개 주워서 좌판을 벌이고 팔았다.

몇 개가 팔렸다. 그것으로 밥을 사먹고 기운을 내서 이번에는 기도했다.

'주님, 그 다음에는 무얼 할까요?' 주님은 말씀하셨다.

'이런 저런 약품을 사서 24시간 담가 두었다가 엮어서 팔아라.'

그 물건은 불티 날리게 팔렸다.

윤 장로님의 제 2의 삶은 이런 이야기로 화려했다.

계속적인 주님의 음성에 그 분은 의존했고 많은 사업을 벌려

미국에서 손꼽히는 거부가 된 것이다.

이 세상에 거부는 많다. 이 세상에 간증하는 사람도 많다.

거기까지는 별 다른 감동을 주는 이야기가 아니었다.

그 다음의 이야기들이 나의 영혼을 뒤흔들어 놓았다.

미국에서 다섯 손가락 안에 손꼽히는 거부의 입에서 놀랄 만한 말들이

튀어나오기 시작한 것이다. 나의 재산은 100% 주님의 것입니다.

나는 아무것도 한 것이 없습니다. 제가 차고 있는 이 시계도

8,000원짜리 시계입니다. 제가 입은 양복은 남대문 시장에서

5만 원 주고 샀습니다. 나는 차도 필요치 않습니다.

BMW를 가지고 있는 사람들이 나를 데리러 오니까요.

오늘도 BMW를 타고 왔습니다. 나는 주님의 돈을 함부로 쓸 자격이 없습니다.

그건 내 것이 아니니까요. 나는 나에게 맡기신 재산을 이리 쓰라면

이리 쓰고 저리 쓰라면 저리 쓰고 곰팡이가 쓸어도 그냥 놔두라 하시면 그냥 놔두고

월급 받는 하나님의 회사의 경리 직원일 뿐입니다. 굶어 본 사람은 압니다.

하나님께 월급 받는 직원의 마음을 내 것이 없어도 됩니다.

알량한 내 것이 그 분이 나에게 맡기신 재산에 비하겠습니까?

나는 울었다. 왜?·· 길을 찾았기 때문이다.

엉뚱한 길로 가던 걸음을 멈췄기 때문이다.

그 분의 모습은 영화로웠다.

그 분의 모습에는 주님의 현존이 있었다. 나는 알았다.

어떤 길이 지름길인지를··

그 분은 자신을 사용하시는 하나님을 자랑하고 있는 것이 아니라

하나님의 일하심을 즐거워하고 있었다.

그 분은 하나님과 함께 즐거워하고 있었다.

쐐기를 박다

1997년도의 일이다. 라면도 먹을 수 없는 극한 상황에서였다.

나는 가지고 있는 물건(컴퓨터)을 팔아서 쌀을 사기로 결정했다.

주변에 알아보니 120만 원에 산 것을 30만 원에 팔아야 했다.

생각을 접었다. 그리고 용감하게 한 끼를 굶었다.

그러나 너무 배가 고파서 다시 무릎을 꿇었다.

'주님, 배가 고파요..'

'......'

컴퓨터를 팔고 싶은데 너무 아까워서‥'

'......'

'주님, 배가 고파요.

주님 컴퓨터를 팔까요? 90만 원이나 손해 보는데 너무 아까워서‥

쪼르륵‥

주님 왜? 응답이 없으셔요?'

'너는 아직도 저 컴퓨터가 네 것이라고 생각하는구나.

네 것도 아니면서 왜 아깝지?

아직도 정신을 못 차리고 딱하기는‥'

기가 막혀

아, 정말 내 것은 이 세상 어디에도 한 개도 없구나

항상 철저하게 쐐기를 박으시던 하나님

35.사랑에 관하여

영적전쟁

너무 늦지 않았을까요 아주 많이 부끄럽습니다
사랑은 눈물의 씨앗인 줄 알았으니까요
사랑은 책임과 지혜의 훈련이란다

나는 그를

나는 그를 사랑하지 않았습니다.
아니 사랑하지 못했습니다.
사랑은 아주 신중하고
사려 깊은 마음의 행위이기 때문입니다.
아주 많이 부끄럽습니다.
사랑은 '눈물의 씨앗'인 줄 알았으니까요

너무 늦지 않았을까요?

사람들은 늦었다고들 말하겠지요
그러나 주님은 '절대 늦지 않았다.'라고 말씀하실 것입니다.
너무 늦었다는 말은 어울리지 않지요
주님에게는

지금이라도

사랑해야 해. 조금 늦었지만
지금이라도 그를 열심히 사랑해야 해
아마 어쩌면 짝사랑이 될지도 모르지

그러나 나는 사랑에 빚졌다
그래서 아프디 아픈 짝사랑이라도
어쩔 수 없다고 생각하기로 한다.

갚아야 한다.

사랑이 눈물의 씨앗이라고 생각했었고
feel-이라고 생각했었다
feel-이 맘에 들어야 하고 feel-이 좋아야 하고
feel-이 와야 하고 feel-이 가야 하고
내가 아는 사랑은 그런 것이었다.

그러나 그것이 아니었다.

은수야 '사랑은 책임과 지혜의 훈련이란다.'
처음 듣는 말이었다.

왜 기다리니

기다리는 것이 아니라 사랑하는 것이다.
그러나 내가 과연 사랑할 줄 알겠나
그것 또한 착각이지

나같이 각박한 인간이
누군가를 내 마음에 담을 수 있겠나?
착각일 뿐이다.

그를 기다리는 것이 아니라
그를 사랑하는 것이다.

하나님의 출현이다.

나의 힘으로는 당신을 사랑할 수 없습니다.
나의 힘으로는 당신을 담을 수 없습니다.
주님이 주신 크고도 놀라우신 그 사랑으로
당신을 사랑하는 겁니다. 축복하는 겁니다.
나는 당신을 기다리는 것이 아닙니다.
당신을 오늘도 열심히 사랑하는 것뿐입니다.

치열한 사랑

일곱 번씩 일흔 번을
용서해야 한다면
가장 먼저 그를
용서해야겠다.

새로운 용기로 누군가를 또
사랑해야 한다면 가장 먼저
그를 다시 사랑해야겠다.

나는 치열한 사랑이 좋다.
뜨거워서 좋다.

아주 어릴 적에는
치열한 사랑이 눈에 뵈는 것이 없어서 좋았지만
이제는 모든 것을 녹이고
맨 정신으로는 볼 수 있는 것이
하나도 없기 때문에 좋다.
그래서 오늘도 나는
그를 치열하게 사랑한다.

이론?

그건 이론일 뿐이라고
말하지 마세요
나에게는
절대 이론이 아닙니다.
.
.
.
선택의 여지가 없는
명령일 뿐입니다.

사랑하라는 명령

용서?
까맣게 잊어먹으면 됩니다.
까맣게 잊어먹었는데
무슨 수로 용서 안 합니까?

뭐 생각나는 것이 있어야지요
다 잊어먹었습니다.
까맣게 잊어먹었습니다.

용서 못하는 사람은
절대로 잊어먹지 않습니다.
1년이 지나도 5년이 지나도
30년이 지나도
세월이 흘러도
또렷이 생각나는 겁니다.

그래서
죽이고 싶도록
미운 겁니다.

안 잊혀지니까…

너무 힘들어서

얼굴도 보여 주지 않으시고
짝사랑만 하라시니
너무너무 힘들어서
슬슬~ 변심하고 싶어지던
어느 날 오후

하나님은 '버럭' 화를 내셨다.

"누구든지 그리스도 안에 있으면
새로운 피조물이라. 보라 이전 것은 지나갔으니
새 것이 되었도다."(고후 5:17)

은수야, 그 놈이 그 놈이다
네가 **사랑할 줄 알면**
그게 바로 답이야.

네가 **답**을 쓸 줄 아는데
어찌 틀린 답이 나오겠니?
문제를 잘못 읽었거나
답을 모르는 게지

결과?

'내가 너희를 사랑한 것 같이…'

이것이 사랑의 결과이다
이것이 새것의 뜻이야
이 길 말고는 새것으로
가는 길은 없다.

외롭니? 당연히 외롭지
근데 내가 너를 위해 죽었잖니

은수, 니가 과연 나를 사랑한 적이 있었니?

.

아닙니다. 주님
주님을 사랑하지 못했습니다.
그러나 십자가 위에서 죽으시던
주님의 마지막 모습을
분명히 기억합니다.

주님은 '나'를 사랑하셨군요

보여 주었잖니?

'내가 너희를 사랑한 것같이··'
그렇게 사랑해라 제발
내가 직접 보여 주었잖니
나는 이 세대에 이미
완전한 사랑을 보여 주었다.

'내가 너희를 사랑한 것같이··'
그렇게 사랑하라고
그것이 답이라고

나는 정말 할 말이 없었다.
사랑이라는 말을 운운하는 것조차 힘들었다.
사랑하네, 사랑 안 하네, 사랑을 주네 못 받았네
사랑이 없네, 어쩌네, 저쩌네··
나의 주접스러운 구시렁거림은
그 날로 입 닥쳤다.

제 6 부

나는 '귀족'이다

율법에서 빠져 나오려고 안간힘을 쓰다가
빠져 나오려는 것 자체가 '또 새로운 율법'이 되는 거지
스스럼 없이 자주 '고행'의 길을 선택하는 사람에게서 나는
'또 하나의 새로운 율법의 방'안으로 들어가는
비참한 모습을 자주 본다.

36.십 일 조

우리 교회는 큰 교회니까
시골 교회나 작은 교회에 십일조를 보내야 해
아니면 선교사를 도울까 비참하게 또 넘어짐

유혹

첫 번째 유혹은 항상 이렇게 시작하지
'하나님께서 억지로 내는 헌금을 좋아하시겠어?
율법에 매일 필요 없지.' 몇 주 지나서
'에이 함정에 또 빠졌어.'
하며 양심선언하고 얼얼해 있을 때쯤
또 다시 찾아오는 **두 번째 유혹**

'하나님은 자유의지도 주셨잖아?'

"너희는 열매 없는 어둠의 일에
참여하지 말고 도리어 책망하라."(엡 5:11)

자꾸 실수하는 내가 미워서
반항심만 커져 갈 때 쯤
다가오는 **세 번째 유혹**

'내가 이렇게 돈이 없는 줄은 하나님도 다 아셔.'
또 넘어져서 일어나지도 못할 때쯤
하나님은 이렇게 말씀하시지

"그들이 은밀히 행하는 것들은
말하기도 부끄러운 것들이라."(엡 5:12)

무슨 말인지 잘 모르고 있을 때쯤
네 번째 유혹은 시작된다.

'우리 교회는 큰 교회니까
시골 교회나 작은 교회에 십일조를 보내야 해-- 아니면, 선교사를 도울까?

비참하게 또 넘어졌다.
하나님은 거듭 말씀하셨다.

"그러므로 이르시기를 잠자는 자여 깨어서
죽은 자들 가운데서 일어나라
그리스도께서 너에게 비추이시리라 하셨느니라."(엡 5:14)

비로소 모기만 한 목소리로-- '주님 도와주세요.'

이 바보야

이 바보야 생각해 봐라
길을 막고 물어 봐라

그래 놓고 니가
왕 같은 제사장이냐?
그래서 니가 귀족이냐?

마지막으로 날라 온 강펀치 한 방
너의 뇌가 생각해 낸 '아이디어'가
교회의 결정보다 더 인정할 만하더냐?
교회를 못 믿는구나.
그러면 믿음 가는 교회로 옮겨야지?
믿지도 못할 그 교회에
왜 계속 다니는 거냐?
도대체 뭘 의심하는 거니?
네 생각보다 '교리'가 그리 형편없더냐?
무지하게 지저분한 **자기의**
아무도 알아주지 않는
무인도에서 행사하는 자기의.

'미친 영웅심'의 특권?

십일조를 놓고 갈등한다는 것은
다른 특권들과도 관계없다는 것을
톡톡히 경험했다

아주 쓰디쓴 맛이었다.

하나님과 전혀 관계없는 자기의
당연히 '아들의 특권'은 상실하지. 아니 자기가 포기하는 거지
그러나 미친 영웅심이 주는 요상한 특권은 있겠지

"그러므로 어리석은 자가 되지 말고
오직 주의 뜻이 무엇인가 이해하라."(엡 5:17)

따뜻한 마음으로 아들의 특권을 행사하거라

37.청 지 기

무언가 맡기셨는데 그 심각성을 몰랐다 그저 재능인 줄만 알았다
아는 바를 표현할 힘이 없었다 깨닫고도 실행할 수가 없었다

포장지

하나님은 내가
곱게곱게 치장해 놓은
내 인생의 포장지를
거침없이 뜯어내셨다.

농익은 고백

이건 내 것 이건 하나님 것
하면서 따로 용돈 드리듯이 드릴 것도 없습니다.
가진 것도 별로 없으니까요
그 대신 왜 안 주시냐고
하나님께 묻지도 않았습니다. 살만하니까요
그저 못난 모습 이대로 드립니다.
이미, 하나님은 내 삶 전체를 소유하셨고
나를 뻔히 다 아시니까

따로, 주님께 드리고 말고
할 것이 없습니다.
내 울음도 드립니다. 내 신음도 드립니다.

울음은 드리지 말고 웃음만 드리라구요?
나쁜 건 드리지 말고 좋은 것만 드리라구요?
하나님께서 내가 가진 것 중에서
나쁜 것 좋은 것을 가리시나요? 아닙니다.
하나님은 나를 뻔히 다 아시니까요.
내 고뇌도 드립니다. 내 분노도 드립니다.

철없는 청지기

무언가 맡기셨는데 그 심각성을 몰랐다.

그저 재능인 줄만 알았다.

'혼의 깨달음'

아는 바를 표현할 힘이 없었다.
깨닫고도 실행할 수가 없었다.

철없는 청지기

그래서 허랑방탕하게 다- 써버렸다.

어떻게 주인께 묻지도 않고
다 써버릴 생각을 했을까

진정한 loss

영적 생활의 진보는
손실을 당한다는
조건에서만 이루어지는 것 같다.
나의 인생을 돌아보면
이득(gain)에 비추어서는
한 발짝도 움직일 수 없었다.
단 한 발짝도 움직여지지 않았다.

진정한 삶은
손실(loss)에 의해서 측정되는 것이 분명했다.

영적 생활의 힘(power)은
얼마나 많이 유지하고 있는가에 있지 않다.
얼마만큼 쏟아 버렸는가에 있다.

가장 많이 버린 사람만이
가장 많이 받을 것을 기대할 수 있는
합당한 견적을 뽑아낼 줄 안다.
왕의 직인이 찍힌 확실한 그 견적서는
그들만이 지닐 수 있는 특권인 것이다.

38.일 루 젼

ill

자신의 아이디어와 그럴듯한 구상에 주님을 끌어 들인다
그리고 적절한 환경을 선택하고 적절한 미소와 말투 이론들을 준비한다
그리고 미망에 빠져 있는 사람들을 불러들인다 그리고 열심히 만난다
그리고는 다함께 독거에 들어간다 여럿이 함께 있어도 그건 독거다

illusion..

무서운 적이다.
이루어지지 않을 상황 속으로
나를 끌고 다녔다.
현실을 바라봤으면 눈치 챘을 텐데
현실의 반대편만을 보고 있었다.
doing..이 아니고
being.. 인데

illusion..
쪼잔한 인간들이 사는 법일 것 같은
'혼의 깨달음'

전기세도 내기 싫고 수도세도 내기 싫은
권태로운 어느 한가한 시간에
미망은 슥-- 찾아온다.

'나는 구분된 사람이야.'

그리고 판타지를 쓴다 아주 그럴듯한..
그 구상에 주님을 끌어들인다
그리고 적절한 환경을 선택하고
적절한 미소와 말투와 이론들을 준비한다.
그리고 미망에 빠져 있는 사람들을 불러들인다 .
그리고 열심히 만난다.
그리고는 다함께 독거에 들어간다.
여럿이 함께 있어도 그건 독거다.

하나님의 뜻이 무어냐고?

심플하게 그냥 전기세 내라고·· 수도세 내라고··

그럴듯한 판타지

하늘에서 뭔가 뚝- 떨어지기만
기다리는 그 고통의 세월 동안··
돈을 벌었어도 넉넉했다.
공부를 했어도 넉넉했다.
하늘에서 뭔가 뚝- 떨어지기만
기다릴 필요도 없었다.

세월만 낭비하고 훨씬 더 힘들었다.

점쟁이도 미래는 맞춥니다. 무당은 병 못 고치나? 뭐.

그 밥에 그 나물이라고
비슷한 사람들이 파리떼처럼 모인다.

그릇도 안 되면서

그릇도 안 되면서 죽어라고 그 일을
하려는 이유는 도대체 뭡니까
그릇도 안 되면서 꼭 그 일을
해야 하는 이유는 도대체 뭐냐구요?
'판타지'니까…
그릇이 안 되는 건 뭘 보면 아냐 면요
뭔가? 왠지? 하는 짓이 어설퍼요
한번 곰곰이 생각해 보세요

노닥거리느라 그랬지

도착 지점을 알려 줬으면
책을 읽던지 조언을 받던지 해서
방향을 정하고 하루하루 걸어가야지
왜 가만히 앉아서 노닥거리고 있는지

노 젓기

쯧쯧쯧 판타지에 빠져서 방법을 못 찾고 있군요

노닥거리고 떠들고
즐기느라 **노** 젓는 걸 까먹은 것이에요
노를 젓지 않았으니 배가 그 자리에
둥둥- 떠 있는 것은 당연한 거잖아요

처음부터 이상했던 것은
뭔가를 확실히 봤다면서
출발부터 거꾸로 가고 있는 것이었어요
반대편을 향해 가더라니까요
그것이 바로 미망의 결과입니다.

노 젓기만 잘하면
공부도 잘하고 돈도 잘 벌고
기도도 잘하고 봉사도 잘하고
하나를 보면 열을 안다고
기초가 잘못 되어 있는 것 같군요
제가 그랬다니까요

영적 실제

현실‥

나는 현실을 다르게 해석하고 싶었다.
내가 살고 있는 시간과 공간..
그것은 다행히도 현실이 아니었다.
그래서 천만 다행이었지

만약 내가 현재 살고 있는 시간과 공간이
현실이었다면 나는 더 이상 살아 있을 필요가 없었다.
나에겐 성경 66권이 지독한 현실이었다.
대문을 열고 나가면 펼쳐지는 묘한 세상은
나에겐 판타지였다.
나는 그 멋진 오로라에서 눈을 떼야 했고

그래서 예수님이 좋았던
허름한 옷에 먼지 묻은 신발.
세상을 향해 무표정한 듯한 예수님의 시선이 좋았다.
예수님도 대문을 열고 나가면
펼쳐지는 멋지고 묘한 세상에 대하여
판타지 이상의 유기적 가치를 두지 않으셨지

하지 말라

응어리를 절대 감추지 말라.
무엇인가 놓치게 된다.
현실을 인정하고 조작된 체험을 만들지 말라.
현실을 보고 '실체'를 알라

자기가 구상한 세계를 성취하는데
주님을 끌어들이지 말라

영성은 미망을 이루게 되는 것이 아니고
미망에서 빠져 나오는 것
미망의 함정에 빠지면 본질을 못 본다.

마치 알코올 중독이나 화투판과 같다.
미망의 세계는 허위라는 것을
어쩌면 당신도 뻔히 알면서
그 길을 가고 있는 걸지도 모르지
그 중독성 때문에

책임은 당신 자신에게 있다.

낙관주의자

낙관주의자가
소망을 잘 붙들고 있는 것은
절대 아니다.

게을러서 낙관주의자가 된 것뿐이다.
자격이 있는 것은 아니니까

낙관주의자는 모든 것이 잘 될 것이라고 믿는다.

그러나 자세히 보면
그 기반이 그리스도가 아니다.
그저 막연한 게으름일 뿐

터무니없다.

그들의 미소는 니글니글하며
그래서 행동이 느리다.

니글니글 웃으면서
빠르게 행동할 수는 없으니
당연히 게으르다.

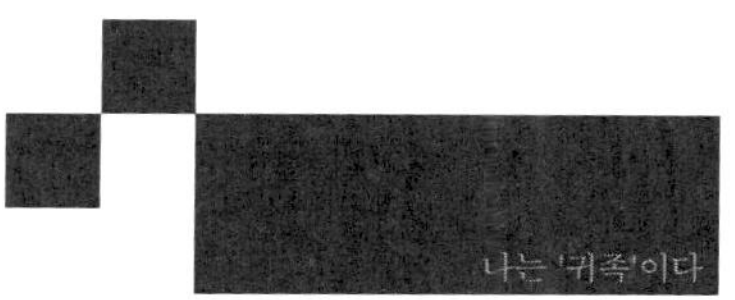

39. 부르심

나는 어떻게든 피하고 싶었지
나는 어떻게든 벗어날 수 있을 것이라고 믿었어
여전히 나는 그 자리만 맴돌고 있다

용기를 내라

잘생기고 예쁜 사람들만 좋아하던 은수야
그들의 정리된 웃음이 좋았지?
예쁜 미소를 연습하는 그들의 마음이 좋았던 것이지?
그러나 그 미소는 내 가슴과 만나지지 않는
끝없는 평행선이었어

잘생기고 예쁜 사람들의 웃음이 필요했는데
어찜 그렇게도 내 손에 잡히질 않았을까
어찜 그렇게도 그 예쁘디예쁜 웃음을 단 한 명도
내 가슴에 심어 주질 않았을까

쌀쌀맞기는 ….

잡힐 듯 잡히지 않는 환상이었다고나 할까
그렇지 환상 웃음에도 **환상**이 있었다.

이젠 용기를 내라
이 사람들 어떻게 할래?

피하고 싶었어

나는 어떻게든 피하고 싶었지
나는 어떻게든 벗어날 수 있을 것이라고 믿었어
그러나 여전히 나는 그 자리만 맴돌고 있었다.

마치 고무줄에 묶인 사람처럼
멀리가면 갈수록 더욱 더 탄력을 받아
제 자리로 돌아오곤 했다.

내 나이 50세

어린아이 7살 때 울면서 떠났었던
어둡디 어두웠던 그 골목 앞에 다시 섰다.
어떻게든 떠나보려고 발버둥쳤던 그 골목
몸서리치도록 싫었던 나의 한계

나의 그 역겨움 앞에 오늘 다시 섰다.

아픈 사람들

이 세상에서
제일 아픈 사람
나의 부모님
이 세상에서
나와 꼭 닮은 사람
나의 부모님

이제 용기 내어 다시 다가선
어린 시절 초가집 문 앞

그 다음
아픈 사람
도연 아빠
나를
슬프게 한 사람
도연 아빠
나를
힘들게 한 사람
도연 아빠

처참한 상처

만나보니 여전히 아프다.
만나보니 그들은 지금도 날마다 아프다.
그리고 또 예전처럼 나를 아프게 한다.

안아 주려고 하면 창을 들고 덤빈다.
보살펴 주려고 하면 단검을 날린다.

뭉그러진 얼굴과 파괴된 가슴

다시는 안 볼 줄 알았는데
다시는 마주치지 않을 줄 알았는데
그 아픔들을 다시 만나야 했다.

다시는 상대하고 싶지 않았는데

그들이 원하는 것은

그들이 원하는 것은
생명을 걸고 사랑해 달라는 것이었다.
남는 시간에 사랑하지 말고
공휴일 날 사랑하지 말고
생명을 건 사투와 같은 사랑

그들과의 사랑
또 하나의 별천지
치열한 사랑

'다시는 그들을 빼앗길 순 없다.'

예전에는 내 상처가 아파서 울었지만
지금은 그들의 상처가 아파서 운다.

나만큼 아플 테니까

그들이 원하는 건 '하나님의 출현'이다.

추운 사랑 고백

하나님은 너무 큰 분이기에
나의 눈을 볼 수가 없었습니다.
하나님은 너무 큰 분이기에
나의 손을 만질 수도 없었습니다.
하나님은 그래서 나에겐
그대를 통해서 오셨습니다.

물론 그대를 처음 만났던 날의 하늘은
먹구름이 가득했었습니다.
그러나 그 먼 하늘에 하나님은 서 계셨습니다.
그리고 그 먼 하늘에 구멍을 뚫으셨습니다.
그 바늘만한 작은 구멍 사이로
단 한 사람 그대를 발견한 겁니다.
그대의 좌절과 그대의 고독과 그대의 실패를
볼 수 있었던 그 오랜 밤들이 정말 감사합니다.
그대를 발견케 하시려고
좁고 어두운 골목길로 걷게 하셨던
그 선택이 정말 감사합니다.

40. 길수 이야기

나는 '귀족'이다

그녀는 보자마자
죽고 싶어요 하며 우는 거야
어처구니 없는 마음에
왜? 물었더니
자신이 저지른 죄 때문에
괴롭다는 거야

어느 날

내 몸 하나 가누기도 어려운 나날들이 있었어
느낌은 이랬다. '그냥 딱 죽고 싶어---.'
주저하지 않고 그냥 솔직하게 느끼기로 했지
나에게 관심 갖는 1-2명만 있었어도
그렇게 솔직하게 살 필요는 없었어
그래 맞아 그럴 필요는 없었지

그러나 도통 나에게 관심 갖는 이웃이라고는
딸내미 빼고는 0명이었으니
주저하지 않고 솔직하게 느끼면서 살 수밖에
안 그러면 너무 심심해서 살 수가 없지

그러던 어느 날 '길수'라는 청년을 만나게 되었는데

그녀는 나를 보자마자 '죽고 싶어요--'라며 우는 거야
어처구니없는 마음에 '왜?'라고 물었더니
자신이 저지른 죄 때문에 괴롭다는 것이다.
자신을 찢어 죽이고 싶도록 밉다는 것이다.
그날 밤 나는 밤을 새며 그녀를 설득했다.
마치 언젠가 자살 바위위에 섰던 은수에게 말하듯 그녀를 설득했다.
그녀가 울부짖듯 '죽고 싶어---' 라며 울부짖던 은수를 기억하며
그녀가 구구절절 자신의 이야기를 하지 않아도
그녀의 괴로움에 대해서는 충분히 알 수 있었다.

나는 또 한 명의 **나**를 만난 것이다.
마치 거울을 보고 있는 것 같았다. **느낌은 이랬다.**

내가 숨겨 놓은 것들이 몽땅 다 바깥으로 나와서
내 앞에 버젓이 앉아 있는 것 같은 느낌
그녀를 바라보고 있는 것 자체가 고통이었다.
그녀의 입에서 튀어나오는 타당성 없는
광분어린 단어들이 내 마음과 같다니

오랜 세월 피해 왔고 숨겨 왔던 전혀 타당성 없는 내가
내 앞에 떡 버티고 앉아 울부짖고 있었어

그녀의 고통

그런데 이상한 것은
나의 괴로움에 비하면 '몇 알갱이의 먼지' 정도밖에 되지 않는
꼴랑 코딱지만 한 괴로움을 가지고 그녀는 죽고 싶다면서
울부짖고 있는 것. **그녀는 외로울 뿐이었다.**
외로워서 죽고 싶은 것뿐

'필경 저 아이를 살려야겠구나.'
나는 그녀에게 다가섰다.

얘야, 죽지 마. 죽겠다고 말하지 마.
내가 너와 함께 너의 시간 속에서 같이 살아줄게

'너를 외롭게 혼자 두지 않을게'

그녀는 나에게 엎드러져 펑펑 울었고
나는 그녀의 **멘토**가 되었다.

나는 그 시간부터 그녀의 선생님이 되었고
마치 소설의 주인공인 양
그녀를 살리기 위한 나의 이야기보따리를 풀어 놓게 되었다.

그녀는 자신보다 더 고통스러운
삶의 끝자락을 붙잡고 근근이 살아가고 있는 나에게
고무되기 시작했고
자기보다도 훨씬 더 형편없는 '삶의 재료'로
버둥대며 살아가는 힘겨운 나를 위로하기 시작했다.

나 또한 그녀를 만난 시간 이후
그녀에게 나의 고통을 더 이상 보일 수가 없었지

그녀가 흔들릴까봐..
그녀가 또 다시 불안함의 혼돈 속으로 빠져 들까봐
나의 고통을 더 이상 의식하지 않음으로써
그녀에게 **긍정의 힘**으로 다가서고 싶었던 것
나는 어느새 서서히
나의 고통 속에서 빠져 나오기 시작했고

치유되기 시작한 것이다.

치유

'나'와 똑같은 그녀를 위해 그녀와 똑같은 '나'를 위해

무엇이 잘못 되었는지
확실히 그리고 분명히 알 수 있었다.

꽁꽁 숨겨 놓은 내가 바깥으로 튀어나오더니
마치 거울 앞에 앉아 있듯이 내 앞에 떡 버티고는
'나와 똑 같은 미운 짓을 시도 때도 없이 죽겠다고 울부짖는
대책 없는 그녀 때문에' 나는 기도해야 했으며

'이 아이를 살려 주세요'

그녀가 흔들릴까봐 나의 고통을 참았고
나의 고통들은 점점 기억 너머로 희미해져 가며
마음속 깊이 꽁꽁 숨겨 놓았던 나의 마지막 아픔들은
그렇게 해결되어 가고 있었다.

길수는 '과거의 망령'으로부터 탈출을 원하고 있었어
그 스토리의 한 가운데 주인공으로 떡 버티고 있는
해결할 수 없는 자신
죽이고 싶도록 미운 자기의 자신으로부터 도망쳐야
'과거의 망령'으로부터 도망칠 수 있다고..
그러나 도착지의 포지션이 어딘지도 모르는 채
도착지도 없는 출발을 하고는
갈팡질팡 울부짖고 있는 그녀

그 고통이 나와 너무나 똑같았던

나는 神께서 부여해 주신 포지션으로 돌아가야 했으며
그렇게 해야만 그녀를 제자리로 데려갈 수 있다고

내가 제자리를 찾지 않으면
그녀도 꼼짝하지 않을 테니까

갈 곳도 모른 채 출발하고 울부짖던 은수와 길수

도망자

그래서 알게 되었지
과거의 망령으로부터의 탈출은 불가능하다는 것을
그것은 사기 치는 삶을 선택하는 것뿐이라는 것을
그러한 도망은 있을 수 없다는 것을

왜냐하면 과거의 시간으로부터의 도망은
과거의 시간을 회복하여는 에너지를 가지고 있기 때문이라는 것을 알게 되었지

과거의 시간을 거부하면서 동시에 희구하며
미래의 시간을 회피하면서 동시에 열망하며

단단히 꼬인 거지

과거의 시간을 거부할 수 있는 세계도 없고
과거의 시간을 희구할 수 있는 세계도 없다.
미래의 시간을 열망할 수 있는 세계도 없고
미래의 시간을 회피할 수 있는 세계도 없다.

다만 하나님은 살아계시다는 사실을 알게 될 뿐
그러니까 도망가지 마

살기가 다소 불편할 거야
지금 느끼고 있는 고통은
하고 싶은 대로 안 되는 것 때문에
생긴 그림자일 뿐이지

화해해라.
니 자신과 화해해
다른 사람과 화해하라는 뜻이 아니고
니 자신의 히스토리와 화해하라구

이제껏 아무렇게나 살아온
니 자신의 삶의 이야기들과
꼭 화해해야 한다.
부모님도 용서해라
잘못 형성된 너의 못된 성격도 용서하고
쓰라린 너의 상처들과도
악수하며 화해해라
그리고
상처를 숨기지 말고 분노도 털어놔---
소외감 가책들도 다 털어놔--

절대 남과 비교하지 말고 **도망가지 마.**

어느 새 나는 내 자신에게 '권면'하고 있었다.

41.천국과 지옥

나는 '귀족'이다

철없는 어린 엄마는 그렇게 딸 아이 도연과 첫 대면을 하고
그러나 딸아이의 출산 때 나는 또 한번의 신비를 경험한다

출산

17년 전, 나는 딸아이를 출산했다. 그러나 사고가 있었어
나무젓가락처럼 말랐던 나는 항상 건강이 좋질 않았다.
항상 남편이 했던 썰렁한 말

'아내를 생각하면 빵긋빵긋 웃고 재미있고

이런 모습이 떠올라야 하는데 우리 마누라는 항상 누워 있고,

아프다고 낑낑대고 뭐 이런 모습만 떠오르니 원~.'

나는 어린 시절부터 병치레가 많았고 입이 짧아서 잘 먹지도 않았다.
건강이 좋지 못한 육체는 결혼 생활에 큰 어려움이었다.
역시나 결혼한 지 5년이 지나도 '아기'가 생기질 않으니까
시어머님이 나를 데리고 한약방엘 가셨다.

'이 분은 아기를 가지기 어렵겠는데요?'

그러면서 한의사는 약을 몇 첩 지어 주었는데
어쨌든 그 약을 먹다가 아기가 들어섰고
임신 초기에 입덧할 때를 빼놓고는 잘 먹고 잘 자고 하면서
건강해지기 시작했다. 그래서 그런지 아기가 뱃속에서
너무 많이 커버렸고 조산끼까지 있었다. 결국 9개월 만에
아기를 낳게 되었는데 시어머님 말씀에
'원 세상에 우리 애기 봐라~ 돌쟁이만큼 크다~'
도연이는 실제로 신생아 때도 키가 엄청 컸다.

신생아실로 아기를 처음 보러 갔을 때의 감격이 기억난다.
눈에는 쌍꺼풀을 단, 어디서 많이 본 듯한 눈에 익은 모습
내 얼굴과 비슷한 모습의 강보에 싸인 또 하나의 작은 사람.
유리창 너머에서 나를 향해 천천히 얼굴을 돌릴 때
마주쳤던 그 묘한 기분.
영원히 끊을 수 없는 숙제로 나에게 주어진
또 하나의 생명 감격을 넘어서서 나는 섬뜩할 정도로
긴장했다는 말이 맞을 것 같다.
철없는 어린 엄마는 그렇게 딸 아이 도연이와 첫 대면을 하고

그러나 딸아이의 출산 때
나는 또 한 번의 신비를 경험한다.

하나님을 만나다

무사히 자연 분만을 하고는
'따님입니다.'라는 소리를 들으며
곧바로 혼절을 했다.

아득하니 아련하게 모든 것이 멀어져가며
간간히 정신이 들어왔다 나갔다 하기도 하고
들리는 의사들의 심각한 목소리. 멀어져가는 소리들
그리고 의식 너머의 기억들은 나와 점점 상관없는
무의미한 이야기들. 그 순간에도 그랬다.
악몽 같은 기억들이 나와 점점 상관없어진다는
무의식 속에서도 나는 그 기억을 잊어보려고 애쓰고 있었어
'아, 이제 살 것 만 같아. 그래 바로 이거야.
나의 아픈 기억들은 이렇게 나에게서 떨어져 나가길 바래.'
조용하고 침착하며 단아한 느낌의 어떤 세계에 도착했다.
그곳에서 나는 비로소 하나님과 대면한다.

'하나님 왜 이제야 나타나신 거죠? 어디 계셨어요?'
'너야말로 어디서 뭐했니?'
'제가 하나님을 얼마나 찾아 헤맸는지 아세요?'
'나는 항상 너와 함께 있었잖니?'

'은수, 너야말로, 어디서 뭐하다가 이제야 나타난 거니?'

'하나님은 저에게 아무것도 시키시질 않으셨어요
그래서 그저- 하나님을 기다리기만 했습니다.
왜? 저에겐 아무 일도 안 시키시는 거죠?'

'너야말로 왜 가만히 있는 거니?'

'하나님께서 아무 일도 안 시키시니까요.'

'저는 쓸모가 없나요?'

전하라고 한 것

'내가 너에게 전하라고 한 것이 있잖니?'

'……??'

'지옥-'

'네-----?-----%$&#(#%%"

아니, 지옥을 가봤어야죠?

뭘.. 알아야 전하죠..'

그 말이 끝나자마자 철커덕.. 철커덕.. 하며

옥문이 닫히는 소리가 나기 시작하는데

철커덕.. 철커덕.. 철커덕.. 철커덕..

그 소리는 점점 가까워졌고

그 소리가 내 귓바퀴에 닿을 때쯤

나는 손바닥만 한 사이즈의 옥에 갇혔지

영원히 갇히는 것.. 그것이 지옥이다.

영원히 갇히는 것.. 그것은 죽음의 뜻

죽음 이후에도 영원히 끝나지 않는, 결단코 끝날 수 없는

영원한 고통을 절대 해결할 수 없다는 것

그것이 지옥이다.

그 감옥이 있다는 것을 전하라 하시는 것이었다.
당신들은 지금 지옥을 경험하고 있다고 말하라는 것이었다.

지옥은 '자유를 분실하는 것' 그 순간이 지옥이야

기도할 수 없는 **감옥**
찬양할 수 없는 **감옥**
희망을 느낄 수 없는 **감옥**

다시 자유를 꿈꾸며 우리는 압수당한 것을 되찾고
분실한 것들을 다시 챙겨야 한다.

하나님은 나에게 그것을 전하라고 하신 것이다.

남편의 서원

나는 한양대학병원에서 9시간 동안 생사를 왔다갔다했다.
남편은 '생명 포기 각서'까지 쓰고 가족들은 발을 동동 굴렀지
나는 병원에서의 9시간으로 세상의 소욕을 단 순간
한 방에 깨끗이 날려 버렸고
내가 노력할 필요도 없이 강권적으로 '축복'을 받은 것이다.

말하자면 '세상의 삶의 끝'을 경험했고
'세상의 삶의 끝 너머'의 세계까지 경험한 것

나의 호흡이 돌아오고 맥박이 뛰기 시작했으며
나의 의식이 돌아오면서 제일 먼저 만난 사람은
침대 옆에서 새파랗게 질린 채 수염도 못 깎고 앉아 있던 남편이었다.
남편은 내 손을 붙잡고 울었지

'여보, 나 서원 기도했어.
마누라를 살려 주시면 교회에 다니겠다고 ---. '

권면

'생과 사의 사투'에서 의식이 돌아온 후 나는 중환자실에서 눈을 떴는데

산소 호흡기를 비롯해 이름 모를 기계들이 나의 몸에 매달려 있었다.

의사들 여러 명이 나를 둘러싸고 걱정스러운듯이 바라브며

"괜찮으십니까? 정신이 드십니까?"

그 순간, 나는 눈물을 흘리며 이렇게 말했다

"괜찮습니다. 나는 스트레스를 받은 것뿐입니다.

걱정되는 건 선생님들이에요-- **저는 그 분을 만나고 왔으니까요**"

의사들은 다행이라는 듯이

"아-- 그러세요-- 참 다행입니다. 이젠 살아나셨습니다. 죽을 뻔 하셨어요---."

나는 뜨거운 눈물을 줄줄 흘렸다.

그리고는 다시 정신을 잃었는데 눈을 뜨니 캄캄한 밤이었다.

중환자실의 불은 다 꺼지고 어두컴컴한 나의 침대 곁에

간호사 1명이 나를 지키고 앉아 있었다.

"괜찮으세요? 어디 불편한 곳은 없으세요?"

나는 겨우 산소마스크로 호흡을 유지하면서도 이런 생각을 했다.

"천국과 지옥이 있다는 것을 말해 줘야지-"

나는 숨을 헐떡이며 작은 소리로 정말 진지하게

눈물을 흘리며 간호사에게 말을 걸었다.

퍼펙트

'괜찮습니다. 나는 스트레스를 받은 것뿐입니다.

예수님 믿으세요. 꼭 교회에 나가세요. 그리고 천국 가세요. 제발.'

나는 눈물을 흘리며 그 간호사의 손을 붙잡고 애원했다.

'꼭 예수님 믿으세요. 꼭 교회에 나가세요,

이번 주일날 교회에 가신다고 약속해 주세요.'

간호사는 '환자분, 이렇게 말을 많이 하시면 안 됩니다.

네 알겠어요. 이번 일요일 날 꼭 교회에 갈게요.'

그 간호사는 뜨거운 눈물을 줄줄 흘리며 힘들게 말하는 내 손을 잡고

밤새도록 내 침대 곁을 지켰다. 나는 분명 이 '완전한 권면'에

성령의 감동하심이 함께했으며 그 간호사에게 전해졌다고

믿는다. 그로부터 17년이 흘렀다.

나는 17년 전 중환자실에서 전도했던 기억을 잊지 못한다.

왜 '예수 믿고 천국 가세요--'라는 말밖에 다른 할 말이 없었는지..

왜 다른 말은 할 수가 없었는지 그 때 확실히 알았지

다른 말은 필요 없기 때문이다.

지금도 나는 여전히 죽음의 문턱에 있는 사람들에게 전도하며 산다.

그들은 나의 권면에 죽음의 문턱에서 돌아서며

'살기로 작정'한다. 그들과 나는 어우러져 '이 풍진 세상'을

살아갈 궁리를 하며 살고 있다. 내 속에 있는 예수의 생명은

그렇게 '세상 속으로' 전이되어 가고 있는 것이다 .

그리스도인

그리스도인.
비밀을 말할 기회에 놓여 있는 자

"또한 우리를 위하여 기도하되
하나님이 전도할 문을
우리에게 열어 주사
그리스도의 비밀을 말하게 하시기를 구하라
내가 이 일 때문에 매임을 당하였노라"(골 4:3)

그들이 듣게 되고..

"하나님이 그들로 하여금
이 비밀의 영광이
이방인 가운데
얼마나 풍성한 지를
알게 하려 하심이라
이 비밀은 너희 안에 계신 그리스도시니
곧 영광의 소망이니라."(골 1:27)

깊숙이

왜 좀 더 간단하고 간결하게
말해 주는 사람이 없었을까

한 번의 눈빛으로라도
'이건 진리야--
아니라면 차라리 나를 죽이고 지나가라--'
하면서 내 삶 속으로 목숨 걸고 파고든
단 한 명의 사람이 없었을까

사람들은 그다지도
'아는 것'이 없었을까?
아니면 알고도 말을 안 했을까?

나는 오늘도 사람 속으로 깊숙이 파고든다.
아주 용감하게..
욕을 먹고 뺨따귀를 맞을 때도 종종 있다.
그러나 개의치 않을 수 있다.
꼭 무언가를 전해야 한다고
처절하게 믿으니까..

42.양자 삼으심

특권에 가득 차 있으나 은혜가 조건이야
그러나 선배들을 보면 이 특권 때문에 방종하고
이단으로 빠지기도 하더군

아름다운 계획

'눈이 번쩍 뜨일 지도'로 암호를 전부 풀었다.
좀 더 일찍 하나님께서 나를 아름다운 계획 안에서
예정하셨다는 것을 알았더라면 얼마나 좋았을까
나는 높은 빌딩 위에서 확성기를 대고 이렇게 외치고 싶다.
'나는 여호와의 장자라..'

하나님 이루소서.
그리고 보내소서.

"너는 바로에게 이르기를
여호와의 말씀에
이스라엘은 내 아들
내 장자라." (출 4:22)

안 쓰던 근육

내가 뭔가를 열심히 찾고 있지만
사실은 미리 정하신 것이다.

그러니까 '약속'이지..

까맣게 몰랐던 때에는
'안 쓰던 근육'
안 쓰던 근육을 써야 한다.
그렇지 않으면 못 찾는다.

'쓰던 근육'으로 못 찾았던 50년
당연히 안 쓰던 근육을 써야지
쓰던 근육만 50년 동안 아침부터 밤까지
하루 종일 죽도록 발버둥쳤어도
못 찾았잖아

그토록 가르쳐 줬는데도
계속 '쓰던 근육'만 쓴다면
그거야말로 인간적 책임이지
그동안 '쓰던 근육'이 해놓은 것도
별로 없다는 걸 뻔히 알면서도
왜 그렇게 고집스럽게 계속 끝까지
'쓰던 근육'만 계속 쓰는지

제발 '안 쓰던 근육' 을 좀 쓰세요

인생 몽땅 다 청산하고 신학교에 가도
넘어진데서 또 넘어지고 구른 데서 또 구르고
코피 흘린 데서 또 코피 흘려요

무슨 뜻인지 아시죠?

양자의 특권

양자의 지위는 특권에 가득 차 있으나
은혜가 조건이야
이 특권 때문에 '방종'하고
이단으로 빠지기도 한다.

말 그대로 특권이 주는 부담감이
마치 살얼음판처럼 느껴질 정도로의
현실 감각을 놓치지 않아야 한다.

특권의 현실성을 놓쳐버리고
특권을 즐기려고만 한다면

생각만 해도 아찔하다.

이 부분은 존 번연의 『천로역정』에도
자세하게 소개 되어 있었지

값으로 사심

매일매일 나는 똑같은 나이다.
'과연 가능할까?' 매일 자신에게 묻는다.

'은수야, 더 이상 너 생긴 것 때문에
장애를 느끼지 말고 등 뒤를 봐라.'

'그냥 내려놓으라구.. 쉽잖니? 그냥 내려놓으라구.. 단순하게 내려놓으라구..'

'너 생긴 것 때문에
장애를 느끼는 (그것을) 내려놓으라구..'

'백지화하라구
너 생긴 것을 백지화하라구.'

'그리 아니 하실지라도 감사해요- 하라구..'

"값으로 산 것이 되었으니
그런즉 너희 몸으로
하나님께 영광을 돌리라." (고전 6:20)

약속의 언약

전해 주는 사람이 없어서
그러다보니 몰라서
약속의 언약들에 대해 외인으로 살았지
남의 떡 구경이나 하고
남이 잘 되는 것 침 흘리며 지켜보다가
몰래 눈물이나 흘리고
나는 계속 그런 식으로
흐느끼며 살 줄 알았어

그리스도 안에서의 수많은 약속들 눈부신 언약들
아버지가 나를 양자 삼아 주셔서 누리게 된 세계
사까닥질 하고 이단 옆차기 해도
도저히 갈 수 없었던 세계
그 세계로 가게 된다는 뜻

"그 때에 너희는 그리스도 밖에 있었고 이스라엘 나라 밖의 사람이라
약속의 언약들에 대하여는 외인이요 세상에서 소망이 없고
하나님도 없는 자이더니"(엡 2:12)

43. 용서라는 것의 현실

나는 '귀족'이다

다 용서 하라시는데
내가 무슨 도인이라고
척척척 용서를 하나
그리고 척척척 용서 한다고
줄줄줄 용서가 되는가
몽땅 다 용서하라는데
무슨 수로 용서하나

미운 사람들

미운 사람이 있다.
나의 일을 계속 망치는 사람이 있다.
나만 졸졸 따라다니며
콕콕 찔러대는 사람이 있다.
뭐~ 좀 할라치면 나타나서는
찬물을 쫙~ 끼얹는 사람이 있다.
내 인생에 결코 도움이 안 되는 사람이 있다.
정말 죽도록 밉다.
한심한 사람, 미친 사람, 견적이 안 나오는 사람
너무나 갈 길이 멀어 보이는 사람
도저히 풀릴 것 같지 않은 사람, 인간 이하의 사람
다 용서 하라시는데
내가 무슨 '도인'이라고
척척척~ 용서를 하나?
그리고 척척척~ 용서한다고
줄줄줄~ 용서가 되는가?
몽땅 다 용서하라는데
무슨 수로 용서하나?

오늘 아침 주님이 주시는
정결한 마음

딸아 사랑하는
딸아

걔네들이 잘 못하는 것들..(?) 말이다

일부러 못하는 것이던
게을러서 못하는 것이던
한심해서 못하는 것이던
악한 마음으로 못하는 것이던
부족해서 못하는 것이던
알면서 안 하는 것이던

결국은 **못하는 것**인 거야~

안 하든, 못 하든

어쨌든 못하잖아?
안하든 못하든
어쨌든 못하는 거잖아?

그냥 못하는 것인 거야
잘 할 것처럼 보이지만
네가 잘 못 본거야
어쨌든 못하잖아?
능력이 없는 거지. 너도 마찬가지고

난들, 너희들에게
뭘 시킬 수 있겠니? 안 그러니?
그리고 너희들이 시킨다고 하겠니?

내가 얼마나 오랜 세월 동안을
너희들하고 '실랑이'를 했는데..
내가 지금 하고 있는 말이
무슨 말인지 알기는 아는 거니?

니가, 더 나쁘다

너도 이미 다 알잖아
그러니까 '사람' 붙잡고 왈가왈부하지 마라
능력 없는 사람에게 능력 없다고 하면
뭐 어쩔 거니?

안 그래도 부족한 자기 자신 붙잡고
살아가느라 힘겹게 진땀 빼고 사는데
잔인하게 쿡쿡- 쑤셔대지 마라

니가 더 나쁘고
니가 더 잔인하다.

더 이상 서로
집어 뜯고 할퀴지 말고
서로서로들 용서해라
그리고 용서했으면 기대도 끊어라

또 기대하니?
'코미디'이다.

용서

만약 나의 친정 아버지를
용서하지 않았다면

난 아마 당신을 기다리지
못했을 겁니다.

당신을 기다리지 못했다면
어쩌면 난 아마 이 세상 어떤 누구도
사랑하지 못하는 사람이
되었을지도 모릅니다.

어쩌면 도연이조차도
사랑하지 못했을 겁니다.

승화된 마음으로 나를 돌아보니
나도 '가롯 유다'였다.

그날 밤 괴로워서
방바닥을 구르며 울었지.

배신당했다

배신당했는데 어쩌란 말인가? 그렇다고 그 사람만 욕하면서
평생을 살 순 없질 않은가 그렇다고 가식적인 웃음 뒤에
내 마음을 숨기란 말인가 그렇다고 주님이 모르시겠나
배신당했는데 어쩌란 말인가?
내 마음은 용암 들끓듯이 뜨겁게 마구 끓어대고 있었고
참으려 했지만 참을 수 없었다.
아침부터 밤까지 누구에게인가 계속 욕을 해댔어
그럴수록 상황은 어려워졌지

가식적인 웃음 뒤에 마음을 숨길 수 없었다고
용암처럼 들끓었던 오랜 세월
결국은 지쳐서 가식을 택하게 되었지
그러나 알고 보니 '승화'였다.

배신. 하나님의 성품과 관계없는 말이다.
연약하고 치명적인 인간적 사랑과 하나님의 사랑의 차이일 뿐
복음은 죄 사함을 위해 십자가에 못 박혀 죽으신
하나님의 은혜와 사랑에 관한 하나님의 이야기
우리 이젠 거짓말하지 말자

배신이라는 산

배신이라는 산
시커먼 덩어리로 떵-- 하고 서 있는
흉물스러운 산
그 너머에도 아지랑이가 있을까?
어느 날 나를 찾아 주신 주님
가 봐라~ 가 보고나서 이야기하자~ 은수야~
그 아름다운 음성 한 마디에
나는 봇짐 들고 배신의 산을 넘기로 했다. 기어올랐다.
배신이라는 산. 시커먼 덩어리로 딱딱하게 굳어버린
흉물스러운 산을 기어올랐다.
붙잡을 것이라고는 하나도 없고
쌀쌀맞은 밤공기처럼 으슥한 산을 기어올랐다.
저 너머에도 아지랑이가 있을까?
풀포기도 있을까?

새벽녘 드디어 나는 정상에서
그 너머 산 아래를 보았다.
굴뚝에 연기 피우며 옹기종기 모여 앉은
탕자들이 사는 세상

탕자의 마을

겸손한 미소와 수더분한 말솜씨
어디서도 볼 수 없는
알맹이를 몽땅 바친 종 된 모습들
자신이 아버지의 기쁨인 줄
이미 알아버린 여유
굴뚝에 연기 피우며 옹기종기 모여 앉은
탕자들이 사는 세상
아름다운 인간의 모습
'돌아온 탕자'들이 사는 탕자의 마을

탕자는 회개한 이후에
과연 제 2의 인생을 경험할 수 있을까?
탕자는 탕자의 명찰을
아무도 모르게 쓰레기통에 버려야 할까?
아니면 가슴에 달고 다녀야 할까?
과연 어떻게 해야 할까?
탕자가 지고 가야 할 십자가도 있을 텐데
보살펴 줘야 하는 안쓰러운 이름
'돌아온 탕자'

방황하더라도

우리 방황하더라도
주님 안에서 하자
주님 앞에서 하자
방황이 다 끝나고
돌아오겠다고 말하지 말자

내가 몰래 방황했던 날
주님은 이미 다 알고 계셨다
내가 몰래 주님을 떠났던 날
그 때도 주님은 다 알고 계셨다.

우리 방황하더라도
주님 안에서 하자

방황이 다 끝나고 돌아오겠다고
말하지 말자

열매

사랑의 열매, 화평의 열매, 온유의 열매..
눈부신 '은사'들이 판치는 세상
그러나 '열매'는 결코 눈부시지 않았다.
그것은 예수님의 성품이므로..

눈부시게 화려한 것은 은사였을 뿐

은사로 뚜껑을 열긴 했었다.
그러나 그토록 화려하게 눈부신 은사가
어찌 그리 쉽게 휴지통에
버려질 수 있었을까?

'은사'로는 도무지 사랑할 수가 없었다.
마치 반짝이 옷처럼 유치하게 반짝이며
사람들의 눈길을 끌뿐

예수님의 십자가가 모든 것의 답이듯이
예수님의 성품이 열매라는 값어치에
피어리드를 찍고 비로소 왕의 직인을 받는다.

사랑은

사랑은 '은사'가 아니다.
사랑은 그리스도의 품격이다.
유치하게 반짝이는 반짝이 옷처럼
값어치 없게 반짝이지 않는다.

고되고 힘들며 지치지만
견디게 한다.

그래서 사랑은 무조건 완전하다.
그래서 사랑은 그리스도의 품격인 것이다.
그러나 또한 그리스도의 품격이
뭔지 알아야
완전한 사랑도
감상할 줄 알지 않겠는가?

완전한 사랑을 감상하는 법이란

인간에게는 '품'이 없다.
안길 '품'이 없다는 것 이것을 아는 것

만약 사랑이 영원하지 않다면
뭐 하러 오래 참아야 하는가?
만약 사랑이 영원하지 않다면 어떻게 온유할 수 있겠는가?
만약 사랑이 영원하지 않다면
무슨 수로 투기하지 않을 수 있으며
무슨 이유로 자랑하지 않아야 하고
왜? 교만하지 않아야 하는가?

만약 사랑이 영원하지 않다면 도대체 무슨 이유로
무례히 행치 아니하며 자기의 유익을 구치 아니하며
성내지 아니하며 악한 것을 생각지 아니하며
불의를 기뻐하지 아니하며 진리와 함께 기뻐하고
모든 것을 참으며 모든 것을 믿으며 모든 것을 바라며
모든 것을 견디느니라...

도대체 무슨 이유로 그래야 하는가?

과연 사랑은 그리스도의 품격이다.
예수 그리스도의 캐릭터
그러므로 사랑의 정보는 그리스도의 캐릭터와
똑 같아야 한다. 그래야 무슨 일이 일어난다.

44.사랑 타령

저를 때리기도 하셨고
바닥에 내치기도 하셨습니다
제가 생각하는 것마다 아니라고도 하셨고
제가 좋아하는 것들로부터 막무가내로
저를 떼어내기도 하셨습니다

어떤 사랑이더냐?

은수야 너를 사랑해 준 나의 사랑이 어떤 사랑이더냐?
이미 알고 있던 사랑이더냐 아니면, 처음 경험한 사랑이더냐

'듣도 보도' 못한 사랑이었습니다 .

주님의 사랑은 저를 때리기도 하셨고
바닥에 내치기도 하셨습니다.
제가 생각하는 것마다 아니라고도 하셨고
제가 좋아하는 것들로부터
막무가내로 저를 떼어내기도 하셨습니다.

저를 아무도 모르는 섬에
혼자 있게도 하셨고
곤란하게도 하셨으며
저를 외면하기도 하셨습니다.

저를 아프게도 하셨습니다.

내가 그들을 사랑할 때도 그리하겠지?

네, 그렇군요..

혹시 저를 사용하실 것인가요?

네가 나의 사랑을 아는 자라면
당연히 그리 되지 않겠니?
넌 어떻게 생각하니

아멘..입니다..

가짜 사랑

제가 받은 사랑이 '**진짜**'이겠군요
저는 그렇게 생각하지 않았습니다.
그들을 예뻐하고 그들을 아끼며
그들을 즐거워했습니다.

그건 너의 '인간적 사랑' 이지..
억지로 쥐어 짜낸.."

네.. 주님..

억지로 짜내어 만든 가짜 사랑이 아닌
진짜 내가 받은 사랑으로
그들을 사랑해야 하는군요

'가짜 사랑도 사랑이더냐?'

진짜 사랑

나의 사랑의 실패의 이유를 알았습니다.
내가 주님께 받은 사랑으로 그들을 사랑하지 않았습니다.
내가 받은 사랑은 금고에 넣어 두고
내가 적당히 만든 새 각본으로 그들을 사랑했습니다.
나는 왜 그랬을까요?

그들에게 잘 보이려고 그랬나 봐요
그들과의 관계를 성공하고 싶어서

많이 외로웠었나 봐요

잘 보이려고

선물도 사주고 옷도 사주고
베풀어 주고 꼭 껴안아 주었습니다.

그들을 내 것으로 만들려고..

외로웠었나 봐요

그들을 내 것으로 만들려니까
내 방법으로 했겠죠
크고 작은 사랑마다 다 실패했습니다.

친하기 위한 사랑
도움받기 위한 사랑
써먹기 위한 사랑
즐거운 시간을 보내기 위한 사랑

몽땅 다 실패했습니다.

예수님의 사랑과는 조금 달랐던 것 같습니다.
비슷하기는 했지요만은..

강심장이 아니고는

그런데 주님, 강심장이 아니고는
제가 사람들에게
어찌 그런 식으로 사랑할 수 있겠습니까?

그러니까 너의 사랑을
가짜 사랑이라는 것이지..

너는 그들을
사랑하지 않는구나
그저 친하기 위한 사랑, 도움받기 위한 사랑
써먹기 위한 사랑, 즐거운 시간을 보내기 위한 사랑
뿐이구나..

너는 더 이상
그들을 사랑한다고
말할 자격이 없다.

나의 힘으로는

나의 힘으로는
당신을 도무지
사랑할 수가
없습니다.

나의 힘으로는
당신을 도무지
사랑할 길이
없습니다.

도무지 어찌할
도리가 없습니다.

나의 힘으로는
우린 이게 끝인 것 같습니다.

사랑은 주는 것

사랑은 역시 주는 것이 진수이다.
온갖 잡념을 털어버리고
확-- 주어 버리면 기쁘다.

왜? 기쁠까?

칼자루를 내게 쥐고 있기 때문에?
그래.. 그것이 영적 권위겠지..

칼자루를 쥐고 있는 것이
영적 권위 아닌가?

여러분

여러분 정말 미안해요

내가 어찌 당신들을 사랑한다고 하겠습니까?
내가 어찌 여러분을 사랑하는 것이겠습니까?

그러나 다시 결심할게요

주님이 제게 주신 그 사랑으로
여러분을 다시 사랑할게요

내가 주님께 받은 사랑으로
여러분을 사랑하지 않았습니다.
내가 받은 사랑은 금고에 잘 넣어두고
내가 새로이 만든 새 각본으로
당신을 사랑했습니다.

그동안 진실치 못했습니다.
정말 미안해요
여러분 정말 미안해요

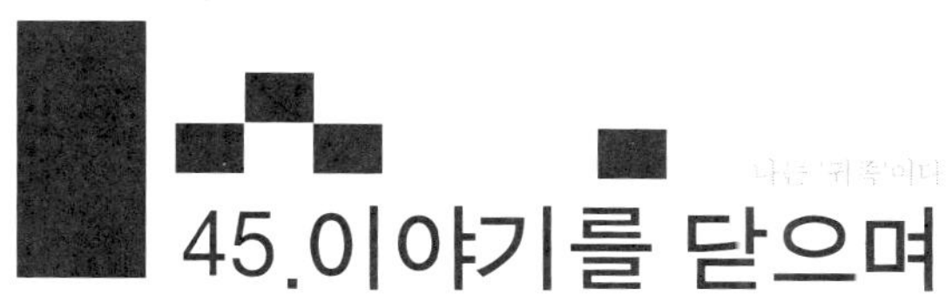

45. 이야기를 닫으며

우리는 수도 없이 경험했다
올챙이에서 개구리로 갔다가
다시 올챙이로 강등되고
하루에도 몇 번씩

착실함..

과거를 돌아보면
꼭 잘될 때.. 넘어졌다.
인간은 고난 중에는
정말 착실하다.
고난 중에는
어쩜- 다들- 그리도
똑똑하고 착실한지..
그러나 여지없이 또 넘어진다.
넘어지면 또 고통스럽다.

그러나 또
하나님의 자녀이기에
두- 손에 꽉---거머잡은
천부적인 운명으로
또 승리한다.
그러나 승리 후에는 꼭 넘어진다.
개구리가 올챙이 적 생각 못하고
원래부터 개구리인 줄 알고
계산을 잘못해서
꼭 넘어진다.

개구리의 착각

죽을 것 같은 풀무 불 속을 허덕대며
고난을 착실하게 잘 통과해 놓고는
풍덩 빠지는 함정

이제껏 자신을 지탱해 준
금쪽같은 노하우를 하루아침에 싹 바꿔버린다.
'도배'도 싹 다시 하고
'장판'도 싹 다시 깔고

깊이 생각해 봤나?
내가 과연 어떻게 여기까지 왔는지?
그리고 도대체 "어떤 방법"으로 여기까지 온 건지
금쪽같은 노하우를 하루아침에 싹 바꿔 버리는
이유는 도대체 뭔지?? 누가 시켰을까?

누군가가 시킨 거지
망할 길로 가고 싶은 사람이 어디 있겠나?
올챙이 법칙을 하도 잘하니까
개구리의 삶이 허락된 거다 .

라면 집 아줌마

허름한 재래시장에서
귀퉁이 라면집을 하는 아줌마가
불티 날리게 장사가 잘되던
어느 날..

아-- 이제
장사가 잘되니까
행길 가 '깨끗한 가게'로
이전해서 "라면 전문점"을 해 볼까?
생각하고는

길가에 번듯한 가게를 차렸다.

그러나 이상하게도 파리만 날리고
그렇게 친하게 자주 찾아오던
단골손님조차도 찾아오질 않았다.

라면집 아줌마는 착각한 것이다.
자기가 돈 많이 벌 생각만 했지
손님들의 마음을 몰랐다.

손님들 마음은 이랬다

단골손님들은 라면집 아줌마가
행길 가로 '라면전문점'을 차려 이사 간 후
건너편 재래시장 안에
다른 허름한 라면집을 찾아갔다.

'역시 라면은
구질구질한데서 먹는 게 제 맛----이지..'

그 단골손님들은 허름한 라면집이
좋았던 것이지..
그 아줌마가 부자 되는 인생에 협조할
관심 있었던 것은 결단코 아니었다.
라면만 맛있으면 되지..
단골손님들은 행길 가에 깨끗하게 차려 놓은 뻔지르르한
숱한 '라면전문점'이 권태 나서 컴컴한 재래시장 안까지
꾸역꾸역 들어갔던 것인데..
'아이고-- 이 아줌마야---
손님들한테 좀 물어보고
이사하지 그랬어--
지-- 생각만 했구먼~~
그러기에 남의 생각도 좀~ 해야지~'

금쪽같은 노하우-

금쪽같은 노하우를
하루아침에 싹-- 바꿔 버리는 것은

그토록이나
어처구니없는 일이다.

우리는 수도 없이 경험했다.
올챙이에서 개구리로 갔다가
다시 올챙이로 강등되고
하루에도 몇 번씩---

교만은
패망의 선봉이라고
했던가

'에스더의 성공'의 열쇠..

아주, 간단한 노하우--

'나는 영원한 올챙이----'랍니다~~~

올챙이들이 손에 든
'성공의 열쇠' 그것은

조신함 뒤에 감춰진
'뱀'처럼 섬뜩이는
살벌한 지혜..

그러나 어느 날
'화려한 개구리'로
긴-- 뒷다리 쫙-----뻗으며
공중을 신나게
차고 오르는 날

'성공의 열쇠'는 이미 더 이상
내 것이 아니다.

이젠 알겠다

이젠 태양이 있는 방향을 알겠다.
이젠 달빛이 왜 아름다운지도 알겠다.
왜 나무가 푸르르며
왜 빗물이 그토록 차가우며
왜 눈송이가 그리웠는지
이제 알겠다.

하나님은

하나님은
나의 죄를 묻지 않으셨다.

다만, 내가
십자가를 지고 가는지
아니지고 가는지..

가끔씩
정말.. 아주
가끔씩

말을
걸어오시곤 했다.

그럴 때마다 나는
깜짝깜짝 놀래곤 했다.

나는 쇳가루

말씀은
마치 자석처럼
나를 죄악 속에서 이끌어 낸다.
말씀은 나의 영혼을
죄악과 세상 속에서
이끌어 내고 분리시켜 버린다.

나는
쇳가루이어야 하고
당연히 다른 부스러기들과
분리되어야 한다.
마치 자석과 같이 이끌어 내는
강한 힘을
우리는 거부할 수도
밀어낼 수도 없다.

그것은
내가 쇳가루이기 때문이다.

적절한 때

하나님은
내 인생의 여정을 계속 따라오셨다.

밀고 넘어뜨리고
일으켜 주시고
설득하시면서..

'적절한 때'을 기다리셨다.

어느 한 가지도
버릴 수 없는
귀중한 과거들..(크로노스)

크로노스가 아니고는
'적절한 때'
지금에(카이오스)
도착할 수 없었다.

46.카이오스 적절한 때

나의 지금은 또 새롭고 귀중한 현재이므로
나의 과거는 이 자리에 두고 가기로 한다
하나님의 움직임을 따라 함께 이동하기로

똑같은 말

드디어 도착했어요. 드디어 몽땅 다 열렸습니다.
제가 원하는 것도 바로 이것이었습니다.
제가 주님의 뜻을 잘 알고 따라온 것일까요?
주님께서 제 뜻을 받아 주신 것일까요?
아니면 처음부터 주님의 뜻과 제 뜻이 같았던 것일까요?
다 똑같은 말인가요?
잘 견디게 해 주신 주님을 찬양합니다.
그 말밖에는 할 말이 없습니다.

지금까지 붙들고 울고 웃고 했던 것들이
아주 작은 점처럼 느껴지는 이 기분을 아시나요?
하나님 앞에서 어떤 예상도 하지 말고 삽시다.
지나고 보니 정말 유치하고 촌스럽습니다.

하나님은 나의 부정적인 상황들까지도 몽땅 사랑해 주셨죠

그렇게 나를 여기까지 신실하게 변함없이 이끄셨습니다.

그 옛날 26년 전 나에게 약속해 주셨던 그 장소로 정확하게

슬픔은 벽인줄 알았지만 절박한 신음과 터질 것 같은 고뇌 속에서도

여전히 그 자리에 계시며 손 내밀어 나를 잡아주시던 주님

모든 추잡한 자들의 일상에서도 동행하시는 주님을 만났습니다.

주님은 인간의 그 추잡함 속에는 안 계실 줄 알았지만

주님은 인간의 그 나약함 속에서는 일하지 않으실 줄 알았지만

목 줄기가 타 버릴 정도의 고통은 '복음의 입구'라는 것..

눈 딱 감고 앞에 보이는 **문**으로 들어가 보세요

이젠, 아마 나의 한심했던 과거가 나를 끌고 갈 것입니다.

구역질났던 과거를 외면하거나 내 팽개치지 않았기 때문이죠

이젠 내 비틀거렸던 과거를 금 쟁반에 고이 받쳐 들고 갈 것입니다.

나의 추잡함 앞에서 고개 돌려 외면하지 않고 함께 손잡고 왔기 때문입니다.

포장하지 않은 그대로

벌거벗은 그대로

숨기지 않고

아무도 나를 쓰러뜨릴 수 없다는 것을

아무도 나의 승리를 막을 수 없다는 것을

보여 줄 거야

그리고 '복음'을 전할 거야.

그게 나의 '복음'이니까..

선교

선교사는 역마살 낀 사람들이나 하는 것인 줄 알았죠
선교사는 외국병 걸린 사람들이나 하는 것인 줄 알았어요
집시 성향이 강한 사람들이나 하는 것인 줄 알았죠.

다소 그런 면이 없진 않겠지만 그러나..

마치 내가 하나님의 사랑을 기다리고 있었듯이
마치 내가 하나님의 사랑을 만나야 했었듯이
꼭, 그래야만 했었듯이..
마치 하나님이 나를 만나시기 위해서 50년간 나를 업고 오셨듯이
마치 하나님이 나를 만나야 하시기에 나를 꼭 어떻게 해서든 만나셨듯이
그들도 그렇게 하나님을 만나야 하니까..
그리고 또한..
꼭 **나**이어야 하니까..
주님께서 내가 가야 한다고 하시니까..
왜? 나이어야 하냐고? 나에겐 복음이 있으니까..
그 복음으로 인해 하나님의 사랑을 만났으니까..
내 마음속 구석구석 모세혈관까지 일일이 찾아오셔서 변화시켜주신 **복음.**
그 말씀으로 **지구촌** 구석구석까지 찾아가고 싶으시다고
은수.. 너에게 그랬듯이 그들..에게 찾아가고 싶으시니 발이 되어 달라고
자꾸 그러시니까..

사랑하고 싶어

이젠 사랑하고 싶어
나는 여전히 아무것도 아니지만 그리고 여전히 나는 약하지만
사랑이신 하나님의 **심장**을 가슴에 품고 그 통로가 될 순 있어
하나님의 사랑이 내 존재 구석구석 찾아 오셔서 어루만지시고 다독이셨듯
그렇게 그들을 만나서 사랑하고 싶어

너무너무 맘에 안 들어서 버리고 싶었던 나
너무너무 발전이 늦어서 내 팽개쳐 버리고 싶었던 나
너무너무 한심하고 멍청해서 깜깜한 창고에 가두어 버리고 싶었던 나
너무너무 쓸모없어서 이 세상에서 영원히 사라져 주길 원했던 나

그러한 나를 외면하고 팽개칠 수 없었듯이
그 아픔과 눈물 그대로를 껴안고 예수님께 나아갔듯이
이젠 사랑하고 싶어

사랑하고 싶어

카이오스

몸서리치게 아팠던 과거에도
그 현재가 중요했듯이
파란만장한 과거는 뒤로 두기로 한다 .

왜?

현재의 삶 속에서 하나님의 희망은 어떻게 움직이고 계시는지
현재라는 시간 속에서 직시하지 않으면 알 수 없었던 그 때처럼

나의 지금은 또 새롭고 귀중한 '현재'이므로..

'나의 과거'는 이 자리에 두고 가기로 한다.

BYE..

사랑하고 싶어 (음반-타이틀곡 노랫말)

1.
창을 여니 그대가 오네 물빛 하늘에 그대가 오네
난 당신의 소망이 되고 싶어 그리고 기쁨이 되고 싶어
주님 내게 가르쳐 주신 사랑처럼 하리
사랑하고 싶어
나의 영혼의 눈으로 네 영혼속의 것들 모두 사랑하리 너의 모든 것들 다
사랑하고 싶어
네 속의 슬픔 까지도 내 사랑의 눈으로 나에게 가르쳐 주셨던 사랑처럼
창을 여니 나의 맘 가득 주님의 사랑

2.
창을 여니 그대가 보이네 물빛 하늘을 지나서 오네
난 당신의 사랑이 되고 싶어 그리고 영원함이고 싶어
주님 내게 가르쳐 주신 사랑처럼 하리
사랑하고 싶어
나의 영혼의 손으로 네 영혼속의 것들 모두 사랑하리 너의 모든 것들 다
사랑하고 싶어
네 속의 고독까지도 내 사랑의 손으로 나에게 가르쳐 주셨던 사랑처럼
창을 여니 나의 주님이 오시는 소리

"오직 성령이 너희에게 임하시면 너희가 권능을 받고
예루살렘과 온 유대와 사마리아와 땅 끝까지 이르러
내 증인이 되리라 하시니라."(행 1:8)

팀앤팀

분쟁과 재난지역으로 들어가
긴급구호와 지역사회개발을 통하여
조건없는 사랑을 실천하는
NGO입니다.
대표전화 02)3472-2225
www.teamandteam.org

팀앤팀과 기아대책은 수자원개발을
통한 지역개발 협력사업을
진행중입니다.

기아대책기구(KFHI)

지구촌 이웃에게 떡과 복음을 전하는
해외 구호 NGO입니다.

대표전화 02)544-9544
www.kfhi.or.kr

팀앤팀 후원문구고지
컬처ENJ (대표 이은수)는
팀앤팀을 후원합니다.